AF275215

Disfrute gratuitamente **DURANTE UN AÑO** de los eBook y audiolibros de las obras de Editorial Colex*

- Acceda a la página web de la editorial **www.colex.es**
- Identifíquese con su usuario y contraseña. En caso de no disponer de una cuenta regístrese.
- Acceda en el menú de usuario a la pestaña «Mis códigos» e introduzca el que aparece a continuación:

RASCAR PARA VISUALIZAR EL CÓDIGO

Pensión de jubilación. Paso a paso

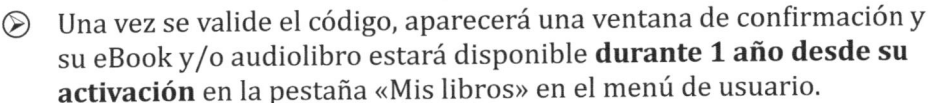

- Una vez se valide el código, aparecerá una ventana de confirmación y su eBook y/o audiolibro estará disponible **durante 1 año desde su activación** en la pestaña «Mis libros» en el menú de usuario.

> * Los audiolibros están disponibles en las ediciones más recientes de nuestras obras. Se excluyen expresamente las colecciones «Códigos comentados», «Biblioteca digital» y los productos de www.vademecumlegal.es.

No se admitirá la devolución si el código promocional ha sido manipulado y/o utilizado.

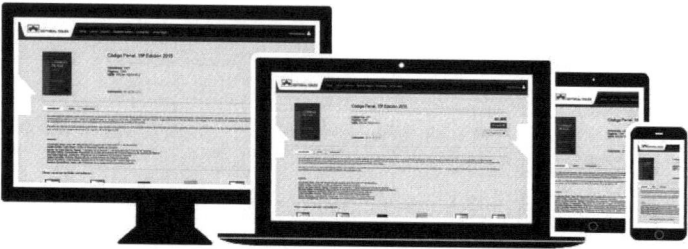

¡Gracias por confiar en nosotros!

La obra que acaba de adquirir incluye de forma gratuita la versión electrónica. Acceda a nuestra página web para aprovechar todas las funcionalidades de las que dispone en nuestro lector.

Funcionalidades eBook

Acceso desde cualquier dispositivo con conexión a internet

Idéntica visualización a la edición de papel

Navegación intuitiva

Tamaño del texto adaptable

Síguenos en:

PENSIÓN DE JUBILACIÓN

Guía paso a paso para conocer las claves
de la pensión de jubilación contributiva

PENSIÓN DE JUBILACIÓN

Guía paso a paso para conocer las claves
de la pensión de jubilación contributiva

2.ª EDICIÓN 2025

**Obra realizada por el Departamento de
Documentación de Iberley**

COLEX 2025

© Editorial Colex, S.L.
Calle Costa Rica, número 5, 3º B (local comercial)
A Coruña, C.P. 15004
info@colex.es
www.colex.es

I.S.B.N.: 978-84-1194-995-8
Depósito legal: C 446-2025

SUMARIO

ANEXO II. FORMULARIOS

0.
INTRODUCCIÓN

La jubilación contributiva es una prestación económica vitalicia que concede la Seguridad Social para compensar la pérdida de ingresos que sufre una persona trabajadora cuando, al cumplir determinados requisitos, cesa en la actividad laboral por razón de edad.

La situación de las pensiones de jubilación en España es un tema de gran relevancia y complejidad, que abarca **dos modalidades principales: contributiva y no contributiva.**

La **pensión de jubilación contributiva** (objeto de análisis en esta obra) está destinada a aquellos trabajadores que han realizado cotizaciones a la Seguridad Social durante su vida laboral. Los requisitos y características principales de esta modalidad son:

- **Edad de jubilación:** la edad ordinaria de jubilación se incrementa gradualmente hasta los 67 años, aunque es posible jubilarse a los 65 años si se cuenta con cierto periodo cotizado.

- **Cotizaciones:** es necesario haber cotizado un mínimo de 15 años, de los cuales al menos 2 deben estar comprendidos dentro de los 15 años inmediatamente anteriores al momento de la jubilación.

- **Cálculo de la pensión:** la cuantía de la pensión se calcula en función de las bases de cotización de los últimos años trabajados y del número total de años cotizados.

En contraposición, la **pensión de jubilación no contributiva** está destinada a aquellos ciudadanos que, por diversas razones, no han podido cotizar lo suficiente para acceder a una pensión contributiva. Los requisitos y características principales de esta modalidad son:

- **Edad de jubilación:** ser mayor de 65 años en la fecha de la solicitud.

- **Residencia:** residir en territorio español y haberlo hecho durante un período de 10 años, de los cuales dos deben ser consecutivos e inmediatamente anteriores a la fecha de la solicitud de la pensión.

- **Ingresos:** carecer de rentas o ingresos suficientes. La cuantía de la pensión no contributiva se ajusta en función de los ingresos del beneficiario y su unidad de convivencia.

– **Prestaciones adicionales**: además de la prestación económica, los beneficiarios tienen derecho a asistencia médico-farmacéutica gratuita y servicios sociales complementarios.

Este libro tiene como objetivo proporcionar una guía exhaustiva sobre las diferentes formas de acceder a la **pensión de jubilación contributiva en el Régimen General de la Seguridad Social**, así como los procedimientos para su solicitud y reclamación. A continuación, se presentan los principales puntos que serán analizados en detalle:

– **Jubilación contributiva ordinaria en el Régimen General de la Seguridad Social**: se abordará la edad ordinaria de jubilación, que se incrementa gradualmente hasta los 67 años o 65 años con 38 años y 6 meses de cotización, según lo establecido en los artículos 204, 215 y la Disposición Transitoria 7.ª de la Ley General de la Seguridad Social (LGSS).

– **Jubilación anticipada en el Régimen General de la Seguridad Social**: se explicarán las condiciones para acceder a la jubilación anticipada (voluntaria, involuntaria, en caso de discapacidad y por razón de actividad) y los coeficientes reductores aplicables, conforme a los artículos 205-210 de la LGSS.

– **Jubilación activa, demorada o por encima de la edad ordinaria**: se analizarán los beneficios y requisitos para aquellos que deciden prolongar su vida laboral más allá de la edad ordinaria de jubilación, incluyendo los incentivos económicos previstos en la normativa vigente. En este apartado desarrollaremos las novedades impulsadas por el Real Decreto-ley 11/2024, de 23 de diciembre con efectos de 01/04/2025.

– **Jubilación flexible**: se describirá la posibilidad de compatibilizar la pensión de jubilación con un trabajo a tiempo parcial, permitiendo al pensionista seguir cotizando y aumentando su pensión futura.

– **Jubilación parcial**: la jubilación parcial se regula en el art. 215 de la Ley General de Seguridad Social. Esta puede alcanzarse compatibilizándola con un contrato de relevo o sin necesidad de la celebración simultánea del mismo. También se establece la posibilidad de jubilación parcial para trabajadores de la industria manufacturera (D.T. 4.ª.6 de la LGSS). Este bloque también ha sido objeto de una profunda reforma por el Real Decreto-ley 11/2024, de 23 de diciembre y lo detallaremos siguiendo las previsiones vigentes a partir del 01/04/2025.

– **Complemento para la reducción de la brecha de género**: se explicará el complemento destinado a reducir la brecha de género en las pensiones, que beneficia principalmente a las mujeres que han tenido interrupciones en su carrera laboral por cuidado de hijos o familiares.

– **Complementos por mínimos de las pensiones**: se abordarán los complementos que garantizan un importe mínimo de pensión para aquellos que no alcanzan una cuantía suficiente con su pensión contributiva.

– **¿Cómo solicitar la pensión de jubilación?**: se proporcionará una guía detallada sobre el proceso de solicitud de la pensión de jubilación, incluyendo los documentos necesarios y los plazos de resolución, conforme al modelo oficial de solicitud.

– **¿Cómo hacer reclamaciones a la Seguridad Social en caso de disconformidad con la pensión de jubilación o su denegación?**: se explicarán los pasos a seguir para presentar reclamaciones y recursos en caso de disconformidad con la resolución de la pensión de jubilación, incluyendo los plazos y procedimientos establecidos por la normativa.

1.
JUBILACIÓN CONTRIBUTIVA ORDINARIA EN EL RÉGIMEN GENERAL DE LA SEGURIDAD SOCIAL

La jubilación, como cese de actividad laboral por edad, implica una prestación de carácter laboral que se regula en el marco de la Ley General de la Seguridad Social desde hace años. Actualmente, la LGSS ha sido modificada por diversas leyes para garantizar el poder adquisitivo y la sostenibilidad financiera del sistema. Este tema analiza la aplicación de la cláusula de salvaguarda para la jubilación, que incluye el mantenimiento de la regulación para jubilación parcial y la aplicación gradual del período de cotización.

1.1. Entorno normativo y aplicación de la «cláusula de salvaguarda para la jubilación»

La jubilación puede ser definida como el cese en la actividad laboral provocado por razón de edad e implica una prestación de carácter laboral, formada por la entrega de una pensión vitalicia a los beneficiarios cuando cumplen determinados requisitos de antigüedad, edad o invalidez por accidente de trabajo, que cubre parte o la totalidad del sueldo que el trabajador percibía al momento de su retiro.

El entorno normativo de la jubilación en España está en constante evolución para adaptarse a las necesidades económicas y sociales del país, con un enfoque en la sostenibilidad del sistema de pensiones y la protección de los derechos de los pensionistas. Actualmente, parte de la regulación de esta prestación recogida en la LGSS (arts. 165, 204-215 y DD.TT. 4.ª; 8.ª-12.ª; 34.ª y 40.ª de la LGSS) ha sido objeto de una profunda reforma por parte de la **Ley 21/2021, de 28 de diciembre**, de garantía del poder adquisitivo de las pensiones y de otras medidas de refuerzo de la sostenibilidad financiera y social del sistema público de pensiones (reforma de la pensiones 2022), el **Real Decreto-ley 2/2023, de 16 de marzo**, de medidas urgentes para la ampliación de derechos de los pensionistas, la reducción de la brecha de género y el establecimiento de un nuevo marco de sostenibilidad del sistema público de pensiones (reforma de la pensiones 2023) y, **con efectos de 01/04/2025,** por el **Real Decreto-ley 11/2024, de 23 de diciembre**, para la mejora de la compatibilidad de la pensión de jubilación con el trabajo.

Aplicación de legislaciones anteriores para causar derecho a pensión de jubilación (cláusula de salvaguarda para la jubilación)

La denominada «cláusula de salvaguarda» juega un papel crucial en el cambiante contexto regulador de esta prestación asegurando que ciertos derechos adquiridos bajo normativas anteriores se mantengan vigentes. La D.T. 4.ª de la Ley General de la Seguridad Social regula la aplicación de legislaciones anteriores para causar derecho a pensión de jubilación en ciertos supuestos:

1. Desde un punto de vista histórico para ciertos colectivos de trabajadores se aplicará la regulación normativa vigente en el momento de su jubilación. Se trata de supuestos como:

– Aquellos trabajadores que, con anterioridad a 1 de enero de 1967, estuvieran **comprendidos en el campo de aplicación del Seguro de Vejez e Invalidez (SOVI)**, pero no en el Mutualismo Laboral, o viceversa.

– Quienes tuvieran la **condición de mutualista el 1 de enero de 1967** podrán causar el derecho a la pensión de jubilación a partir de los sesenta años. En tal caso, la cuantía de la pensión se reducirá en un 8 por ciento por cada año o fracción de año que, en el momento del hecho causante, le falte al trabajador para cumplir la edad de 65 años.

– **Distintos supuestos regulados en los apdos. 3 y 4 de la D.T. 4.ª de la LGSS.** Los trabajadores que, reuniendo todos los requisitos para obtener el reconocimiento del derecho a pensión de jubilación en la fecha de entrada en vigor de la Ley 26/1985, de 31 de julio, de medidas urgentes para la racionalización de la estructura y de la acción protectora de la Seguridad Social, no lo hubieran ejercitado, podrán acogerse a la legislación anterior para obtener la pensión en las condiciones y cuantía a que hubieren tenido derecho el día anterior al de entrada en vigor de dicha ley.

2. En las últimas modificaciones realizadas sobre las pensiones (Real Decreto-ley 20/2022, de 27 de diciembre; Ley 24/2022, de 25 de noviembre; Ley 21/2021, de 28 de diciembre; Real Decreto-ley 2/2021, de 26 de enero; Real Decreto-ley 2/2023, de 16 de marzo, Real Decreto-ley 8/2023, de 27 de diciembre o Real Decreto-ley 11/2024, de 23 de diciembre, entre otros):

– Para proteger los derechos de jubilación de aquellas personas trabajadoras que perdieron previamente al hecho causante de la prestación su empleo en la crisis de 2013 y que desde entonces no se han reincorporado al mercado laboral dando la opción de jubilarse mediante la normativa más favorable.

El apdo. 5 de la D.T. 4.ª de la LGSS aplica la regulación de la pensión de jubilación, en sus diferentes modalidades, requisitos de acceso, condiciones y reglas de determinación de prestaciones, vigentes antes de la entrada en vigor de la Ley 27/2011, de 1 de agosto, de actualización adecuación y modernización del sistema de la Seguridad Social, a las pensiones de jubilación que se causen, en los siguientes supuestos:

- Las personas cuya relación laboral se haya extinguido antes de 1 de abril de 2013, siempre que con posterioridad a tal fecha no vuelvan a quedar incluidas en alguno de los regímenes del sistema de la Seguridad Social.

- Las personas con relación laboral suspendida o extinguida como consecuencia de decisiones adoptadas en expedientes de regulación de empleo, o por medio de convenios colectivos de cualquier ámbito, acuerdos colectivos de empresa, así como por decisiones adoptadas en procedimientos concursales, aprobados, suscritos o declarados con anterioridad a 1 de abril de 2013. Será condición indispensable que los indicados acuerdos colectivos de empresa se encuentren debidamente registrados en el Instituto Nacional de la Seguridad Social o en el Instituto Social de la Marina, en su caso, en el plazo que reglamentariamente se determine.

> **A TENER EN CUENTA.** Para el reconocimiento del derecho a pensión de las personas a las que se refieren los apartados anteriores, la entidad gestora aplicará la legislación que esté vigente en la fecha del hecho causante de la misma, cuando resulte más favorable a estas personas.

– **Mantenimiento de la regulación para la modalidad de jubilación parcial con simultánea celebración del contrato de relevo en la industria manufacturera.**

El apdo. 6 de la D.T. 4.ª de la LGSS mantiene que se seguirá aplicando la regulación para la modalidad de jubilación parcial con simultánea celebración de contrato de relevo, vigente con anterioridad a la entrada en vigor de la Ley 27/2011, de 1 de agosto, de actualización, adecuación y modernización del sistema de la Seguridad Social, **a pensiones causadas antes del 1 de enero de 2030**, siempre que se acrediten una serie de requisitos:

- Realizar **funciones** que requieran esfuerzo físico o alto grado de atención en tareas de fabricación, elaboración o transformación, así como en montaje, mantenimiento y reparación de maquinaria y equipo industrial en empresas de la industria manufacturera.

- Acreditar un **período de antigüedad** en la empresa de, al menos, seis años inmediatamente anteriores a la fecha de la jubilación parcial.

- Tener un **porcentaje de trabajadores con contrato indefinido** en la empresa que supere el 75 por ciento.

- La **reducción de la jornada de trabajo** debe estar comprendida entre un 25 por ciento y un 67 por ciento, o del 80 por ciento si el trabajador relevista es contratado a jornada completa de forma indefinida. Sin perjuicio de la reducción de jornada, durante el período de disfrute de la jubilación parcial, **empresa y trabajador cotizarán por el 80 por ciento de la base de cotización** que, en su caso, hubiese correspondido al jubilado parcial de seguir trabajando este a jornada completa. Esta cotización se aplicará de forma gradual de acuerdo con la siguiente escala:

  » Año 2025, la base de cotización será equivalente al 40 por ciento de la base de cotización que hubiera correspondido a jornada completa.

  » Año 2026, la base de cotización será equivalente al 50 por ciento de la base de cotización que hubiera correspondido a jornada completa.

  » Año 2027, la base de cotización será equivalente al 60 por ciento de la base de cotización que hubiera correspondido a jornada completa.

  » Año 2028, la base de cotización será equivalente al 70 por ciento de la base de cotización que hubiera correspondido a jornada completa.

  » Año 2029, la base de cotización será equivalente al 80 por ciento de la base de cotización que hubiera correspondido a jornada completa.

- La **correspondencia entre las bases de cotización del trabajador relevista y del jubilado parcial** debe ser tal que la del relevista no puede ser inferior al 65 por ciento del promedio de las bases de cotización de los últimos seis meses.

- Acreditar un **período de cotización** de, al menos, treinta y tres años en la fecha del hecho causante de la jubilación parcial, con ciertas excepciones en el caso de personas con discapacidad.

- **Durante el disfrute de la jubilación parcial**, la empresa y el trabajador deben cotizar por el 80 por ciento de la base de cotización que correspondía al jubilado si siguiese trabajando a jornada completa, de forma gradual en años sucesivos hasta alcanzar el 80 por ciento.

JURISPRUDENCIA

STS n.º 345/2021, de 24 de marzo de 2021, ECLI:ES:TS:2021:1275

Se debate si debe aplicarse la legislación anterior a la Ley 27/2011, 1 de agosto, sobre actualización, adecuación y modernización del sistema de Seguridad Social, a un trabajador de 61 años, que solicitó la jubilación anticipada, tras una larga carrera profesional, aunque trabajó a tiempo parcial durante 68 días en el año 2016. Aplicando doctrina de la **STS n.º 153/2019, de 28 de febrero de 2019, ECLI:ES:TS:2019:1037**, el TS desestima el recurso y confirma la sentencia recurrida, porque el demandante no cumple los requisitos legales:

«Consiguientemente, acreditado que, el recurrente estuvo de alta en el Régimen General de la Seguridad Social desde el 7 de enero al 16 de abril de 2016, es claro que

no cumple los requisitos, exigidos por la DF 12.2.a de la Ley 27/2011, de 1 de agosto, sobre actualización, adecuación y modernización del sistema de Seguridad Social, incorporada a la Disposición Transitoria Cuarta, apartado cinco, subapartado a) de la vigente LGSS, sin que dicha conclusión pueda enervarse, porque se trate de un período temporal limitado, si se tiene en cuenta, además, su larga carrera de cotización, toda vez que el legislador ha querido limitar el ejercicio del derecho a la jubilación anticipada en los términos ya expuestos, sin que sea viable una interpretación "pro beneficiario", cuando la voluntad del legislador se desprende, sin ninguna duda, de la literalidad del precepto, que se ha reiterado en dos ocasiones, dejando claro que, el acceso a la jubilación queda vetado, cuando se produce un alta en la S. Social con posterioridad al 1-04-2013, como ha sucedido aquí, siendo pacífico que la relación laboral del demandante no se extinguió con base a los supuestos contemplados en la DF 4.5.b LGSS».

RESOLUCIÓN RELEVANTE

STJ de Galicia n.º 4298/2018, de 12 de noviembre de 2018, ECLI:ES:TSJGAL:2018:5423

«El actor sostiene que estuvo incluido en el régimen general de la seguridad social durante dos meses en el año 2017, de modo que no le resulta de aplicación el régimen jurídico anterior a la ley 27/2011, pues si bien era perceptor del subsidio por desempleo desde el 9 de febrero de 2012, con posterioridad a esa fecha, en el año 2017, como decimos, estuvo incluido en el régimen general por una prestación de servicios de gestoría durante dos meses, aunque a tiempo parcial, en un porcentaje del 25 por cien, lo que supone 15 días cotizados. El INSS considera que esta ocupación es irrelevante a los efectos de la determinación de la legislación aplicable.

(...) acreditado que prestó servicios y cotizó con posterioridad al 1 de abril de 2013, procede la aplicación de la actual legislación, la contenida en el actual RDL 8/2015 de 30 de octubre, lo que en efecto debe ser acogido, pues como se ha visto la doctrina que viene sosteniendo esta sala de lo social es que cualquier prestación de servicios que dé lugar a la inclusión en alguno de los regímenes de la seguridad social determina la no aplicación de la legislación anterior a la Ley 27/2011. Debe ser pues acogida su pretensión de la demanda sin que proceda analizar, como hizo el juez de instancia, siguiendo el criterio administrativo del INSS el carácter relevante o no de la misma».

– Aplicación gradual del nuevo período de cotización a incluir en la base reguladora tras la reforma de las pensiones 2023.

El art. 209 de la LGSS (con efectos de 1 de enero de 2023) fue modificado por la reforma de las pensiones 2023 ampliando (entre otras novedades) el período a tener en cuenta para el cálculo de la base reguladora de la pensión de jubilación. Esta nueva regulación se complementa con la D.T. 40.ª de la LGSS, que determina la aplicación gradual del nuevo período de cotización a incluir en la base reguladora durante el periodo 2026-2037, así como con la modificación del apdo. 7 de la D.T. 4.ª de la LGSS, donde, a los solos efectos del cálculo de la base reguladora de la pensión de jubilación:

• **Para jubilaciones con posterioridad al 31 de diciembre de 2025 y antes de 31 de diciembre de 2040**, la entidad gestora aplicará en su integridad lo previsto en el art. 209.1 de la LGSS en su redacción vigente el día 1 de enero de 2023 cuando dicho cálculo resulte más favorable que el vigente en la fecha en que se cause la pensión.

- **Para jubilaciones durante el año 2041**, la entidad gestora aplicará, en su integridad, lo previsto en el art. 209.1 de la LGSS, en su redacción vigente el día 1 de enero de 2023, con una la base reguladora que comprenderá las bases de cotización de los últimos 306 meses entre 357, cuando dicho cálculo resulte más favorable que el vigente en la fecha en que se cause la pensión.

- **Para jubilaciones en 2042**, la entidad gestora aplicará, en su integridad, lo previsto en el art. 209.1 de la LGSS en su redacción vigente el día 1 de enero de 2023, con una base reguladora que comprenderá las bases de cotización de los últimos 312 meses entre 364, cuando dicho cálculo resulte más favorable que el vigente en la fecha en que se cause la pensión.

- **Para jubilaciones en 2043**, la entidad gestora aplicará, en su integridad, lo previsto en el art. 209.1 de la LGSS en su redacción vigente el día 1 de enero de 2023, con una base reguladora que comprenderá las bases de cotización de los últimos 318 meses entre 371, cuando dicho cálculo resulte más favorable que el vigente en la fecha en que se cause la pensión.

- **Para jubilaciones a partir de 2044**, se aplicará lo previsto en el art. 209.1 de la LGSS en la redacción vigente desde el 1 de enero de 2026.

1.1.1. Concepto de jubilación y aspectos generales que configuran el derecho

La jubilación puede ser definida como el cese en la actividad laboral provocado por razón de edad e implica una prestación de carácter laboral, formada por la entrega de una pensión vitalicia a los beneficiarios cuando cumplen determinados requisitos de antigüedad, edad o invalidez por accidente de trabajo, que cubre parte o la totalidad del sueldo que el trabajador percibía al momento de su retiro.

El artículo 204 de la LGSS establece:

«La prestación económica por causa de jubilación, en su modalidad contributiva, será única para cada beneficiario y consistirá en una pensión vitalicia que le será reconocida, en las condiciones, cuantía y forma que reglamentariamente se determinen, cuando, alcanzada la edad establecida, cese o haya cesado en el trabajo por cuenta ajena».

Y añade el apdo. 1 del art. 205 de la LGSS que tendrán derecho a la pensión de jubilación, las personas incluidas en el Régimen General que, además de las condiciones generales exigidas en el apdo. 1 del art. 165 de la LGSS, reúnan los siguientes requisitos:

«(...) b) Tener cubierto un período mínimo de cotización de quince años, de los cuales al menos dos deberán estar comprendidos dentro de los quince años inmediatamente anteriores al momento de causar el derecho.

A efectos del cómputo de los años cotizados no se tendrá en cuenta la parte proporcional correspondiente a las pagas extraordinarias.

En los supuestos en que se acceda a la pensión de jubilación desde una situación de alta o asimilada a la de alta, sin obligación de cotizar, el período de dos años a que se refiere el párrafo anterior deberá estar comprendido dentro de los quince años inmediatamente anteriores a la fecha en que cesó la obligación de cotizar.

En los casos a que se refiere el párrafo anterior, y respecto de la determinación de la base reguladora de la pensión, se aplicará lo establecido en el artículo 209.1».

La regulación normativa enfoca la prestación en dos aspectos que analizaremos: haber alcanzado la **edad de jubilación y haber cotizado,** al menos, quince años, dos de los cuales han de haberse cotizado quince años antes de solicitar la prestación.

Del mismo modo, se han configurado una serie **aspectos concretos que configuran el concepto** de pensión de jubilación contributiva:

Prestación imprescriptible

Art. 212 de la LGSS:

«El derecho al reconocimiento de la pensión de jubilación es imprescriptible, sin perjuicio de que, en los supuestos de jubilación en situación de alta, los efectos de tal reconocimiento se produzcan a partir de los tres meses anteriores a la fecha en que se presente la correspondiente solicitud».

El derecho al reconocimiento de la pensión de jubilación en su modalidad contributiva es imprescriptible (se puede presentar la solicitud para su reconocimiento en todo momento). No obstante, los efectos económicos del reconocimiento del derecho a la pensión se producirán a partir del día siguiente a la fecha en que se produzca el hecho causante.

A TENER EN CUENTA. El art. 4.2 del Real Decreto 453/2022, de 14 de junio, concreta una serie de supuestos donde los efectos económicos del reconocimiento del derecho a la pensión no se producirán a partir del día siguiente a la fecha en que se produzca el hecho causante.

JURISPRUDENCIA

STS n.º 243/2023, de 29 de marzo del 2023, ECLI:ES:TS:2023:1374

Analizando un supuesto de jubilación anticipada desde la situación de no alta y después de cumplir la edad ordinaria de jubilación: «El derecho, por tanto, es imprescriptible, sin perjuicio de que los efectos de tal reconocimiento se produzcan a partir de un determinado momento. Así como la interpretación que se infiere igualmente de la D.T. 4.ª del mismo texto legal (LGSS) cuando prevé que los trabajadores que, reuniendo todos los requisitos para obtener el reconocimiento del derecho a la pensión de jubilación en determinadas fechas que va fijando, no lo hubieran ejercitado, podrán optar por acogerse a la legislación anterior para obtener la pensión en las condiciones y cuantía a que hubiesen tenido derecho el día anterior al de entrada en vigor de dicha ley, dicción que evidencia con nitidez la posibilidad de un ejercicio dilatado en el tiempo, sin perjuicio de la minoración de los efectos económicos. A dichos preceptos debe adecuarse la exégesis del art. 3.2 del RD 1647/1997, de 31 de octubre, norma de rango inferior, entendiendo en consecuencia que su dicción lo que viene es a fijar el momento del reconocimiento de los efectos de la pensión de jubilación peticionada en un tiempo posterior al de aquél en el que se reunían los requisitos para causarla».

Prestación vitalicia

Se trata de una prestación vitalicia salvo que se produjese alguno de los casos de extinción que legal o reglamentariamente se estableciesen.

La muerte del beneficiario extingue el devengo de ulteriores pensiones de jubilación por tratarse de derecho de carácter vitalicio. No obstante, no extingue el derecho a reclamar las diferencias pecuniarias originadas por el cobro de un importe inferior al correcto de las pensiones devengadas antes. (**STSJ de las Islas Baleares n.° 269/2007, de 29 de mayo de 2007, ECLI:ES:TSJ-BAL:2007:686**):

> «El crédito a percibir esas diferencias se incorpora al patrimonio del pensionista en el momento mismo en que la respectiva pensión se genera, no desaparece con el óbito, forma parte del activo hereditario y se transmite al heredero. La apreciación del juzgador de instancia de que el derecho que el actor hace valer no integra el caudal relicto al corresponder el derecho a revisar la base reguladora de la prestación al propio beneficiario es errónea. El heredero tiene acción para hacer efectiva tal revisión y sus consecuencias, como la tendría igualmente para exigir el pago de las pensiones de jubilación que hubieran nacido a favor de su causante y que este no hubiera recibido».

Prestación económica

El art. 40 de la CE obliga a que los poderes públicos garanticen, mediante pensiones adecuadas y periódicamente actualizadas, «la suficiencia económica a los ciudadanos durante la tercera edad».

Prestación irrenunciable

Si la Seguridad Social otorga la prestación no sería posible renunciar a la misma, al menos en principio, ya que el principio de irrenunciabilidad de las prestaciones de la Seguridad Social está pensado para que resulte nulo «todo pacto, individual o colectivo, por el cual el trabajador renuncie a los derechos que le confiere la presente ley». (**SJS de Logroño n.° 61/2017, de 3 de marzo de 2017, ECLI:ES:JSO:2017:199**).

La cuestión de la distinción entre renuncia al derecho a la pensión y retractación de solicitud de jubilación sea por cualquier motivo o por falta de una información correcta de la entidad gestora ha sido resuelta por la sala de lo social del TSJ de Cataluña en diferentes sentencias, la más reciente la **STSJ de Cataluña n.º 6166/2015, de 19 de octubre de 2015, ECLI:ES:TSJCAT:2015:9515**, que, al respecto señala:

«De modo que no ya solo porque no cabe atribuir la naturaleza de "pacto" a la manifestación de voluntad de la actora, en su meritado escrito de 3 de febrero de 1997; sino que además, es indudable que tal precepto está inspirado en el carácter obligatorio o imperativo de la cobertura, acción protectora, etc., de la Seguridad Social; pero tal carácter obligatorio o imperativo, no resulta desvirtuado por manifestación de la propia interesada en el sentido de retractarse, por las razones que sean, de la inicial petición de una determinada prestación, y que, desde luego, no implica renuncia alguna a solicitar la prestación de referencia, considerada "in genere", y aún, con referencia a una situación futura, que se estima más favorable a los intereses de la potencial beneficiaria. Sino que, sin duda, tal principio de irrenunciabilidad de las prestaciones de la Seguridad Social, al menos en su tenor literal, está pensado para la proscripción de todo convenio o acuerdo, que suprima o recorte en todo o en parte, el ámbito de cobertura, acción protectora, etc., de la pública Seguridad Social, entre los afectados por dicho ámbito, acción protectora..., ya como potenciales beneficiarios, ya, sin más, como directamente obligados (empresas); y aunque tampoco serían lícitas formas, más o menos disfrazadas, de renuncia unilateral por los potenciales beneficiarios, es indudable que en nada afecta a esa irrenunciabilidad, la manifestada voluntad de la en su día actora, de retractarse de una inicial solicitud de prestación de jubilación».

En STSJ de Cataluña n.º 284/2001, de 11 enero, ECLI:ES:TSJCAT:2001:286, analiza la consecuencia de la falta de información al beneficiario, como sigue:

«B) No hay duda sobre la aplicación de la Ley 30/1992, de 26 de noviembre, de Régimen Jurídico de las Administraciones Públicas y del Procedimiento Administrativo Común, y en concreto del artículo 35 de la misma, a la actividad prestacional de las Entidades Gestoras de la Seguridad Social —sentencia entre otras de la Sala de lo Social del Tribunal Superior de Justicia de Cantabria de 8 de septiembre de 1994—, y si conforme al apartado g) de dicho precepto, el presunto beneficiario de la Seguridad Social tiene derecho a obtener información y orientación acerca de los requisitos jurídicos que las disposiciones vigentes impongan a las solicitudes que se propongan realizar, no puede caber duda de que la veracidad e idoneidad de la información forma parte del contenido de este derecho, de manera que —por regla general y salvo supuestos excepcionales— el solicitante de una prestación, si sigue la orientación dada por la Entidad gestora competente para el reconocimiento de aquella, no puede verse perjudicado por la falta de coincidencia entre la información recibida y la actuación administrativa posterior; y,

C) Como sea que en nuestro ordenamiento jurídico de la Seguridad Social, la jubilación —salvo supuestos excepcionales— tiene carácter voluntario, es por lo que la tramitación de un expediente de prestación por jubilación se inicia, exclusivamente, a instancia de parte, no pudiendo tramitarse de oficio por parte de la Entidad Gestora. De ahí, que —como ya tuvo ocasión de señalar esta sala en su sentencia núm. 6015/1998, de 14 de septiembre— aún presentada, todavía cabe la posibilidad de retractarse, por las razones que sean, de una inicial petición de pensión de jubilación, al ser prevalente la voluntad del presunto beneficiario. Y si ello es así, con mayor razón lo será en el presente caso, en el que el demandante, siguiendo la orientación dada por el funcionario que le atendió al presentar la solicitud de jubilación, consignó expresamente en el impreso correspondiente, su deseo de jubilarse el 14 de enero de 1999, fecha en que cumplía los 64 años de edad; siendo de destacar, que en dicho impreso, y en el apartado "a cumplimentar por la Dirección Provincial del INSS", el propio Instituto hizo constar como fecha del hecho causante 14-1-1999».

> **CUESTIÓN**
>
> **Con el fin de solicitar la pensión de jubilación en un momento posterior en que resulte más favorable, ¿es posible renunciar a la pensión de reconocida inmediatamente después de su notificación?**
>
> La STS n.º 320/2023, de 26 de abril de 2023, ECLI:ES:TS:2023:1800, concluye que resulta posible renunciar a una pensión de jubilación reconocida inmediatamente después de su notificación, con el fin de solicitarla en un momento posterior en que resulte más favorable. Esta renuncia no constituye una «renuncia abdicativa unilateral» a los derechos que concede el sistema de Seguridad Social, sino una manifestación de no querer disfrutarla en la cuantía reconocida para solicitarla más adelante. No se trata de una situación irreversible ni se está ante una renuncia al derecho a la jubilación. Esto está permitido por la Ley General de la Seguridad Social donde se incentiva el retraso en la solicitud de jubilación.

Derecho personalísimo

En la **STS, rec. 2943/1997, de 20 de diciembre de 2004, ECLI:ES:TS:1998:5927A,** el Tribunal Supremo resolvió sobre un motivo en el que se planteaba «el carácter ganancial de la pensión de jubilación por el hecho de que la misma surja de la cotización a la Seguridad Social durante el tiempo legal, pues esta cotización se realiza con dinero ganancial, y la pensión en sí misma es consecuencia del trabajo realizado, viniendo a sustituir a la renta salarial». En dicha sentencia se rechazó que tuviera carácter ganancial la controvertida pensión de jubilación señalando que se trata de un «derecho personal del trabajador al que no es tampoco aplicable el artículo 1.358 del Código Civil». En la **STS n.º 1224/2003, de 20 de diciembre de 2003, ECLI:ES:TS:2003:8329,** el Tribunal Supremo estimó también que la pensión por jubilación es privativa señalando que correspondía exclusivamente al esposo de la demandada «que la generó por su actividad laboral, y su nacimiento y su extinción dependen de vicisitudes estrictamente personales del mismo». (**SAP de Valencia n.º 350/2014, de 26 de mayo de 2014, ECLI:ES:APV:2014:2395**).

1.1.2. Los distintos tipos de pensiones en esquema

	Edad	Periodo mínimo de cotización exigido.	Situación laboral	Requisitos generales
JUBILACIÓN ORDINARIA	65 a 67. Según tiempo cotizado.	15 años.	Alta o asimilada. No alta.	Cuando cumpliendo los requisitos generales de edad y periodo de cotización para el acceso a la pensión de jubilación, el trabajador cese totalmente en su actividad laboral.

	Edad	Periodo mínimo de cotización exigido.	Situación laboral	Requisitos generales
JUBILACIÓN DEMORADA	Una vez cumplida la edad ordinaria de jubilación en ese momento.	15 años.	Alta.	Al cumplir la edad ordinaria de jubilación se debe reunir el período mínimo de cotización establecido en el apdo. 1.b) del art. 205 de la LGSS. Compatible con la realización de cualquier trabajo, ya sea por cuenta ajena o propia. Se abona un complemento económico en alguna de las maneras establecidas en el apdo. 2 del art. 210 de la LGSS.

	Régimen especial	Edad	Periodo mínimo de cotización exigido	Situación laboral	Requisitos generales
JUBILACIÓN EN LOS REGÍMENES ESPECIALES INTEGRADOS EN EL RGSS (relación no exhaustiva)	Artistas (art. 11 del Real Decreto 2621/1986, de 24 de diciembre).	A partir de 60 años reales.	15 años.	Alta o asimilada debido a una actividad artística.	
	Profesionales taurinos (art. 18 del Real Decreto 2621/1986, de 24 de diciembre).	• 65 años, para los Mozos de Estoque y de Rejones y sus ayudantes. • 60 años, para los Puntilleros. • 55 años, para los demás profesionales taurinos.	15 años.	Alta o asimilada debido a una actividad taurina.	Haber actuado en un n.º de festejos en determinadas categorías taurinas.

	Edad	Periodo mínimo de cotización exigido	Situación laboral	Requisitos generales
JUBILACIÓN PARCIAL	Con celebración de un contrato de relevo [art. 215.2 de la LGSS].	33 años de cotización (25 años en caso de discapacidad).	Tres años antes de la jubilación ordinaria.	Edad máxima 3 años menor a la ordinaria. 6 años de antigüedad en la empresa. Reducir la jornada entre un 25-75 por 100. En los casos de anticipación del acceso a la jubilación parcial en más de dos años, la reducción de jornada de trabajo durante el primer año se fija entre un 20-33 por 100. Contratación indefinida de una persona trabajadora relevista a tiempo completo. Cotizar por la base de cotización que, en su caso, hubiese correspondido de seguir trabajando a jornada completa.
	Sin celebración de un contrato de relevo [art. 215.1 de la LGSS]	15 años.	Alta.	Tener cumplida la edad legal de jubilación en cada momento [art. 205.1.a) de la LGSS]. Reducir la jornada entre un 25-75 por 100.

	Edad	Periodo mínimo de cotización exigido	Situación labora	Requisitos generales
VEJEZ SOVI	65 años.	1.800 días SOVI.	Indiferente.	No tener derecho a otra pensión.
	60 incapacitado.	Retiro Obrero.		

1.1.3. Claves para las pensiones de jubilación en 2025

Para el año 2025, la prestación analizada estará marcada por las novedades impulsadas por el **Real Decreto-ley 11/2024, de 23 de diciembre,** con efectos de 01/04/2025 sobre la jubilación demorada y parcial.

Edad de jubilación

Para jubilarse en el año 2025 con el 100 por 100 de la pensión a los **65 años** será necesario tener cotizados **38 años y 3 meses o más**. Por el contrario, con **menos de 38 años y 3 meses**, la jubilación al 100 por 100 correspondería a los **66 años y 8 meses.** Es decir, siguiendo el incremento progresivo de la edad ordinaria de jubilación en vigor desde 2013, y que culminará en 2027, la edad oficial para el acceso a esta prestación se incrementa dos meses más de los que se exigían en 2024. No obstante, en 2025 sigue siendo posible jubilarse a los **65 años** siempre que se tengan cotizados 38 años y 3 meses o más.

Revalorización y cuantía de las pensiones

En el año 2025 la revalorización de las pensiones se ha aprobado de forma provisional hasta la publicación de la Ley de Presupuestos Generales del Estado (art. 65 y anexos I y II del Real Decreto-ley 1/2025, de 28 de enero). Con carácter general, se ha establecido el incremento de un 2,8 por ciento respecto del importe que la pensión contributiva tuviera fijada para 2024.

Jubilación parcial

La jubilación parcial puede alcanzarse compatibilizándola con un contrato de relevo o sin necesidad de la celebración simultánea del mismo. Las condiciones de acceso a esta prestación se modificarán **con efectos de 01/04/2025** por lo que, teniendo presente la entrada en vigor de las **distintas modificaciones que realizará el Real Decreto-ley 11/2024, de 23 de diciembre sobre la jubilación parcial**, podemos dividir su análisis de la siguiente forma:

		Hasta el 31/03/2025	Desde el 01/04/2025
Jubilación parcial CON contrato de relevo	**Contrato laboral del relvado**	A jornada completa.	A jornada completa.
	Edad y cotización necesaria	Se aplica de forma gradual en los términos establecidos en la D.T. 10.ª de la LGSS hasta el 2027.	Edad que sea inferior en tres años, como máximo, a la edad que en cada caso resulte de aplicación. Cotización previa necesaria: 33 años de cotización. Personas con discapacidad igual o superior al 33 %: 25 años de cotización. (Se suprime la D.T. 10.ª de la LGSS).
	Antigüedad en la empresa:	Al menos seis años inmediatamente anteriores a la fecha de la jubilación parcial.	Al menos seis años inmediatamente anteriores a la fecha de la jubilación parcial.

	Reducción de jornada del relevado	Entre el 50 % y no inferior al 25 %. 75 % si el contrato de relevo es a jornada completa y por tiempo indefinido.	Entre el 25 % y el 75 %. Jubilación parcial en más de 2 años respecto de la edad ordinaria de jubilación: el primer año reducción entre el 20 y el 33 %.
	Duración del contrato de relevo	El tiempo que le falte al trabajador relevado para alcanzar la edad de jubilación [art. 205.1 a) de la LGSS]. En caso del 75 % de reducción: indefinido y a tiempo completo y deberá mantenerse 2 años.	Indefinido y a tiempo completo. Deberán mantenerse al menos durante los 2 años posteriores a la extinción de la jubilación parcial [art. 205.1 e) de la LGSS].
Jubilación parcial SIN contrato de relevo	**Edad y cotización necesaria**	La edad y los requisitos de cotización necesarios para el acceso a la jubilación	La para el acceso a la jubilación (se elimina el requisitos de cotización).
	Reducción de jornada del relevado	25 % y un máximo del 50 %.	25 % y un máximo del 75 %.

Del mismo modo, con efectos del 25/12/2024, se modifican los requisitos a la jubilación parcial para trabajadores de la industria manufacturera. Cuando el trabajador que solicite el acceso a la jubilación parcial realice directamente funciones que requieran esfuerzo físico o alto grado de atención en tareas de fabricación, elaboración o transformación, así como en las de montaje, puesta en funcionamiento, mantenimiento y reparación especializados de maquinaria y equipo industrial en empresas clasificadas como industria manufacturera. En estos casos se aplica la normativa anterior a la Ley 27/2011, de 1 de agosto (donde se permite la jubilación parcial con simultánea celebración de contrato de relevo) para pensiones causadas antes del 1 de enero de 2030 siempre que se acrediten una serie de requisitos (D.T. 4.ª.6 de la LGSS).

Jubilación anticipada

A la hora del acceso a la pensión de jubilación anticipada se diferencia entre la jubilación anticipada forzosa (para aquellos supuestos en los que el trabajador procede de un despido colectivo, un objetivo procedente, o alguna causa de fuerza mayor) y la voluntaria (derivado de la libre voluntad de la persona trabajadora).

La cuantía de la pensión se determina aplicando a la base reguladora el porcentaje general que corresponda en función de los años cotizados y el coeficiente reductor que corresponda.

Como ha sucedido en los ejercicios anteriores, la jubilación parcial de las personas trabajadoras autónomas sigue pendiente de desarrollo reglamentario.

Prolongación de la vida laboral: jubilación activa, demorada y compatibilidad de jubilación y trabajo

Como es sabido, la cuantía de la pensión de jubilación se determina aplicando a la base reguladora un porcentaje en función de ciertos parámetros de cotización previa. Cuando se acceda a la pensión de jubilación a una edad superior a la establecida en cada momento [art. 205.1.a) de la LGSS], siempre que al cumplir esta edad se hubiera reunido el período mínimo de cotización [art. 205.1.b) de la LGSS], se reconocerá al interesado por cada año completo cotizado que transcurra desde que reunió los requisitos para acceder a esta pensión, un complemento económico que se abonará de alguna de las siguientes maneras, a elección del interesado (art. 210.2 de la LGSS) .

En los supuestos de jubilación demorada —cuando el jubilado combina la prestación con el trabajo por cuenta propia o ajena— se ofrecen tres tipos de incentivos a modo de **complemento por demora:**

- Un porcentaje adicional a la pensión. Este complemento se calculará mediante un porcentaje adicional del 4 % por cada año completo de demora en solicitar la pensión de jubilación. A partir del segundo año completo de demora, se podrán computar períodos superiores a 6 meses e inferiores a un año, correspondientes a un 2 % adicional.

- Una cantidad a tanto alzado, cuya cuantía vendrá determinada en función de los años de cotización acreditados en la fecha en que cumplió la edad ordinaria de jubilación.

- Opción mixta (combinación de las opciones anteriores).

En esta materia, como analizaremos al tratar la compatibilidad entre la pensión de jubilación y el trabajo en los distintos regímenes del sistema de la Seguridad Social, el Real Decreto-ley 11/2024, de 23 de diciembre también ha realizado cambios significativos **(con efectos de 01/04/2025)** asociados al porcentaje de pensión compatible con el trabajo y un incremento por permanencia y a la contratación de trabajadores en el caso de autónomos.

Complementos por mínimos

El importe de las pensiones no concurrentes, una vez revalorizadas, se complementará, en su caso, en la cuantía necesaria para alcanzar las cuantías mínimas mediante los denominados «complementos por mínimos». En 2025, el límite de ingresos para el reconocimiento de complementos económicos para mínimos, experimentará un incremento del 2,8 por ciento sobre el límite vigente en 2024 (art. 65.9 del Real Decreto-ley 1/2025, de 28 de enero).

1.1.4. Reforma de las pensiones: ¿cuáles son sus novedades y a quién benefician?

El entorno normativo de la jubilación en España está en constante evolución para adaptarse a las necesidades económicas y sociales del país, con un enfoque en la sostenibilidad del sistema de pensiones y la protección de los derechos de los pensionistas.

Cronológicamente, la primera parte de este conjunto de reformas corresponde a 2021. A partir del consenso alcanzado en el marco del Pacto de Toledo y del diálogo social, la Ley 21/2021, de 28 de diciembre, de garantía del poder adquisitivo de las pensiones y de otras medidas de refuerzo de la sostenibilidad financiera y social del sistema público de pensiones, recuperó el derecho a la revalorización de las pensiones con el fin de garantizar el mantenimiento del poder adquisitivo, al tiempo que estableció incentivos y medidas para favorecer la prolongación de la vida laboral. A esta ley le sigue la aprobación de la **Ley 12/2022, de 30 de junio**, de regulación para el impulso de los planes de pensiones de empleo, por la que se modifica el texto refundido de la Ley de Regulación de los Planes y Fondos de Pensiones, aprobado por Real Decreto Legislativo 1/2002, de 29 de noviembre, el **Real Decreto-ley 13/2022, de 26 de julio**, por el que se establece un nuevo sistema de cotización para los trabajadores por cuenta propia o autónomos y se mejora la protección por cese de actividad, y, por último, el **Real Decreto-ley 11/2024, de 23 de diciembre**, para la mejora de la compatibilidad de la pensión de jubilación con el trabajo.

Estas reformas, en conjunto, buscan asegurar la sostenibilidad y equidad del sistema de pensiones en España, adaptándose a los desafíos demográficos y económicos actuales y futuros por lo que, por lo menos brevemente, merece la pena analizarlas.

1.1.4.1. Reforma de las pensiones 2022: Ley 21/2021, de 28 de diciembre

Con efectos del 1 de enero de 2022 la **Ley 21/2021, de 28 de diciembre**, de garantía del poder adquisitivo de las pensiones y de otras medidas de refuerzo de la sostenibilidad financiera y social del sistema público de pensiones (BOE 29 de diciembre de 2021) publica la primera reforma del sistema de pensiones.

Sus principales novedades fueron:

- **Revalorización de las pensiones.** Se derogó el índice de revalorización y se modificó el artículo 58 de la LGSS, recuperando la actualización de las pensiones en función de la inflación del ejercicio anterior.

  • Se establece que la revalorización de las pensiones al comienzo de cada año se realizará de acuerdo con la inflación media registrada en el ejercicio anterior, con la garantía de que en el caso infrecuente de inflación negativa las pensiones no sufrirán merma alguna.

> **A TENER EN CUENTA.** Este aspecto se ha visto modificado nuevamente con efectos de 01/01/2025 por la reforma de las pensiones 2023 (art. único.5 y la D.D.3.ª del Real Decreto-ley 2/2023, de 16 de marzo).

– **Creación del MEI.** Se opta por la derogación del factor de sostenibilidad introducido por la Ley 23/2013, de 23 de diciembre, y su sustitución por un nuevo mecanismo de equidad intergeneracional (MEI) consistente en una cotización finalista aplicable en todos los regímenes y en todos los supuestos en los que se cotice por la contingencia de jubilación.

– **Medidas para el acercamiento de la edad efectiva de jubilación a la edad ordinaria.** Se revisan los coeficientes reductores aplicables a la jubilación anticipada para promover el acercamiento a la edad ordinaria de jubilación. Se establecen nuevas condiciones para la jubilación anticipada involuntaria y por razón de la actividad.

> **A TENER EN CUENTA.** La regulación sobre la jubilación demorada y la activa ha sido modificada por las distintas reformas posteriores de las pensiones.

– **Régimen de compatibilidad de la pensión con los ingresos de una actividad profesional.**
  • Se optimiza el régimen de jubilación anticipada, permitiendo que los jubilados que continúen trabajando puedan ver incrementada su pensión.
  • Se proporciona una exención de la cotización a la Seguridad Social para los trabajadores que alcancen la edad de jubilación.
  • Se establece un régimen de compatibilidad para la pensión con ingresos de otra actividad profesional.

– **Prohibición de cláusulas de jubilación forzosa.** Se prohíben las cláusulas que establezcan la jubilación forzosa antes de los 68 años.

– **Complemento en caso de jubilación anticipada de baja cuantía.** Se establece un complemento para aquellas jubilaciones anticipadas causadas con más de 44 años y 6 meses de cotización.

– **Cotización al Régimen General y en el RETA.** Se modifica la cotización a partir de la edad de jubilación ordinaria, estableciendo nuevas condiciones y manteniendo ciertos beneficios para trabajadores de más edad.

1.1.4.2. Reforma de las pensiones 2023: Real Decreto-ley 2/2023, de 16 de marzo

El **Real Decreto-ley 2/2023, de 16 de marzo**, de medidas urgentes para la ampliación de derechos de los pensionistas, la reducción de la brecha de género y el establecimiento de un nuevo marco de sostenibilidad del sistema público de pensiones se publica en el BOE del 17 de marzo de 2023. Con él se realiza la segunda fase de la reforma de pensiones centrada en recaudar más ingresos por cuotas y mejorar las pensiones mínimas.

Entre las principales medidas, a modo de resumen y centrados en las pensiones de jubilación, destacamos:

– **Modificaciones en el cálculo de la base reguladora.** A partir de 2026, la base reguladora de la pensión de jubilación se calculará según nuevas reglas:

   • Para jubilaciones hasta el 31/12/2025: se tomarán en cuenta los últimos 25 años cotizados.

   • Para jubilaciones desde el 01/01/2026: se introducen dos alternativas. Una opción es considerar 25 años, y la otra, 29 años, excluyendo las dos peores mensualidades de cotización.

– **Equiparación del trabajo a tiempo parcial.** Desde el 1 de octubre de 2023, se equipara el trabajo a tiempo parcial con el trabajo a tiempo completo en el cómputo de los períodos cotizados para el reconocimiento de diferentes pensiones.

– **Limitación de la cuantía inicial de las pensiones.** Se modifica el art. 57 de la LGSS, a fin de que cuando la pensión inicial reconocida coincida con el límite máximo establecido para el año en que se cause, desde la entrada en vigor de dicho artículo, el 1 de enero de 2025, las sucesivas revalorizaciones anuales que procedan se efectuarán sobre ese importe inicial de la pensión más las revalorizaciones que, en su caso, hayan ido siendo aplicadas. Esta modificación se complementa con la nueva disposición transitoria trigésima novena, que determina el incremento progresivo de la cuantía máxima inicial prevista en este artículo 57 para las pensiones que se causen desde 2025 a fin de acompasarse con el progresivo incremento aplicado a la base máxima de cotización desde 2024.

– **Incremento de las pensiones mínimas.** Las pensiones mínimas se incrementarán progresivamente hasta alcanzar en 2027 un nivel que no sea inferior al umbral de pobreza.

– **Cuota de solidaridad para salarios altos.** Se introduce una cuota de solidaridad para las retribuciones superiores a la base máxima de cotización, que se aplicará de forma progresiva.

– **Aumento del complemento por brecha de género.** Se prevé un incremento del complemento por brecha de género, mejorando la regulación anterior y buscando reducir la discriminación que históricamente han sufrido las mujeres en el mercado laboral.

– **Pensiones internacionales.** Mediante la introducción de un nuevo art. 50 bis de la LGSS se regula la resolución provisional de pensiones reconocidas al amparo de normas internacionales cuando se compruebe que el solicitante reúne todos los requisitos para acceder al derecho computando únicamente las cotizaciones efectuadas en España; así como cuando las pensiones se reconocen a *prorrata temporis* como consecuencia de períodos que otro Estado haya certificado con carácter provisional, evitando así al beneficiario demoras innecesarias en el acceso a la pensión.

- MEI. Se ajusta el diseño original recogido en la Ley 21/2021, de 28 de diciembre. Se incrementa la cotización actual (establecida en la reforma de las pensiones 2022) con arreglo a una escala hasta el 2030.

CUESTIÓN

¿Cómo ha modificado la reforma de las pensiones 2023 el cálculo de la base reguladora de la pensión de jubilación a partir de 2026?

Se modifica su cálculo y el periodo de cotización previo a la jubilación tomado como referencia.

- Jubilaciones hasta 31/12/2025: para la determinación de la base reguladora se tiene en cuenta los últimos 25 años cotizados (300 meses) [redacción del art. 209.1 de la LGSS hasta el 31/12/2025].

- Jubilaciones desde el 01/01/2026: existirá una doble alternativa [redacción del art. 209.1 de la LGSS desde el 01/01/2026, teniendo en cuenta la D.T 40.ª de la LGSS]:

  a) Aplicar la fórmula anterior, tomando como referencia las bases de cotización de los últimos 25 años previos a jubilación.

  b) Nueva fórmula (cuando resulte más beneficioso para el futuro jubilado) en la que se toma como referencia los últimos 29 años (348 meses) de cotizaciones desechando los 2 peores. Esta opción se despliega de forma paulatina según el calendario establecido en la D.T. 40.ª de la LGSS hasta el año 2037. Esta alternativa supone que la Seguridad Social, de forma automática, descarte las 24 mensualidades menos beneficiosas para el pensionista tomando como referencia un periodo de 27 años (324 meses).

1.1.4.3. Reforma de las pensiones 2025: Real Decreto-ley 11/2024, de 23 de diciembre

El Real Decreto-ley 11/2024, de 23 de diciembre, para la mejora de la compatibilidad de la pensión de jubilación con el trabajo modifica los artículos 210, 213, 214, 215, 245, 247, 248, D.A. 60.ª, D.T. 4.ª, y se suprime la D.T. 10.ª de la LGSS y el artículo 12 del Estatuto de los Trabajadores, para introducir cambios, entre otras cuestiones, en la jubilación demorada, la jubilación activa y la jubilación parcial.

Este Real Decreto-ley entra en vigor el día 25 de diciembre de 2024, si bien los aspectos relacionados con la Seguridad Social y contrato de relevo comienzan su **vigencia el día 1 de abril de 2025.**

Modificaciones sobre la pensión de jubilación parcial

- **Reducción de jornada:** los trabajadores que cumplan la edad establecida en el artículo 205.1.a) de la LGSS y reúnan los requisitos para acceder a la pensión de jubilación podrán optar por la jubilación parcial, siempre que reduzcan su jornada laboral entre un 25 % y un 75 %.

– **Acceso anticipado**: se permite a los trabajadores a tiempo completo acceder a la jubilación parcial antes de la edad ordinaria de jubilación, siempre que celebren un contrato de relevo y cumplan con ciertos requisitos, como tener al menos 33 años de cotización (25 años en caso de discapacidad del 33 %).

– **Reducción de jornada en anticipación**: en casos de anticipación de más de dos años respecto a la edad ordinaria de jubilación, la reducción de jornada durante el primer año será entre un 20 % y un 33 %.

– **Correspondencia de bases de cotización**: se establece la obligación de que las bases de cotización del trabajador relevista no sean inferiores al 65 % del promedio de las bases de cotización de los últimos seis meses del jubilado parcial.

– **Carácter indefinido de contratos de relevo**: los contratos de relevo tendrán carácter indefinido y a tiempo completo, debiendo mantenerse al menos durante los dos años posteriores a la extinción de la jubilación parcial.

– **Compatibilidad de pensión y puesto a tiempo parcial**: la percepción de la pensión de jubilación parcial será compatible con el puesto de trabajo a tiempo parcial resultante de la reducción de jornada.

Modificaciones en el contrato a tiempo parcial y contrato de relevo

– **Contrato de relevo**: el artículo 12 del Estatuto de los Trabajadores se modifica para permitir la celebración de contratos de relevo de duración determinada o indefinida, cuya duración coincidirá con el tiempo de la jubilación parcial, con un mínimo de un año. La jornada del trabajador relevista será, como mínimo, la dejada vacante por el jubilado parcial.

– **Compatibilidad**: se declara compatible la ejecución del contrato a tiempo parcial con la retribución del jubilado parcial. El puesto de trabajo del relevista y del sustituido podrá ser el mismo o diferente, y el horario de trabajo podrá completarse o simultanearse.

Nueva regulación de la jubilación activa

– **Eliminación de requisitos de cotización**: se ha suprimido el requisito que obligaba a acreditar cotizaciones suficientes para que la pensión de jubilación alcanzara el 100 % de la base reguladora. Ahora, **basta con reunir las cotizaciones necesarias para tener derecho a la pensión** [art. 205.1.b) de la LGSS] siempre que entre la fecha del cumplimiento de la edad de jubilación [art. 205.1.a) de la LGSS] y la del hecho causante de la pensión de jubilación **haya transcurrido al menos un año**.

> **A TENER EN CUENTA.** Si el periodo mínimo de cotización se reuniera en una fecha posterior a la del cumplimiento de la edad ordinaria de jubilación, el periodo mínimo de un año se computará entre dicha fecha y la del hecho causante de la pensión de jubilación.

– **Compatibilidad con el trabajo:** la pensión de jubilación activa ahora es **compatible con la realización de cualquier trabajo, ya sea por cuenta ajena o propia.** Esto se aplica tanto a tiempo completo como a tiempo parcial. Finalizada la relación laboral por cuenta ajena o el trabajo por cuenta propia, se restablecerá el percibo íntegro de la pensión de jubilación.

– **Incremento del porcentaje de pensión:** la cuantía de la pensión de jubilación compatible con el trabajo será equivalente a un porcentaje del importe resultante en el reconocimiento inicial en los términos establecidos en el también reformado art. 210 de la LGSS. De esta forma, el porcentaje correspondiente a la pensión de jubilación que se percibe mientras se trabaja varía **en función de los años de demora en el acceso a la pensión de jubilación.** La escala establecida es la siguiente:

  • 45 % si se demora un año.

  • 55 % si se demora dos años.

  • 65 % si se demora tres años.

  • 80 % si se demora cuatro años.

  • 100 % si se demora cinco años o más.

– **Incremento por permanencia:** se establece un incremento de 5 puntos porcentuales por cada 12 meses ininterrumpidos que el pensionista permanezca en situación de jubilación activa, con un límite del 100 % de la pensión.

  • Este incremento comenzará a percibirse el día primero del mes siguiente a aquel en que se haya cumplido dicho periodo de 12 meses.

  • A efectos de la aplicación de los porcentajes establecidos en este apartado se tomarán años completos, sin que se equiparen a ellos las fracciones de estos.

– **Condiciones para actividades por cuenta propia:** Si la actividad se realiza por cuenta propia y se acredita **tener al menos un trabajador contratado a jornada completa,** la cuantía de la pensión compatible alcanzará el 75 % en caso de demora en el acceso a la pensión de jubilación de entre uno y tres años. A partir del cuarto año, se aplicará la escala general. En ambos supuestos, se aplicará el incremento de 5 puntos porcentuales por cada 12 meses ininterrumpidos que permanezca en la situación de jubilación activa en los términos previstos en el apartado 2. La contratación asociada al incentivo de la jubilación requiere ahora que se trate de: «*(...) un trabajador por cuenta ajena con carácter indefinido con una antigüedad mínima de 18 meses, o si se contrata con carácter indefinido a un nuevo trabajador por cuenta ajena que no haya tenido vínculo laboral con el trabajador autónomo en los dos años anteriores al inicio de la jubilación activa*».

– **Cotizaciones adicionales:** la cotización efectuada durante la situación de jubilación activa **no dará lugar a ningún incremento del por-**

centaje aplicable a la base reguladora de la pensión que se tenga reconocida, ni tampoco incrementará el complemento económico de demora que hubiera correspondido.

– **Revalorización de la pensión:** la cuantía de la pensión se revalorizará en su integridad de acuerdo con los términos establecidos para las pensiones del sistema de la Seguridad Social. Sin embargo, durante el tiempo que se mantenga el trabajo compatible, se aplicará el correspondiente porcentaje de reducción.

– **Exclusiones:** estas previsiones de este artículo no serán aplicables en los supuestos de desempeño de un puesto de trabajo o alto cargo en el sector público, delimitado en el párrafo segundo del artículo 1.1 de la Ley 53/1984, de 26 de diciembre, de Incompatibilidades del Personal al Servicio de las Administraciones Públicas, que será incompatible con la percepción de la pensión de jubilación.

Nueva regulación de la jubilación demorada

Atendiendo a su nueva redacción, el art. 210 de la Ley General de la Seguridad Social ha sido modificado para incentivar la permanencia en la actividad laboral y establecer un complemento económico para aquellos que accedan a la pensión de jubilación después de alcanzar la edad correspondiente. Las modificaciones son las siguientes:

– **Complemento económico por demora en la jubilación:** se reconoce un complemento económico a quienes accedan a la pensión de jubilación a una edad superior a la establecida, siempre que se haya cumplido el período mínimo de cotización. Este complemento se calculará mediante un **porcentaje adicional del 4 % por cada año completo de demora** en solicitar la pensión de jubilación. A partir del segundo año completo de demora, se podrán computar períodos superiores a 6 meses e inferiores a un año, correspondientes a un 2 % adicional.

– **Compatibilidad con jubilación activa:** la percepción del complemento es compatible con el acceso a la jubilación activa, que es un régimen donde los pensionistas pueden trabajar y recibir una parte de su pensión.

– **Restricciones a la hora de percibir el complemento económico por demora en la jubilación:** el complemento no se aplicará en los casos de jubilación parcial ni en supuestos de jubilación flexible, ni cuando se accede a la jubilación desde una situación asimilada al alta.

– **Coeficientes reductores por edad:** se modifica el apartado 3 del art. 210 de la LGSS referente a las pensiones de jubilación anticipada, aplicando coeficientes reductores correspondientes por edad, que se calculan sobre el importe resultante al aplicar el porcentaje por meses de cotización.

Otros aspectos de interés

– **Régimen transitorio:** Se amplía hasta el 31 de diciembre de 2029 el régimen transitorio de la jubilación parcial en la industria manufacturera.

– **Modificación de la Ley de Clases Pasivas del Estado:** se reforma el artículo 33 del texto refundido de la Ley de Clases Pasivas del Estado para extender las mejoras en la compatibilidad de la pensión de jubilación con la actividad del pensionista a los empleados públicos encuadrados en el Régimen Especial de Clases Pasivas del Estado.

– **Evaluación de la reforma:** en el último trimestre de 2028, el Gobierno evaluará el impacto de la reforma de la jubilación parcial, considerando variables de sexo y actividad, y analizará posibles cambios normativos con los interlocutores sociales.

– **Evaluación de la normativa sobre jubilación flexible:** en un plazo de seis meses desde la publicación del RD 11/2024, el Gobierno analizará los requisitos establecidos en el Real Decreto 1132/2002 para incentivar la jubilación gradual y flexible.

1.2. Beneficiarios de la pensión de jubilación contributiva

Tendrán derecho a la pensión de jubilación, en su modalidad contributiva, las personas incluidas en el campo de aplicación del Régimen General cuando, además de los particulares exigidos para la jubilación (de edad, período mínimo de cotización, hecho causante), reúnan el requisito general de estar afiliadas y en alta en este Régimen o en situación asimilada al alta:

– **Haber cumplido 67 años de edad, o 65 años cuando se acrediten 38 años y 6 meses de cotización,** sin que se tenga en cuenta la parte proporcional correspondiente a las pagas extraordinarias (teniendo en cuenta la aplicación paulatina de la edad de jubilación y de los años de cotización fijada por la D.T. 7.ª de la LGSS).

– **Tener cubierto un período mínimo de cotización de 15 años, de los cuales al menos 2 deberán estar comprendidos dentro de los 15 años inmediatamente anteriores** al momento de causar el derecho. A efectos del cómputo de los años cotizados no se tendrá en cuenta la parte proporcional correspondiente por pagas extraordinarias.

> **A TENER EN CUENTA.** Respecto a la determinación de la cuantía, porcentaje aplicable y base reguladora de la pensión por jubilación se aplicará la versión vigente del art. 209.1 y DD.TT. 8.ª y 40.ª de la LGSS en cada momento.

1.3. Requisitos para lucrar la pensión de jubilación contributiva

Para causar derecho a las prestaciones del Régimen General, las personas incluidas en su campo de aplicación habrán de cumplir, además de los requisitos particulares exigidos para acceder a cada una de ellas, el requisito general de estar afiliadas y en alta en dicho Régimen o en situación asimilada a la de alta al sobrevenir la contingencia o situación protegida, salvo disposición legal expresa en contrario. Es más, en las prestaciones cuyo reconocimiento o cuantía esté subordinado, además, al cumplimiento de determinados períodos de cotización, solamente serán computables a tales efectos las cotizaciones efectivamente realizadas o las expresamente asimiladas a ellas en la LGSS o en sus disposiciones reglamentarias (art. 165 de la LGSS).

Junto con una edad mínima y el hecho causante, es decir, el cese de actividad, el art. 205 de la LGSS concreta **tres supuestos para el acceso a la prestación de jubilación**:

– Desde una **situación de alta**. Considerándose situaciones asimiladas a la de alta, **a efectos de la prestación por jubilación**, las siguientes:

  • La **situación legal de desempleo, total y subsidiado, y la de paro involuntario una vez agotada la prestación contributiva o asistencial**, siempre que en tal situación se mantenga la inscripción como desempleado en la oficina de empleo (art. 166.1 de la LGSS).

  • La situación del trabajador durante el período correspondiente a **vacaciones anuales retribuidas que no han sido disfrutadas con anterioridad a la finalización del contrato** (art. 166.2 de la LGSS).

  • La **excedencia forzosa** (art. 166.3 de la LGSS).

  • El período de tiempo en que el trabajador permanezca en situación de **excedencia por cuidado de hijo, de menor acogido o de otros familiares**, que exceda del período considerado de cotización efectiva en el art. 237 de la LGSS.

  • El **traslado** del trabajador por la empresa fuera del territorio nacional (art. 166.3 de la LGSS).

  • La suscripción de **convenio especial** en sus diferentes tipos (art. 36.1.6.º del Real Decreto 84/1996, de 26 de enero).

  • Los períodos de **inactividad entre trabajos de temporada** (art. 36.1.7.º del Real Decreto 84/1996, de 26 de enero).

  • Los **períodos de prisión** sufridos como consecuencia de los supuestos contemplados en la Ley 46/1977, de 15 de octubre, de Amnistía, en los términos regulados en la Ley 18/1984, de 8 de junio.

  • Los períodos de **percepción de la ayuda equivalente a jubilación anticipada y de la ayuda previa a la jubilación ordinaria**.

  • La situación de **incapacidad temporal que subsista, una vez extinguido el contrato**. El art. 174.5 de la LGSS establece: «*(...) cuando la extinción se produjera por alta médica con propuesta de incapacidad permanente, o por el transcurso de los quinientos cuarenta y cinco días naturales, el trabajador estará en la situación de prolongación de efectos económicos de la incapacidad temporal hasta que se notifique la resolución en la que se califique la incapacidad permanente*».

- La **prórroga** de efectos de la **incapacidad temporal** (art. 205.2 de la LGSS).

- La situación de **maternidad o paternidad que subsista una vez extinguido el contrato de trabajo** o que se inicie durante la percepción de la prestación por desempleo.

- En el caso de los **artistas y profesionales taurinos**, los días que se consideren cotizados dentro de cada año natural en aplicación de las normas que regulan su cotización y que no se correspondan con los de prestación de servicios (también, servirán para completar el período mínimo de cotización exigido, para la determinación del porcentaje y para el cálculo de la base reguladora).

- En el caso de los trabajadores afectados por el **síndrome tóxico** que, por tal causa, cesaron en su día en el ejercicio de su actividad laboral o profesional, sin que hayan podido reanudar dicho ejercicio, y que hubieran estado en alta en alguno de los regímenes del sistema de la Seguridad Social, la situación asimilada se entenderá con respecto al régimen en que el trabajador estuviese encuadrado cuando cesó en su actividad y para las contingencias comunes.

- El período de suspensión del contrato de trabajo por decisión de la trabajadora que se vea obligada a abandonar su puesto de trabajo como consecuencia de ser **víctima de la violencia de género o violencia sexual**.

— Desde una **situación asimilada al alta, sin obligación de cotizar**, en la que el período de 2 años deberá estar comprendido dentro de los 15 años anteriores a la fecha en que cesó la obligación de cotizar. También tendrán derecho a la pensión de jubilación **quienes se encuentren en situación de prolongación de efectos económicos de la incapacidad temporal** (art. 205.2 de la LGSS) y reúnan las condiciones generales establecidas. (STSJ de Castilla La-Mancha, rec. 1241/2015, de 9 de octubre de 2018, ECLI:ES:TSJCLM:2018:2344).

— Desde la **situación de «no alta»**, es decir, cuando los interesados no se encuentren en el momento del hecho causante en alta o situación asimilada a la de alta, podrán causar derecho a prestación de jubilación cuando reúnan los requisitos de edad y cotización establecidos legalmente. Para causar pensión en el Régimen General y en otro u otros del sistema de la Seguridad Social, en este supuesto, será necesario que las cotizaciones acreditadas en cada uno de ellos se superpongan, al menos, durante quince años.

Como ya reflejaba la STS, rec. 4401/2004, de 18 de noviembre de 2005, ECLI:ES:TS:2005:7918 la garantía para todos los ciudadanos de una protección social suficiente en situaciones de necesidad, establecida como principio rector de la política social en el art. 41 de la CE, no puede enervar o desvirtuar, en un ordenamiento de la Seguridad Social fundado en la actividad profesional de los asegurados, los requisitos de cotización y de alta o situación asimilada exigidos para el reconocimiento de las prestaciones del nivel contributivo.

Pero, no obstante lo anterior, y como se desprenden de los recientes fallos judiciales, es necesaria una **interpretación evolutiva atendiendo a criterios teleológicos y humanizadores** para ponderar las circunstancias de cada caso y evitar situaciones de desprotección, lo que ha permitido a las salas de los social mitigar el rigor de la pura literalidad de la norma en lo referente a la exigencia del requisito del alta o situación asimilada (principalmente para causar prestaciones por muerte y supervivencia, eso sí). Y apreciar la existencia de situaciones asimiladas al alta, no previstas reglamentariamente y su consideración como «tiempo neutro o paréntesis» excluido del período computable, de acuerdo con los criterios que pueden resumirse así (STS, rec. 948/2009, de 15 de enero de 2010, ECLI:ES:TS:2010:618):

– No cabe, en ningún caso, la reducción de los períodos de carencia o cotización impuestos en las normas legales y reglamentarias.

– El listado legal de situaciones asimiladas al alta no es exhaustivo (arts. 166 de la LGSS y 36.17 del Real Decreto 84/1996, de 26 de enero).

– Los tiempos excluidos del período computable, son en principio aquellos inmediatamente anteriores al hecho causante, en que el asegurado no pudo cotizar por circunstancias de infortunio o ajenas a su voluntad.

– *«La valoración de la brevedad del intervalo de ausencia del mercado de trabajo se ha de hacer en términos relativos, que tengan en cuenta el tiempo de vida activa del asegurado, su "carrera de seguro", y también en su caso, la duración del período de reincorporación al mundo del trabajo posterior a su alejamiento temporal»*; en definitiva, si su duración es poco significativa en proporción al tiempo de cotización acreditado.

1.3.1. Edad de jubilación

La edad para acceder a la pensión contributiva de jubilación y el período de cotización necesarios para lucrar la prestación se incrementan de forma gradual según los arts. 204, 215 y D.T. 7.ª de la LGSS.

Incremento en la edad de jubilación hasta 2027

A partir de 01-01-2013, la edad de acceso a la pensión de jubilación depende de la edad del interesado y de las cotizaciones acumuladas a lo largo de su vida laboral, siendo necesario haber cumplido la edad de **67 años o 65 años cuando se acrediten 38 años y 6 meses de cotización**. No obstante, como es sabido, las edades de jubilación y el período de cotización necesarios para lucrar la prestación **se aplicarán de forma gradual** desde la citada fecha de 01/01/2013 hasta el 01/01/2027, en los siguientes términos (arts. 204, 215 y D.T. 7.ª de la LGSS):

Año	Períodos cotizados	Edad exigida
2013	35 años y 3 meses o más	65 años
	Menos de 35 años y 3 meses	65 años y 1 mes
2014	35 años y 6 meses o más	65 años
	Menos de 35 años y 6 meses	65 años y 2 meses
2015	35 años y 9 meses o más	65 años
	Menos de 35 años y 9 meses	65 años y 3 meses
2016	36 o más años	65 años
	Menos de 36 años	65 años y 4 meses
2017	36 años y 3 meses o más	65 años
	Menos de 36 años y 3 meses	65 años y 5 meses
2018	36 años y 6 meses o más	65 años
	Menos de 36 años y 6 meses	65 años y 6 meses
2019	36 años y 9 meses o más	65 años
	Menos de 36 años y 9 meses	65 años y 8 meses
2020	37 o más años	65 años
	Menos de 37 años	65 años y 10 meses
2021	37 años y 3 meses o más	65 años
	Menos de 37 años y 3 meses	66 años
2022	37 años y 6 meses o más	65 años
	Menos de 37 años y 6 meses	66 años y 2 meses
2023	37 años y 9 meses o más	65 años
	Menos de 37 años y 9 meses	66 años y 4 meses
2024	38 o más años	65 años
	Menos de 38 años	66 años y 6 meses
2025	**38 años y 3 meses o más**	**65 años**
	Menos de 38 años y 3 meses	**66 años y 8 meses**
2026	38 años y 3 meses o más	65 años
	Menos de 38 años y 3 meses	66 años y 10 meses
A partir de 2027	38 años y 6 meses o más	65 años
	Menos de 38 años y 6 meses	67 años

CUESTIÓN

1. El retraso de la edad legal de jubilación ordinaria, ¿afecta a la edad mínima de jubilación anticipada voluntaria o involuntaria?

Sí. El acceso a la jubilación anticipada por voluntad del interesado exigirá tener cumplida una edad que sea inferior en dos años, como máximo, a la edad que en cada caso resulte de aplicación [art. 205.1. a) de la LGSS]. Para el acceso a la jubilación anticipada por causa no imputable al trabajador (cese no voluntario en el trabajo) (art. 207 de la LGSS) será necesario tener cumplida una edad que sea inferior en cuatro años, como máximo, a la edad que en cada caso resulte de aplicación para la jubilación ordinaria [art. 205.1. a) de la LGSS].

En ambos casos no resultan de aplicación los coeficientes reductores a que se refieren los arts. 206 y 206 bis de la LGSS.

2. El retraso de la edad legal de jubilación ordinaria, ¿afecta a la edad mínima de jubilación parcial con o sin contrato de relevo?

Sí. Cualquier modificación en la edad ordinaria de jubilación afecta directamente a la edad mínima para acceder a la jubilación parcial, ajustándose los requisitos de edad en consecuencia. Con efectos de 01/04/2025;

– Jubilación parcial posterior a la edad ordinaria de jubilación —sin contrato de relevo—: la edad mínima es la edad ordinaria de jubilación establecida en cada momento según el artículo 205.1.a) de la Ley General de la Seguridad Social (LGSS).

– Jubilación parcial anterior a la edad ordinaria de jubilación —con contrato de relevo—: la edad mínima es tres años antes, como máximo, a la edad ordinaria de jubilación establecida en cada momento según el artículo 205.1.a) de la LGSS

¿Cómo se determina la edad de acceso a la pensión de jubilación en función de la cotización?

Como se observa, la regulación normativa hace depender la edad ordinaria de jubilación del período de cotización acreditado expresándolo en años y meses: el porcentaje aplicable a partir de los primeros quince años se define mediante la aplicación de un coeficiente por mes de cotización y los coeficientes reductores por jubilación anticipada difieren según que el interesado tenga 38 años y 6 meses de cotización o no. Es decir, se emplea no solo el año sino también el mes como unidad de tiempo relevante para distintos aspectos de la jubilación, por lo que se hizo preciso establecer una fórmula objetiva y única que convirtiese la unidad de tiempo «día» en unidad de tiempo «mes», fórmula que ha de garantizar el principio de igualdad de trato entre todos los ciudadanos que soliciten una pensión.

A efectos de la **determinación de la edad de acceso a la pensión de jubilación** (art. 1 del Real Decreto 1716/2012, de 28 de diciembre):

«1. (...) El cómputo de los meses se realizará de fecha a fecha a partir de la correspondiente al nacimiento. Cuando en el mes del vencimiento no hubiera día equivalente al inicial del cómputo, se considerará que el cumplimiento de la edad tiene lugar el último día del mes.

2. Los periodos de cotización acreditados por los solicitantes de la pensión de jubilación, a los efectos de poder acceder a la pensión de jubilación

al cumplimiento de la edad que, en cada caso, resulte de aplicación, vendrán reflejados en días y, una vez acumulados todos los días computables, sin que se tenga en cuenta la parte proporcional correspondiente a las pagas extraordinarias, serán objeto de transformación a años y meses, con las siguientes reglas de equivalencia:

a) El año adquiere el valor fijo de 365 días y

b) el mes adquiere el valor fijo de 30,41666 días.

Para el cómputo de los años y meses de cotización se tomarán años y meses completos, sin que se equiparen a un año o a un mes las fracciones de los mismos.

3. Para determinar los periodos de cotización computables para fijar la edad de acceso a la pensión de jubilación, además de los días efectivamente cotizados por el interesado, se tendrán en cuenta:

a) Los días que se consideren efectivamente cotizados, conforme a lo establecido en el artículo 180.1 y 2 de la Ley General de la Seguridad Social [actualmente 237.1 y 2 LGSS], como consecuencia de los periodos de excedencia que disfruten los trabajadores, de acuerdo con el artículo 46.3 del texto refundido de la Ley del Estatuto de los Trabajadores, aprobado por el Real Decreto legislativo 1/1995, de 24 de marzo.

b) Los días que se computen como periodo cotizado en concepto de beneficios por cuidado de hijos o menores acogidos, según lo dispuesto en la disposición adicional sexagésima de la Ley General de la Seguridad Social y en el artículo 6 de este real decreto.

c) Los periodos de cotización asimilados por parto que se computen a favor de la trabajadora solicitante de la pensión, de acuerdo con lo establecido en la disposición adicional cuadragésima cuarta de la Ley General de la Seguridad Social».

A TENER EN CUENTA. Respecto a la determinación de la cuantía, porcentaje aplicable y base reguladora de la pensión por jubilación se aplicará la versión vigente del art. 209.1 y DD.TT. 8.ª y 40.ª de la LGSS en cada momento.

Adicionalmente se han introducido algunas previsiones específicas para fijar la edad de acceso a la pensión de jubilación más favorable:

Beneficios por cuidado de hijos o menores (art. 236 de la LGSS), concretándose en dos medidas en particular: protección en las situaciones de interrupción de la cotización en los supuestos de nacimiento o adopción de hijos o acogimiento de menores y ampliación de los periodos considerados como cotizados en los casos de excedencia por cuidado de hijos o menores acogidos. El Real Decreto 1716/2012, de 28 de diciembre desarrolla el contenido y facilita la aplicabilidad de estos beneficios en la gestión de las prestaciones, contemplando los supuestos en que aquellos concurran con el reconocimiento de días asimilados por parto y con los periodos de cotización efectiva derivados de las situaciones de excedencia antes mencionadas.

«1. Sin perjuicio de lo dispuesto en el artículo anterior, se computará como periodo cotizado a todos los efectos, salvo para el cumplimiento del período mínimo de cotización exigido, aquel en el que se haya interrumpido la cotización a causa de la extinción de la relación laboral o de la finalización del cobro de prestaciones por desempleo cuando tales circunstancias se hayan producido entre los nueve meses anteriores al nacimiento, o los tres meses anteriores a la adopción o acogimiento permanente de un menor, y la finalización del sexto año posterior a dicha situación.

El período computable como cotizado será como máximo de **doscientos setenta días por hijo o menor adoptado o acogido**, sin que en ningún caso pueda ser superior a la interrupción real de la cotización.

Este beneficio solo se reconocerá a uno de los progenitores. En caso de controversia entre ellos se otorgará el derecho a la madre.

2. En cualquier caso, la aplicación de los beneficios establecidos en este artículo no podrá dar lugar a que el período de cuidado de hijo o menor, considerado como período cotizado, supere cinco años por beneficiario. Esta limitación se aplicará, de igual modo, cuando los mencionados beneficios concurran con los contemplados en el artículo 237.1».

Periodos de cotización asimilados por parto (art. 235 de la LGSS), «A *efectos de las pensiones contributivas de jubilación y de incapacidad permanente, se computarán a favor de la trabajadora solicitante de la pensión un total de ciento doce días completos de cotización por cada parto de un solo hijo y de catorce días más por cada hijo a partir del segundo, este incluido, si el parto fuera múltiple, salvo que, por ser trabajadora o funcionaria en el momento del parto, se hubiera cotizado durante la totalidad de las dieciséis semanas o durante el tiempo que corresponda si el parto fuese múltiple».*

Periodos de excedencia que disfruten los trabajadores (art. 237 de la LGSS), los períodos de hasta tres años de excedencia solicitados para el cuidado de cada hijo o en razón del cuidado de otros familiares al amparo del art. 46.3 del ET tendrán la consideración de periodo de cotización efectiva a efectos de (entre otras) la prestación por jubilación.

¿Existen excepciones para rebajar o anticipar la edad ordinaria de jubilación?

Para las personas trabajadoras en alta o en situación asimilada a la de alta, existen determinados **supuestos especiales en los que la edad mínima puede ser rebajada o anticipada**:

– Jubilación anticipada en sus distintas modalidades.

– Jubilación parcial.

– Jubilación de determinados colectivos como: personal del Estatuto Minero (STSJ de Asturias n.º 2252/2013, de 22 de noviembre de 2013); artistas; profesionales taurinos; personal de vuelo de trabajos aéreos (STSJ de las Is. Baleares n.º 309/2013, de 12 de junio de 2013); policías locales, sacerdotes y religiosos secularizados, personal de vuelo en trabajos aéreos, etc.

– Jubilación flexible.

– Jubilación de trabajadores afectados por una discapacidad igual o superior al 45 % o al 65 %.

> **A TENER EN CUENTA.** La aplicación de la reducción o la anticipación de la edad de jubilación en ningún caso dará ocasión a que el interesado pueda acceder a la pensión de jubilación con una edad inferior a los 52 años (art. 3.3 Real Decreto 1698/2011, de 18 de noviembre).

1.3.2. Hecho causante

Reunidas las condiciones señaladas de edad y cotización, otro requisito para acceder a la pensión de jubilación, será el **cese en el trabajo por cuenta ajena o propia** (art. 204 de la LGSS). El hecho causante de la pensión de jubilación se fija en la fecha en la que, por reunirse todos los requisitos exigidos, se causa derecho a la prestación, teniendo incidencia en el cálculo y en los efectos económicos de esta.

La pensión de jubilación contributiva se entenderá causada en la fecha indicada a tal efecto por la persona interesada al formalizar la correspondiente solicitud, siempre que se encuentre comprendida **dentro de los tres meses anteriores o posteriores al día de presentación de la solicitud.** Esto tiene gran relevancia ya que la fecha indicada por la persona interesada será la que se tenga en cuenta a efectos de considerar la situación de alta, asimilada a la de alta o de no alta ni asimilada.

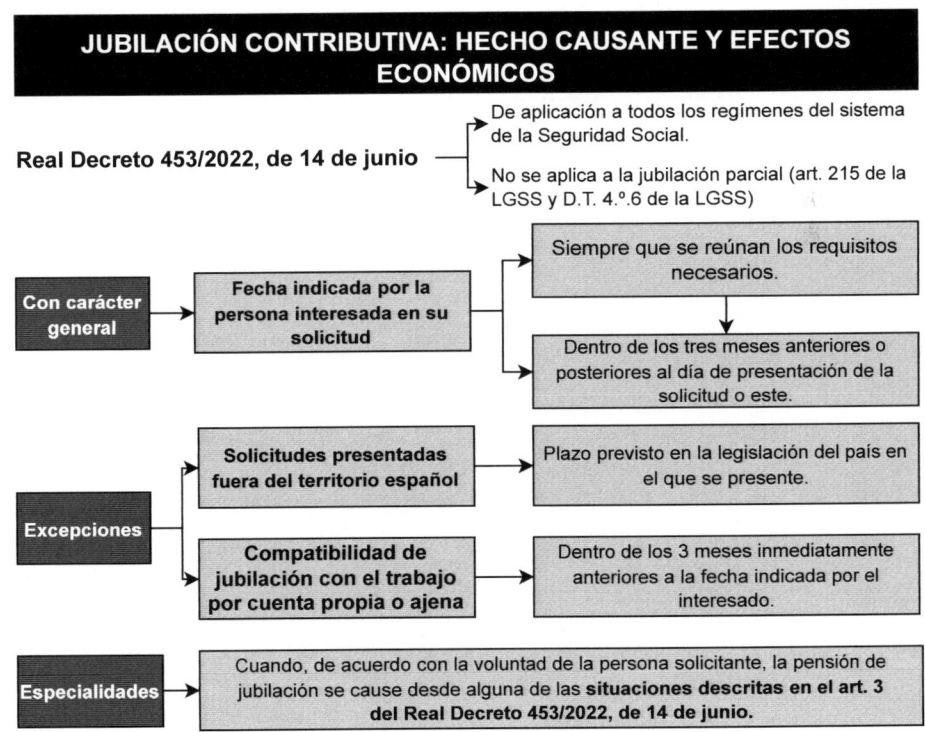

45

El Real Decreto 453/2022, de 14 de junio, regula la conceptualización de la fecha del hecho causante estableciendo una serie de **especialidades**:

	(Real Decreto 453/2022, de 14 de junio)
Situación acceso a la pensión	- **Fecha indicada a tal efecto por la persona interesada al formalizar la correspondiente solicitud (dentro de los tres meses anteriores o posteriores al día de presentación de la solicitud).**
Alta en la Seguridad Social.	Día que se produzca el cese en la actividad laboral.
Asimiladas a la de alta.	Fecha indicada a tal efecto por la persona interesada al formalizar la correspondiente solicitud.
Excedencia forzosa.	Fecha del cese en el cargo o funciones.
Traslado fuera del territorio nacional.	Fecha del cese en el trabajo.
De no alta en la Seguridad Social.	Fecha indicada a tal efecto por la persona interesada al formalizar la correspondiente solicitud.
Extinción de la prestación o subsidio por desempleo por cumplir la edad ordinaria de jubilación.	El día de cumplimiento de la edad ordinaria de jubilación.
Diputados y senadores de las Cortes Generales, los miembros de los parlamentos y gobiernos, o funcionarios o empleados de organizaciones internacionales intergubernamentales.	Día de extinción del convenio especial.
Compatibilización de trabajo y pensión.	Dentro de los tres meses inmediatamente anteriores a la fecha indicada por el interesado a efectos de fijar el hecho causante de la pensión.

Se considerarán situaciones asimiladas al alta en el régimen general de la Seguridad Social, a efectos de causar derecho a la prestación de jubilación, las establecidas en el art. 166 de la LGSS ya analizadas.

> **JURISPRUDENCIA**
>
> **STS, rec. 2032/2022, de 17 de octubre de 2024, ECLI:ES:TS:2024:5085**
>
> Para el TS, cuando el último día trabajado coincide con el último día del mes, la fecha del hecho causante de la pensión de jubilación es la del primer día en que no se trabaja.
>
> **STS, rec. 1133/2019 de 13 de junio de 2022, ECLI: ES:TS:2022:2373**
>
> El derecho a la pensión solo se produce a partir del hecho causante y de conformidad con la normativa entonces vigente. Por ello, se acude al concepto de pensión causada como aquella que surge cuando concurren las condiciones necesarias para su reconocimiento.
>
> El hecho causante de la pensión de jubilación, en situación de no alta o no asimilada al alta, es el momento en el que se reúnen las condiciones para que pueda ser reconocida, sin perjuicio de que los efectos económicos se determinen en atención a la fecha de la solicitud.

RESOLUCIONES RELEVANTES

STSJ de Madrid n.º 358/2020, de 8 de mayo, ECLI:ES:TSJM:2020:1962

Una vez cumplida la edad ordinaria de jubilación, el beneficiario podrá acogerse a la modalidad de jubilación activa, aunque con anterioridad, hubiese estado en situación de jubilación parcial.

STS, rec. 389/2016, de 24 de enero de 2018, ECLI:ES:TS:2018:483

Recordando la literalidad del art. 2 del citado RDL 5/2013 para el acceso a la jubilación activa, se declara que del mismo ha de colegirse que, para disfrutar de los beneficios que se establecen, se hace necesario que el beneficiario tenga reconocida una pensión de jubilación por haber alcanzado la **edad exigible legalmente en cada caso** y, además, que dicha **pensión sea equivalente al 100 por 100 de la base reguladora** que corresponda: *«Los términos del precepto son tan claros que no dejan duda sobre la necesidad de haberse jubilado con una pensión equivalente al 100 por 100 de la base reguladora de la misma, para poder compatibilizar el trabajo con la pensión reconocida que, durante esa situación de compatibilidad, se reducirá en un 50 por 100, sin que, por ende sea posible alcanzar porcentaje del 100 por 100 cuestionado con cotizaciones posteriores a la jubilación»*, a lo que a renglón seguido añade: *«(...) Precisamente la sentencia recurrida se hace eco de aquel pronunciamiento nuestro, en que afirmábamos que la expuesta solución es la que se ajusta a la finalidad del citado RDL 5/2013, cuya Exposición de Motivos indica en su apartado III que «El capítulo I de este real decreto-ley regula la compatibilidad entre la percepción de una pensión de jubilación y el trabajo por cuenta propia o ajena para favorecer el alargamiento de la vida activa, reforzar la sostenibilidad del sistema de Seguridad Social, y aprovechar en mayor medida los conocimientos y experiencia de estos trabajadores. Esta posibilidad, muy restringida en el ordenamiento español hasta la fecha, es habitual en las legislaciones de países del entorno. Se permite así que aquellos trabajadores que han accedido a la jubilación al alcanzar la edad legal, y que cuentan con largas carreras de cotización, puedan compatibilizar el empleo a tiempo completo o parcial con el cobro del 50 % de la pensión, con unas obligaciones de cotización social limitadas». De ahí que sostuviéramos que la norma en cuestión persigue incentivar el trabajo más allá de la edad de jubilación estableciendo, al efecto, la posibilidad de compatibilizar trabajo y pensión, a la par que se mejora la pensión máxima reconocida»; precisando que una interpretación distinta hubiera vaciado de contenido lo dispuesto en el art. 163.2 de la LGSS».*

STSJ de Asturias, rec. 211/2017, de 30 de marzo de 2017, ECLI:ES:TSJAS:2017:1025

«(..) Hechas estas precisiones, la Sala, resolviendo el debate en los términos en los cuales se ha planteado, debe rechazar la denuncia jurídica porque no hay norma alguna en virtud de la cual en caso de jubilación parcial tras acreditar el requisito de edad exigido, no se pueda acceder a la jubilación activa una vez cumplida la edad exigida. El percibo de la pensión de jubilación parcial y la edad a la que se haya accedido a ésta no son datos decisivos e impeditivos del reconocimiento de la pensión de jubilación ordinaria a los efectos de compatibilizarla con el trabajo, sólo lo son las circunstancias concurrentes en el momento de la solicitud de esta última, y en este caso, en dicho momento, acredita el actor los requisitos exigidos por la norma».

1.3.3. Periodo mínimo de cotización

En este punto no podemos sino recordar como el art. 205 de la LGSS, que identifica a los «beneficiarios» de la pensión analizada, requiere, para que la misma pueda ser causada, «tener *cubierto un período mínimo de cotización de quince años, de los cuales al menos dos deberán estar comprendidos dentro de los quince años inmediatamente anteriores al momento de causar el derecho».* Añadiendo el mismo apartado en cuestión [art. 205.1.b) de la LGSS], de forma específica, que «(...) *a efectos del cómputo de los años cotizados no se tendrá en cuenta la parte proporcional correspondiente a las pagas extraordinarias».* El criterio legal a estos efectos es, en consecuencia, extremadamente claro y rotundo; en cuanto no permite la inclusión de los denominados días-cuota correspondientes a las pagas extraordinarias.

Por lo tanto, para el acceso a la pensión contributiva de jubilación, será necesario tener cubierto un período mínimo de cotización de **quince años**, de los cuales **al menos dos** deberán estar comprendidos dentro de los quince años inmediatamente anteriores al momento de causar el derecho. A efectos de acreditar el período mínimo de cotización:

- Sólo se computan las cotizaciones efectivamente realizadas o las asimiladas a ellas legal o reglamentariamente [art. 205.1.b) de la LGSS].

- No se tendrá en cuenta la parte proporcional correspondiente por pagas extraordinarias.

- En los supuestos en que se acceda a la pensión de jubilación desde una situación de alta o asimilada a la de alta, sin obligación de cotizar, el período de dos años a que se refiere el párrafo anterior deberá estar comprendido dentro de los quince años inmediatamente anteriores a la fecha en que cesó la obligación de cotizar.

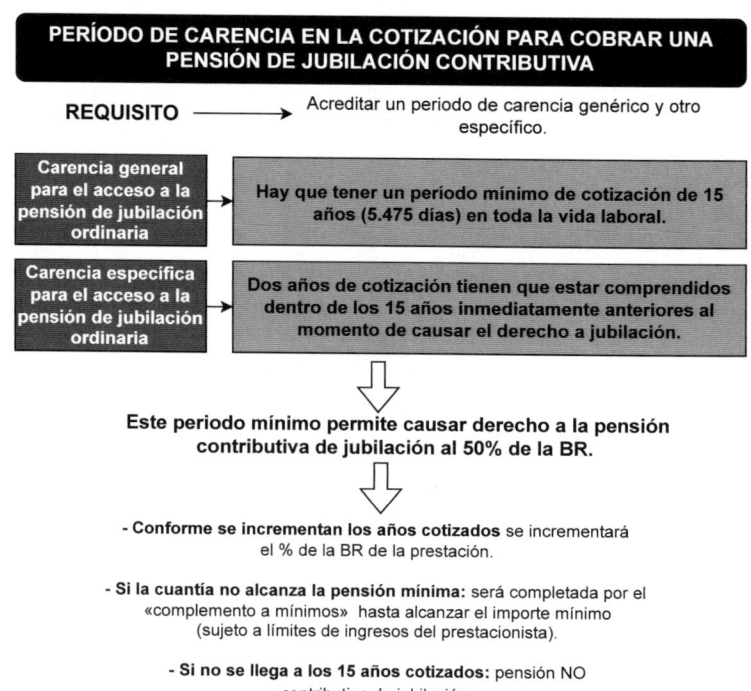

PERÍODO DE CARENCIA EN LA COTIZACIÓN PARA COBRAR UNA PENSIÓN DE JUBILACIÓN CONTRIBUTIVA

REQUISITO ⟶ Acreditar un periodo de carencia genérico y otro específico.

Carencia general para el acceso a la pensión de jubilación ordinaria	Hay que tener un período mínimo de cotización de 15 años (5.475 días) en toda la vida laboral.
Carencia específica para el acceso a la pensión de jubilación ordinaria	Dos años de cotización tienen que estar comprendidos dentro de los 15 años inmediatamente anteriores al momento de causar el derecho a jubilación.

Este periodo mínimo permite causar derecho a la pensión contributiva de jubilación al 50% de la BR.

- Conforme se incrementan los años cotizados se incrementará el % de la BR de la prestación.

- Si la cuantía no alcanza la pensión mínima: será completada por el «complemento a mínimos» hasta alcanzar el importe mínimo (sujeto a límites de ingresos del prestacionista).

- Si no se llega a los 15 años cotizados: pensión NO contributiva de jubilación.

A TENER EN CUENTA. Respecto a la determinación de la cuantía, porcentaje aplicable y base reguladora de la pensión por jubilación se aplicará la versión vigente del art. 209.1 y DD.TT. 4.ª, 8.ª, 9.ª y 40.ª de la LGSS en cada momento.

SITUACIÓN	PERÍODO DE COTIZACIÓN
TRABAJADORES EN SITUACIÓN DE ALTA O ASIMILADA	Período de cotización genérico: 15 años (5.475 días).
	Período de cotización específico: 2 años deberán estar comprendidos dentro de los 15 años inmediatamente anteriores al momento de causar el derecho o a la fecha en que cesó la obligación de cotizar, si se accede a la pensión de jubilación desde una situación de alta o asimilada, sin obligación de cotizar.
TRABAJADORES EN SITUACIÓN DE NO ALTA NI ASIMILADA	Período de cotización genérico: 15 años (5.475 días).
	Período de cotización específico: 2 años deberán estar comprendidos dentro de los 15 años inmediatamente anteriores al momento de causar el derecho.
TRABAJADORES CONTRATADOS A TIEMPO PARCIAL	Se asimila la jornada a tiempo parcial como un día entero cotizado a efectos de lucrar la pensión de jubilación. Se tendrán en cuenta los distintos períodos durante los cuales el trabajador haya permanecido en alta con un contrato a tiempo parcial, cualquiera que sea la duración de la jornada realizada en cada uno de ellos (art. 247 de la LGSS).
	• Período de cotización genérico: 15 años (5.475 días).
	• Período de cotización específico: 2 años deberán estar comprendidos dentro de los 15 años inmediatamente anteriores al momento de causar el derecho.

CUESTIONES

1. ¿Cómo afectarán las modificaciones realizadas por la reforma de las pensiones 2023 al cómputo de las cotizaciones para jubilación de las personas trabajadoras a tiempo parcial?

Se producirá la equiparación de la cotización a tiempo parcial con tiempo completo. Desde el 01/10/2023, con la modificación del art. 247 de la LGSS, se equipara el trabajo a tiempo parcial con el trabajo a tiempo completo a efectos del cómputo de los períodos cotizados para el reconocimiento de las pensiones de jubilación (también en los casos de incapacidad permanente, muerte y supervivencia, incapacidad temporal, nacimiento y cuidado de menor), ya que se tendrán en cuenta los períodos cotizados cualquiera que sea la duración de la jornada realizada en cada uno de ellos.

A modo de ejemplo, cuando una persona trabajadora ha trabajado 10 años con una jornada del 40 por cien, se le computarán 10 años como cotizados y no 4, como se venía haciendo hasta el momento. La modificación realizada ha supuesto la derogación del coeficiente de parcialidad.

2. ¿Por qué la norma específica que no se tendrá en cuenta la parte proporcional correspondiente por pagas extraordinarias para el acceso a la prestación por jubilación?

La Ley 40/2007, de 4 de diciembre, de medidas en materia de Seguridad Social (vigente desde 01/01/2008) incorporó esta previsión expresa en materia de jubilación contributiva en el derogado art. 161.1.b) de la LGSS/1994 [actual art. 205.1.b) de la LGSS].

La norma expresamente suprimió la posibilidad de aplicación de la doctrina jurisprudencial de los días-cuota a efectos de carencia, pues para acreditar el período mínimo de cotización necesario para poder acceder a la pensión (15 años), se computarán sólo los días efectivos de cotización y no los correspondientes a las pagas extraordinarias.

Tras diversas modificaciones normativas, la doctrina jurisprudencial dejó claro que las pagas extras, al prorratearse en los doce meses de cotización, ya se computan para el cálculo de la base reguladora y admitir de manera adicional el cómputo de los días-cuota supondría una duplicidad a su respecto. El cómputo de los días-cuota sigue vigente para las pensiones de incapacidad permanente y muerte y supervivencia, pero no para la jubilación. (STS n.° 788/2020, de 22 de septiembre de 2020, ES:TS:2020:3146).

JURISPRUDENCIA

STS, rec. 578/2005, de 13 de noviembre de 2006, ECLI:ES:TS:2006:8562

Se debate la responsabilidad de la empresa cesionaria en el pago de la pensión de jubilación causada con posterioridad a la transmisión, con declaración de responsabilidad del anterior empresario por falta de alta y cotización. El incumplimiento empresarial repercutía en el reconocimiento del derecho, que el INSS había denegado por no reunirse el periodo mínimo de carencia. La Sala Cuarta reitera doctrina que interpretó los (ex) arts. 127.2 de la LGSS y 44.3 del ET declarando que en materia de prestaciones no puede mantenerse una responsabilidad ilimitada en el tiempo y que por tanto la solución en el caso proviene de aplicar el (ex) arts. 127.2 de la LGSS, norma aplicable con preferencia a ninguna otra por tratarse de una cuestión de Seguridad Social. La sentencia desestima el recurso del INSS que pretendía la declaración de responsabilidad solidaria del Ayuntamiento de Lasarte en el que se había integrado la demandante después de haber trabajado para una cooperativa sin alta ni cotización.

STS, rec. 4384/2000, de 19 de julio de 2001, ECLI:ES:TS:2001:6369

Resumiendo la doctrina del paréntesis a propósito de la carencia específica exigida se establece que en determinados supuestos en los que la legislación exige que las cotizaciones acumuladas se acrediten en un período próximo al acaecimiento de la contingencia protegida, (...) el cómputo de este período se distienda mediante la exclusión de «tiempos muertos» o «paréntesis»:

1) No cabe reducción de los períodos de carencia o cotización impuestos en las normas legales y reglamentarias. (STS 5 de octubre de 1997).

2) Los intervalos excluidos del cómputo del período o plazo reglamentario anterior al hecho causante son, en principio, aquellos en que el asegurado no pudo cotizar por circunstancias de infortunio o ajenas a su voluntad, como la situación de desempleo.

3) También cabe excluir de dicho cómputo, a efectos del cumplimiento de los requisitos de alta y cotización, un «interregno de breve duración en la situación de demandante de empleo" que no revele «voluntad de apartarse del mundo laboral». (STS 12 de marzo de 1998 y 9 de noviembre de 1999).

4) «La valoración de la brevedad del intervalo de ausencia del mercado de trabajo se ha de hacer en términos relativos, que tengan en cuenta el tiempo de vida activa del asegurado, su «carrera de seguro», y también en su caso la duración del período de reincorporación al mundo del trabajo posterior a su alejamiento temporal». (STS 25 de julio de 2000).

1.3.4. Periodo de carencia genérica y específica

Como hemos reiterado a lo largo de la obra, el art. 205.b) de la LGSS establece, como requisito para el acceso a la pensión contributiva de jubilación, un requisito de carencia que engloba dos supuestos:

- **Una carencia genérica o periodo total de cotizaciones previas**, es decir, tener cubierto un período mínimo genérico de cotización a lo largo de la vida laboral (**15 años**).

- **Una carencia específica**, que al menos **dos de esos años se encuentren comprendidos dentro de los quince** años inmediatamente anteriores al momento de causar el derecho.

Período mínimo genérico de cotización para el acceso a la jubilación contributiva: cómputo de la carencia genérica de 15 años a lo largo de la vida laboral

Se refiere al número total de años cotizados. Para el acceso a la pensión de jubilación deben acreditarse, como mínimo, 15 años cotizados (5.475 días) en cualquier Régimen de la Seguridad Social en el momento del hecho causante. Para este cómputo deberá tenerse en cuenta la cotización real, ciertos periodos asimilados normativamente y las cotizaciones ficticias reguladas para determinados supuestos:

- **Cotizaciones a otros regímenes de la seguridad social siempre que no se superpongan.** Cuando se acrediten cotizaciones a varios regímenes y no se cause derecho a pensión en uno de ellos, las bases de cotización acreditadas en este último en régimen de pluriactividad podrán ser acumuladas a las del régimen en que se cause la pensión, exclusivamente para la determinación de la base reguladora de la misma, sin que la suma de las bases pueda exceder del límite máximo de cotización vigente en cada momento. El denominado «cómputo recíproco de cotizaciones» se regula mediante el art. 49 de la LGSS, el Decreto 2957/1973, de 16 de noviembre y el Real Decreto 691/1991, de 12 de abril, donde se contemplan la posibilidad de computar períodos de permanencia en cada uno de los distintos regímenes del Sistema, *«siempre que dichos periodos no se superpongan».* (STS, rec. 208/2008, de 21 de enero de 2009 y STSJ de Castilla y León n.º 424/2013, de 19 de septiembre de 2013).

- **Cotizaciones en países de la Unión Europea con los que nuestro país ha suscrito un convenio de seguridad social.** La Sala de lo Social del Tribunal Supremo se ha pronunciado en numerosas ocasiones en relación a la normativa aplicable para determinar la base reguladora de la pensión de jubilación de trabajadores que han prestado servicios en España y en países de la Unión Europea con los que nuestro país ha suscrito un convenio de seguridad social, y ha afirmado que la regla de cálculo prevista en el Reglamento n.º 1408/71 del Consejo, de 14 de junio de 1971, debe ceder ante la establecida en el Acuerdo bilateral de que se trate si de la misma deriva un trato más favorable para el asegurado que el procurado por la normativa comunitaria, con la puntualización de que la fórmula más ventajosa ha de ser respetada incluso tras la adhesión de España a la UE. (STS n.º 82/2018, de 1 de febrero de 2018, ECLI:ES:TS:2018:480 y STS n.º 731/2019, de 23 de octubre de 2019, ECLI:ES:TS:2019:3643).

> **A TENER EN CUENTA.** También se ha venido estableciendo como válidas para el cómputo de la cotización necesaria para la jubilación, en este caso de forma asimilada, las cotizaciones ficticias por cuidado de hijos que se aplican en otros países de la Unión Europea. (STS, rec. 1209/2011, de 20 de junio de 2012, ECLI:ES:TS:2012:5550).

- **Cotización durante la** percepción de una **prestación por desempleo a nivel contributivo.** Durante el período de percepción de la prestación por desempleo, la entidad gestora ingresará las cotizaciones a la Seguridad Social, asumiendo la aportación empresarial y descontando de la cuantía de la prestación, incluidos los supuestos a que hace referencia el artículo 270.3, la aportación que corresponda al trabajador (art. 273 de la LGSS).

- **En caso de convenio especial con la Tesorería General de la Seguridad Social por los períodos de formación realizados tanto en España como en el extranjero** (Real Decreto 1493/2011, de 24 de octubre).

- **Periodos de cotización asimilados por parto:** a efectos de las pensiones contributivas de jubilación y de incapacidad permanente, se computarán a favor de la trabajadora solicitante de la pensión un total de ciento doce días completos de cotización por cada parto de un solo hijo y de catorce días más por cada hijo a partir del segundo, este incluido, si el parto fuera múltiple, salvo que, por ser trabajadora o funcionaria en el momento del parto, se hubiera cotizado durante la totalidad de las dieciséis semanas o durante el tiempo que corresponda si el parto fuese múltiple (art. 235 de la LGSS) .

> **JURISPRUDENCIA**
>
> **STS, n.º 1173/2023, de 19 de diciembre de 2023, ECLI:ES:TS:2023:5936**
>
> Analizando el art. 235 de la LGSS, *«(...) las cotizaciones ficticias por parto deben equipararse en toda su extensión y a todos sus efectos con las cotizaciones reales, pero sin que tampoco sea posible atribuirles mayores beneficios que las generados por las propias cotizaciones efectivamente realizadas por la trabajadora.*
>
> *Razón por la que sirven sin duda para contabilizar la carrera profesional total de la trabajadora, con independencia del tiempo, momento o lugar en el que hubiere acontecido el parto. Son eficaces para alcanzar el periodo de carencia genérica de aquellas prestaciones de seguridad social que no se encuentran sujetas a la exigencia de cotizaciones en un determinado y concreto periodo temporal en la vida laboral de la trabajadora, para cuyo devengo resulten aplicables conforme a las disposiciones legales en la materia».*
>
> **STS n.º 576/2022, de 23 de junio de 2022, ECLI:ES:TS:2022:2549**
>
> Aborda el alcance y eficacia que haya de otorgarse a tales cotizaciones ficticias a efectos del reconocimiento del subsidio por desempleo y jubilación.

STS, rec. 792/2013, de 18 noviembre 2013, ECLI:ES:TS:2013:6429

Tiene por objeto fomentar una política de natalidad creando un trato desigual respecto de las mujeres sin hijos, es lo cierto que el beneficio se dirige a la mujer trabajadora que realiza el doble esfuerzo de un desempeño laboral y el cuidado de su descendencia.

– **Periodos de cotización asimilados en caso de excedencia por cuidado de hijos o familiares.** Los períodos de hasta tres años de excedencia de acuerdo con el art. 46.3 del Estatuto de los Trabajadores (art. 237. 1 y 2 de la LGSS):

  • En razón del cuidado de cada hijo o menor en régimen de acogimiento permanente o de guarda con fines de adopción.

  • En razón del cuidado de otros familiares, hasta el segundo grado de consanguinidad o afinidad, que, por razones de edad, accidente, enfermedad o discapacidad, no puedan valerse por sí mismos, y no desempeñen una actividad retribuida.

– **El período de suspensión con reserva del puesto de trabajo para supuestos de violencia de género o violencia sexual.** El período de suspensión con reserva del puesto de trabajo (art. 48.8 del ET) para supuestos de violencia de género o violencia sexual, tendrá la consideración de período de cotización efectiva a efectos de las correspondientes prestaciones de la Seguridad Social por jubilación (art. 165.5 de la LGSS).

– **Periodos en que los miembros de las corporaciones locales ejercieron con dedicación exclusiva su cargo político, con anterioridad a su inclusión en el Régimen General de la Seguridad Social.** A los miembros de las corporaciones locales a que se refiere el art. 1 del Real Decreto 1108/2007, de 24 de agosto, y que lo soliciten ante la Tesorería General de la Seguridad Social, se les reconocerán como cotizados al Régimen General de la Seguridad Social los períodos durante los que hayan ejercido su cargo político, a efectos del reconocimiento del derecho a pensión de jubilación o de incrementar la cuantía de dicha pensión en el supuesto de que ya hubiera sido reconocida.

No procederá el reconocimiento a que se refiere el párrafo anterior de los períodos durante los que se haya cotizado a cualquier régimen público de protección social, ya haya sido con carácter voluntario u obligatorio.

Los interesados deberán acreditar, mediante certificación expedida por la correspondiente corporación local, los períodos durante los que desempeñaron su cargo político en régimen de dedicación exclusiva y mediando retribución o indemnizaciones fijas periódicas.

– **Períodos de dedicación a la enseñanza del euskera como cotizados a la Seguridad Social.** Los períodos de actividad profesional a los que se refiere el art. 1 del Real Decreto 788/2007, de 15 de junio, debidamente acreditados, se reconocerán como cotizados a efectos de prestación de jubilación, a solicitud del interesado, siempre que no exista superposición con otros períodos de cotización.

También resulta necesario prestar atención a la **equiparación de la jornada a tiempo parcial o en determinados supuestos de reducción de jornada para el cómputo de las cotizaciones para la prestación de jubilación**:

- **Periodos de contrato a tiempo parcial.** A efectos de acreditar los períodos de cotización necesarios para causar derecho a las prestaciones de jubilación se tendrán en cuenta los distintos períodos durante los cuales el trabajador haya permanecido en alta con un contrato a tiempo parcial, cualquiera que sea la duración de la jornada realizada en cada uno de ellos (art. 247 de la LGSS, vigente desde el 01/10/2023).

- **Supuestos en los que la jornada computa al 100 por 100.** La **reducción de jornada por guarda legal** se computará incrementada hasta el 100 por 100 de la cuantía que hubiera correspondido si se hubiera mantenido sin dicha reducción la jornada de trabajo, a efectos de las prestaciones por jubilación, en caso de (art. 237.3 de la LGSS):

  • Cuando los dos progenitores, adoptantes, guardadores o acogedores ejerzan el permiso para el cuidado del lactante con la misma duración y régimen (último párrafo apdo. 4 art. 37 del ET).

  • Para el cuidado, durante la hospitalización y tratamiento continuado del menor a su cargo afectado por cáncer, o por cualquier otra enfermedad grave (tercer párrafo apdo. 6 art. 37 del ET).

CUESTIONES

1. ¿Cómo afecta el desempleo a mi futura jubilación?

La prestación por desempleo a nivel contributivo cotiza para la futura prestación de jubilación. Los subsidios, a excepción del establecido para mayores de 52 años, no.

La entidad gestora cotizará por la contingencia de jubilación durante la percepción del subsidio por desempleo para trabajadores mayores de 52 años, tomándose como base de cotización el 125 por ciento del tope mínimo de cotización vigente en cada momento. Las cotizaciones efectuadas tendrán efecto para el cálculo de la base reguladora de la pensión de jubilación y porcentaje aplicable a aquella en cualquiera de sus modalidades, así como para completar el tiempo necesario para el acceso a la jubilación anticipada, pero, en ningún tendrán validez y eficacia jurídica para acreditar el período mínimo de cotización exigido en el apdo. 1.b) del art. 205 del ET, que deberá haber quedado acreditado en el momento de la solicitud del subsidio por desempleo para mayores de cincuenta y dos años (arts. 274.4, 285 y 280.9 de la LGSS).

2. ¿Cómo trata la Seguridad Social el tiempo cotizado en países extranjeros a efectos de la jubilación?

La Seguridad Social española trata el tiempo cotizado en el extranjero de forma diferente dependiendo del convenio suscrito con el país en cuestión. Los reglamentos comunitarios garantizan el principio de exportación de prestaciones entre los países de la Unión Europea, el Espacio Económico Europeo y Suiza (Reglamentos Comunitarios (CE) n.º 883/04 y n.º 987/09). Con los países donde España tenga acuerdos bilaterales o multilaterales (ej.: Australia, Canadá, Estados Unidos, Marruecos, Túnez, Ucrania, Venezuela, entre otros) los ciudadanos tienen derecho a acumular los períodos de cotización. Por otro lado, para los países con los que la Seguridad Social no cuenta con acuerdos, será el propio país de destino el que ofrezca sus prestaciones si se han realizado las correspondientes cotizaciones.

3. Los periodos de servicio militar, prestación social sustitutoria o de «mili para mujeres» durante de la dictadura, ¿computan a efectos de cumplir con el periodo de carencia necesario para la jubilación?

No. Los períodos de servicio militar o prestación social sustitutoria solo se computan para alcanzar el período de cotización específico en el caso de jubilación anticipada, voluntaria o involuntaria y con el límite máximo de un año [D.T. 4.ª.6. f), 207, 208 y 215 de la LGSS].

JURISPRUDENCIA

STS, rec. 852/2012, de 7 de diciembre de 2012, ECLI:ES:TS:2012:9118

Cabe concluir, por tanto, que los beneficiarios del anterior régimen del SOVI, conservan el derecho a devengar la pensión de vejez de dicho régimen residual, cuando cumplan la edad de jubilación, si el 1 de enero de 1967 reunían los requisitos exigidos en sus normas específicas para tal devengo, es decir, 1800 días efectivos de cotización o acreditación de haber figurado afiliado al Retiro Obrero. Pero en modo alguno pueden pretender que se le adicionen otras cotizaciones ficticias en razón de la edad según la escala de la Disposición Transitoria Segunda de la Orden de 18 de enero de 1967 que, además de aprovechar únicamente para mejorar la cuantía de la pensión y no para la carencia, se aplica a la pensión de jubilación de otro régimen, el actual del Sistema de Seguridad Social. En otras palabras, una cosa es que los beneficiarios de la pensión de jubilación del Sistema de Seguridad Social puedan aprovechar, como es lógico, las cotizaciones efectuadas a anteriores regímenes en los términos y a los efectos que se establecen en las normas transitorias de la LGSS y de la Orden de 18 de enero de 1967 ya citada, y otra muy distinta que los beneficiarios del antiguo régimen del SOVI puedan aprovechar los beneficios de esas disposiciones posteriores que no conciernen a su régimen.

STS, rec. 4833/2005, de 27 de marzo de 2007, ECLI:ES:TS:2007:2436

Las cotizaciones computables efectuadas por los empleados de hogar en el Montepío Nacional del Servicio Doméstico serán válidas para el reconocimiento del derecho a las prestaciones establecidas, y, no sólo para completar el periodo mínimo de carencia, sino también para determinar el porcentaje aplicable a la base reguladora.

STS n.º 115/2020, de 6 de febrero de 2020, ECLI: ES:TS:2020:338

El TS reconoce por primera vez el derecho de una mujer a computar el servicio social para la jubilación anticipada.

Período específico de cotización para el acceso a la jubilación contributiva: cómputo de la carencia específica de 2 años dentro de los últimos 15 de cotización

El periodo de carencia específico hace referencia al periodo de 2 años que debe estar comprendido dentro de los 15 años inmediatamente anteriores al momento del hecho causante. Para su cómputo (difícil en muchos casos) debemos partir de la denominada **doctrina del paréntesis**, mediante la que se permite acceder a esta pensión contributiva de jubilación considerando neutro el tiempo que no fue posible acceder al mercado laboral por causa no imputable a la persona trabajadora.

La jurisprudencia española ha acuñado con el término «doctrina del paréntesis» la flexibilización, en determinados supuestos en que no se cotizó por causas ajenas a la voluntad del beneficiario, del acceso a la jubilación, de forma que, aquellos sujetos que accedan a la jubilación desde situaciones asimiladas al alta sin obligación de cotizar, también podrán cumplir con el período de carencia específico de 2 años dentro de los 15 años anteriores a la fecha en que cesó la obligación de cotizar, aunque no se correspondan con los 15 años anteriores al hecho causante. De esta manera, los trabajadores no ven mermada su pensión de jubilación por haberse visto forzados a interrumpir sus cotizaciones a la Seguridad Social.

Por lo que se refiere a la aplicación de la **teoría del paréntesis**, la cual viene a ser resumida por STS, rec. 777/2009, de 24 de noviembre de 2010, ECLI:ES:TS:2010:7534, con cita de la STS, rec. 5282/04, de 23 de diciembre de 2005, ECLI:ES:TS:2005:7976, y STS n.º 940/2018 de 30/10/2018, ECLI: ECLI:ES:TS:2018:3965, se ha extendido a diferentes situaciones:

«1) No cabe, en ningún caso, la reducción de los períodos de carencia o cotización impuestos en las normas legales y reglamentarias.

2) El listado legal de situaciones asimiladas al alta no es exhaustivo. Así es de ver en los artículos 125.2 de la LGSS - 94 [actual art. 169 de la LGSS/2015], y 36.17 del Real Decreto 84/1996 que aprobó el 'Reglamento General sobre inscripción de empresas y afiliación, altas, bajas y variaciones de datos de trabajadores en la Seguridad Social'. Y ello permite entender que, desde la aprobación de la Constitución existe una laguna legal que debe ser integrada (sentencia 23-10-99, rec. 2638/98).

3) Los tiempos excluidos del periodo computable, son en principio aquellos inmediatamente anteriores al hecho causante, en que el asegurado no pudo cotizar por circunstancias de infortunio o ajenas a su voluntad. La Sala ha considerado como tales:

A) la situación de paro involuntario no subsidiado siempre que exista una permanente inscripción como demandante de empleo (ss. de 29-5-92 (rec. 1996/91) de Sala General, 1-7-93 (rec. 1679/92), 1-10-02 (rec. 4436/99), 25-10-02 (1/02) y 12-7-04 (rec. 4636/0) entre otras) porque esta situación acredita el 'animus laborandi', o lo que es igual, como señaló la sentencia de 26-5- 03 (rec. 2334/02), 'la voluntad de no apartarse del mundo laboral';

B) la antigua situación de invalidez provisional, en la que no existía obligación de cotizar (ss. de 10-12-1993 (rec. 1091/92), 24-10-1994, (rec. 3676/93) y 7-2-00, (rec. 109/99) entre otras);

C) la percepción de una prestación no contributiva de invalidez (ss. de 28-10-98 (rec. 584/98), 9-12-99 (rec. 108/99), 2-10-01 (rec. 9/2001) y 20 de diciembre de 2005 (rec. 2398/04), en que tampoco se cotiza;

D) el periodo de internamiento en establecimiento penitenciario, con el consiguiente alejamiento del mercado laboral, cuando el recluso ha mostrado durante él, su disponibilidad para el trabajo mediante la realización de servicios personales (ss. de 12-11-96, rec. 232/96; 19-7-01, rec. 4384/00; y 26-12-01, rec. 1816/01).

E) La existencia comprobada de una grave enfermedad 'que conduce al hecho causante, por la que es fundamente explicable que se hayan descuidado los resortes legales prevenidos para continuar en alta' (ss. de 28-1-98 (rec. 1385/97) y 17-9-04 (rec. 4551/0).

4) Por igual razón, cabe también excluir del periodo computable a efectos del cumplimiento de los requisitos de alta y carencia, un 'interregno de breve duración en la situación de demandante de empleo', que no es revelador de esa 'voluntad de apartarse del mundo laboral' (Ss. de 29-5-92 (rec. 1996/91) antes citada, 12-3-98 (rec. 2307/97), 9-11-99 (rec. 4916/98), 25-7-00 (rec. 4436/99) y 18-12-01 (rec. 559/01) invocada como referencial). Por el contrario, no es posible incluir en esta excepción, los casos de voluntaria e injustificada solución de continuidad entre la baja en la Seguridad Social y la inscripción como demandante de empleo o las posteriores interrupciones de esta última situación. (s. de 19-7-01, rec. 4384/0).

5) 'La valoración de la brevedad del intervalo de ausencia del mercado de trabajo se ha de hacer en términos relativos, que tengan en cuenta el tiempo de vida activa del asegurado, su 'carrera de seguro', y también en su caso, la duración del período de reincorporación al mundo del trabajo posterior a su alejamiento temporal' (s. de 25-7-2000, rec. 2808/99); en definitiva, si su duración es poco significativa en proporción al tiempo de cotización acreditado.(s. de 18-12-01, rec. 559/01)».

CUESTIONES

1. Una persona trabajadora cuenta con 20 años cotizados en su vida laboral, no obstante, no ha cotizado los dos últimos antes de la jubilación. ¿Qué ocurre si no cotiza dos años durante los 15 años previos a la edad de jubilación?

No se cumpliría el período específico de cotización para el acceso a la jubilación contributiva por lo que no tendría acceso a la pensión en ningún caso. Se podría acceder a la pensión no contributiva.

2. ¿Qué opciones tendría la persona trabajadora si no tuviese las cotizaciones suficientes para jubilarse?

Podría:

– Tener derecho a la jubilación no contributiva siempre que cumpla los requisitos de carecer de ingresos, tener más de 65 años, no reunir los requisitos para obtener una prestación contributiva y residir en territorio español.

– Seguir trabajando hasta cumplir los requisitos necesarios de carencia.

– Formalizar un convenio especial con la Seguridad Social para cubrir las cotizaciones necesarias.

3. ¿Se puede cotizar a la Seguridad Social para la jubilación sin trabajar?

La única posibilidad es mediante un convenio especial con la Tesorería General de la Seguridad Social.

1.4. Cuantía, porcentaje y base reguladora

La **cuantía** de la pensión se determina aplicando a la base reguladora el porcentaje general que corresponda en función de los años cotizados y, en su caso, el porcentaje adicional por prolongación de la vida laboral o coeficientes reductores que correspondan en el caso de jubilaciones anticipadas y otros supuestos.

En este apartado es en el que encontraremos mayores cambios tras la reforma de las pensiones 2023 realizada por el Real Decreto-ley 2/2023, de 16 de marzo, por lo que hemos optado por dividir este bloque en distintos periodos.

> **A TENER EN CUENTA.** La base reguladora de la pensión de jubilación se calculará siguiendo el art. 209 de la LGSS y las DD.TT. 4.ª, 8.ª y 44.ª del mismo texto normativo donde (con las nuevas modificaciones) se especifica un periodo transitorio por el cual la regulación anterior a esta reforma de 2023 se mantendrá para las pensiones de jubilación anteriores al 31/12/2025.

1.4.1. Regla general para el cálculo de la base reguladora de la pensión de jubilación e incidencia de las modificaciones normativas

Situación hasta el 31/12/2025 [se aplica la redacción del art. 209.1 de la LGSS vigente hasta el 31/12/2025]

La **base reguladora de la pensión de jubilación** será el cociente que resulte de dividir por **350**, las bases de cotización del interesado durante los **300 meses (25 años)** inmediatamente anteriores al mes previo al del hecho causante, teniendo en cuenta las especificaciones del art. 209 y D.T 8.ª de la LGSS.

Las bases correspondientes a los 24 meses anteriores al mes previo al del hecho causante se computarán en su valor nominal. Las restantes bases se actualizarán de acuerdo con la evolución que haya experimentado el Índice de Precios de Consumo.

Situación a partir del 1 de enero de 2026 [se aplica la redacción del art. 209.1 de la LGSS vigente desde el 01/01/2026]

La base reguladora de la pensión de jubilación será el cociente que resulte de dividir entre **378**, la suma de las bases de cotización del interesado durante **324 meses (27 años)** anteriores al del mes previo al del hecho causante obtenidos de la siguiente forma:

- **Se seleccionarán los 348 meses (29 años)** consecutivos e inmediatamente anteriores al del mes previo al del hecho causante.

- Si en el período que haya de tomarse para el cálculo de la base reguladora, según lo dispuesto en el apartado a), aparecieran meses durante los cuales no hubiese existido obligación de cotizar, las primeras cuarenta y ocho mensualidades se integrarán con la base mínima de cotización del Régimen General que corresponda al mes respectivo y el resto de las mensualidades con el 50 por ciento de dicha base mínima.

En los supuestos en que en alguno de los meses a tener en cuenta para la determinación de la base reguladora la obligación de cotizar hubiera existido solo durante una parte del mismo, procederá la integración señalada en el párrafo anterior por la parte del mes en que no exista obligación de cotizar, siempre que la base de cotización correspondiente al primer período no alcance la cuantía de la base mínima mensual establecida para el Régimen General. En tal supuesto, la integración alcanzará hasta esta última cuantía.

– Las bases correspondientes a los veinticuatro meses inmediatamente anteriores al mes previo al del hecho causante se computarán en su valor nominal.

– Las restantes bases se actualizarán de acuerdo con la evolución que haya experimentado el Índice de Precios de Consumo desde el mes a que aquellas correspondan, hasta el mes inmediato anterior a aquel en que se inicie el período a que se refiere la regla anterior.

– De las 348 bases calculadas conforme a las letras anteriores **se elegirán de oficio las 324 bases de cotización de mayor importe**.

No obstante, esta modificación se aplica de forma gradual en el **periodo 2026-2037** conforme a la nueva D.T. 40.ª de la LGSS:

«Desde 1 de enero de 2026, la base reguladora de la pensión de jubilación será el resultado de dividir entre 352,33 la suma de las 302 bases de cotización de mayor importe comprendidas dentro del período de los 304 meses inmediatamente anteriores al mes previo al del hecho causante.

Desde 1 de enero de 2027, la base reguladora de la pensión de jubilación será el resultado de dividir entre 354,67 la suma de las 304 bases de cotización de mayor importe comprendidas dentro del período de los 308 meses inmediatamente anteriores al mes previo al del hecho causante.

Desde 1 de enero de 2028, la base reguladora de la pensión de jubilación será el resultado de dividir entre 357,00 la suma de las 306 bases de cotización de mayor importe comprendidas dentro del período de los 312 meses inmediatamente anteriores al mes previo al del hecho causante.

Desde 1 de enero de 2029, la base reguladora de la pensión de jubilación será el resultado de dividir entre 359,33 la suma de las 308 bases de cotización de mayor importe comprendidas dentro de los 316 meses inmediatamente anteriores al mes previo al del hecho causante.

Desde 1 de enero de 2030, la base reguladora de la pensión de jubilación será el resultado de dividir entre 361,67 la suma de las 310 bases de cotización de mayor importe comprendidas dentro del período de los 320 meses inmediatamente anteriores al mes previo al del hecho causante.

Desde 1 de enero de 2031, la base reguladora de la pensión de jubilación será el resultado de dividir entre 364 la suma de las 312 bases de cotización de mayor importe comprendidas dentro del período de los 324 meses inmediatamente anteriores al mes previo al del hecho causante.

Desde 1 de enero de 2032, la base reguladora de la pensión de jubilación será el resultado de dividir entre 366,33 la suma de las 314 bases de cotización de mayor importe comprendidas dentro del período de los 328 meses inmediatamente anteriores al mes previo al del hecho causante.

Desde 1 de enero de 2033, la base reguladora de la pensión de jubilación será el resultado de dividir entre 368,67 la suma de las 316 bases de cotización de mayor importe comprendidas dentro del período de los 332 meses inmediatamente anteriores al mes previo al del hecho causante.

Desde 1 de enero de 2034, la base reguladora de la pensión de jubilación será el resultado de dividir entre 371,00 la suma de las 318 bases de cotización de mayor importe comprendidas dentro del período de los 336 meses inmediatamente anteriores al mes previo al del hecho causante.

Desde 1 de enero de 2035, la base reguladora de la pensión de jubilación será el resultado de dividir entre 373,33 la suma de las 320 bases de cotización de mayor importe comprendidas dentro del período de los 340 meses inmediatamente anteriores al mes previo al del hecho causante.

Desde 1 de enero de 2036, la base reguladora de la pensión de jubilación será el resultado de dividir entre 375,67 la suma de las 322 bases de cotización de mayor importe comprendidas dentro del período de los 344 meses inmediatamente anteriores al mes previo al del hecho causante».

Desde el 1 de enero de 2037, la base reguladora de la pensión de jubilación se calculará aplicando, en su integridad, lo establecido en el art. 209.1 de la LGSS, como hemos indicado, «el *cociente que resulte de dividir entre 378, la suma de las bases de cotización del interesado durante 324 meses anteriores (27 años) al del mes previo al del hecho causante»*, aunque, según el art. 209.1.b) de la LGSS, esos 27 años se **seleccionarán entre los 348 meses (29 años)** consecutivos e inmediatamente anteriores al del mes previo al del hecho causante.

Situación entre el 01/01/2026 y el 31/12/2040

A TENER EN CUENTA. La D.T. 4.ª.7 de la LGSS establece peculiaridades en el cálculo de la base reguladora aplicando legislaciones anteriores para las pensiones de jubilación.

Para jubilaciones con posterioridad al 31 de diciembre de 2025 y antes de 31 de diciembre de 2040 se establecen dos alternativas: la entidad gestora aplicará en su integridad lo previsto en el art. 209.1 de la LGSS —en su redacción vigente el día 1 de enero de 2023— cuando dicho cálculo resulte más favorable que el vigente en la fecha en que se cause la pensión. Es decir, durante este periodo existirá una doble alternativa [redacción del art. 209.1 de la LGSS desde el 01/01/2026, teniendo en cuenta la D.T 40.ª de la LGSS]:

- Aplicar la fórmula de cálculo vigente hasta 31/12/2025, tomando como referencia la base reguladora se tiene en cuenta los últimos 25 años cotizados (300 meses) [redacción del art. 209.1 de la LGSS hasta el 31/12/2025].

- Nueva fórmula (cuando resulte más beneficioso para el futuro jubilado) en la que se toma como referencia los últimos 29 años (348 meses) de cotizaciones desechando los 2 peores. Esta opción se despliega de forma paulatina según el calendario establecido en la D.T. 40.ª de la LGSS hasta el año 2037. Esta alternativa supone que la Seguridad Social, de forma automática, descarte las 24 mensualidades menos beneficiosas para el pensionista tomando como referencia un periodo de 27 años (324 meses).

Es decir, durante este periodo se podrá escoger las más beneficiosa de las dos alternativas: a) tomar como referencia los 25 últimos años de carrera; b) tomar como referencia los 29 últimos quitando los 2 peores.

Durante el año 2041

Se aplicará, en su integridad, lo previsto en el art. 209.1 de la LGSS, en su redacción vigente el día 1 de enero de 2023, con una la base reguladora que comprenderá las bases de cotización de los últimos 306 meses entre 357, cuando dicho cálculo resulte más favorable que el vigente en la fecha en que se cause la pensión.

Durante el año 2042

La entidad gestora aplicará, en su integridad, lo previsto en el art. 209.1 de la LGSS en su redacción vigente el día 1 de enero de 2023, con una base reguladora que comprenderá las bases de cotización de los últimos 312 meses entre 364, cuando dicho cálculo resulte más favorable que el vigente en la fecha en que se cause la pensión.

Durante el año 2043

La entidad gestora aplicará, en su integridad, lo previsto en el artículo 209.1 en su redacción vigente el día 1 de enero de 2023, con una base reguladora que comprenderá las bases de cotización de los últimos 318 meses entre 371, cuando dicho cálculo resulte más favorable que el vigente en la fecha en que se cause la pensión.

A partir de 2044

Se aplicará lo previsto en el artículo 209.1 en la redacción vigente desde el 1 de enero de 2026.

Meses durante los cuales no existiera obligación de cotizar (integración de lagunas)

Si en el período que haya de tomarse para el cálculo de la base reguladora aparecieran meses durante los cuales no hubiese existido obligación de cotizar, las primeras cuarenta y ocho mensualidades se integrarán con la base mínima de entre todas las existentes en cada momento, y el resto de las mensualidades con el 50 por ciento de dicha base mínima [art. 209.1.b) de la LGSS].

En los supuestos en que, en alguno de los meses a tener en cuenta para la determinación de la base reguladora, la obligación de cotizar exista solo durante una parte del mismo, procederá la integración señalada en el párrafo anterior, por la parte del mes en que no exista obligación de cotizar, siempre que la base de cotización correspondiente al primer período no alcance la cuantía de la base mínima mensual señalada. En tal supuesto, la integración alcanzará hasta esta última cuantía.

1.4.2. Particularidades en el cálculo de la base reguladora de la pensión de jubilación en determinadas situaciones

Incrementos de las bases de cotización producidos en los dos últimos años

Para la determinación de la base reguladora de la pensión de jubilación no se podrán computar los incrementos de las bases de cotización producidos en los dos últimos años, que sean consecuencia de aumentos salariales superiores al incremento medio interanual experimentado en el convenio colectivo aplicable o, en su defecto, en el correspondiente sector.

Se exceptúan de esta norma general los incrementos salariales que sean consecuencia de la aplicación estricta de las normas contenidas en disposiciones legales y convenios colectivos sobre antigüedad y ascensos reglamentarios de categoría profesional.

> **A TENER EN CUENTA.** Téngase en cuenta el cambio de redacción en esta materia con la entrada en vigor de la nueva redacción del art. 209.3 de la LGSS con efectos de 01/01/2026.

RESOLUCIONES RELEVANTES

STSJ de Andalucía n.º 998/2016, de 6 de abril de 2016, ECLI:ES:TSJAND:2016:4290

«(...) teniendo en cuenta lo anterior los Incrementos en las Bases de Cotización, no responden a aumentos salariales, en aplicación estricta de lo dispuesto en los Convenios colectivos del sector de la construcción de la provincia de Huelva, en materia de antigüedad, (el convenio colectivo establece que el complemento por antigüedad queda como personal solo para aquellos trabajadores que la tuvieron devengada a la fecha del 21-11-1996), tampoco a ascensos de categoría profesional u otros incrementos experimentados en dicho Convenio, entendiéndose por tanto que se producen exclusivamente por voluntad unilateral del empresario, y respondiendo dichos incrementos a la inclusión en la base de cotización de conceptos no previstos en los convenios colectivos como es el 'incentivos', y los conceptos previstos en el Convenio Colectivo, en cuantía ligeramente superior a las previstas en los sucesivos Convenios Colectivos y revisiones salariales. No obstante lo anterior no ha podido acreditarse fehacientemente, que los incrementos en las Bases de cotización hayan sido pactados en función del cumplimiento de determinada edad de jubilación, ni la existencia de connivencia, fraude o abuso de revista en los arts. 6 y 7 del código civil».

STSJ de Cataluña n.º 6590/2008, de 55 de septiembre de 2008, ECLI:ES:TSJCAT:2008:13280

Se acepta el incremento de la cotización a efectos de cálculo de la pensión de jubilación:

«El incremento de las bases de cotización aparece debidamente justificado, dado que responde a la retribución por un notable aumento de trabajo y de responsabilidades, además de que no estamos ante una subida individual, favorecedora exclusivamente para el actor, sino que fue colectiva y para todos los trabajadores, con lo que se evidencia que no tenía como finalidad la "compra de una pensión superior" o elevación de la base de ésta y por tanto no puede apreciarse fraude alguno».

Situaciones de pluriempleo

A efectos del cálculo de la base reguladora de la pensión de jubilación en las situaciones de pluriempleo, las bases por las que se haya cotizado a las diversas empresas se computarán en su totalidad, sin que la suma de dichas bases pueda exceder del límite máximo de cotización vigente en cada momento [art. 209.5 de la LGSS].

Situaciones de pluriactividad

Cuando se acrediten cotizaciones a varios regímenes y no se cause derecho a pensión en uno de ellos, las bases de cotización acreditadas en este último en régimen de pluriactividad podrán ser acumuladas a las del régimen en que se cause la pensión, exclusivamente para la determinación de la base reguladora de la misma, sin que la suma de las bases pueda exceder del límite máximo de cotización vigente en cada momento (art. 49 de la LGSS).

Contrataciones a tiempo parcial

Para acreditar los períodos de cotización necesarios para causar derecho a las prestaciones de jubilación (y otras prestaciones) se tendrán en cuenta los distintos períodos durante los cuales el trabajador haya permanecido en alta con un contrato a tiempo parcial, cualquiera que sea la duración de la jornada realizada en cada uno de ellos (art. 247 de la LGSS).

CUESTIÓN

Las modificaciones operadas por la reforma de las pensiones 2023 para que la jornada a tiempo parcial cotice como día completo, ¿cómo afecta, por ejemplo, en el caso de contar con una cotización de 35 años a media jornada?

Aplicando los porcentajes a que se refiere el art. 210.1.b) y D.T. 9.ª de la LGSS (tratado en el siguiente punto):

- Hasta el 30/09/2023: 30 años a media jornada supondría **15 años cotizados** a efectos del cálculo de la pensión de jubilación. Correspondería una pensión equivalente al **50 por 100 de su base reguladora**:

- 50 por 100 de la base reguladora por los primeros 15 años.

- Desde el 01/10/2023: 30 años a media jornada supondrían 30 años cotizados a efectos del cálculo de la pensión de jubilación. Correspondería una pensión equivalente al 85,18 por 100 de su base reguladora:
    - 50 por 100 de la base reguladora por los primeros 15 años.
    - 0,21 por 100, por cada mes adicional de cotización entre los meses 1 y 49: 10,29 por 100 de la base reguladora.
    - 0,19 por 100 para los 209 meses restantes (131 meses en el ej.): 24,89 por 100 de la base reguladora.

1.4.3. Porcentaje aplicable a la base reguladora de la pensión de jubilación

La cuantía de la pensión se determina aplicando a la base reguladora el porcentaje general que corresponda en función de los años cotizados y, en su caso, el porcentaje adicional por prolongación de la vida laboral o coeficientes reductores que correspondan. Conoce cómo se calcula el porcentaje de la base reguladora que se cobra de jubilación.

1.4.3.1. Porcentaje general aplicable a la base reguladora de la pensión de jubilación

Para calcular el importe inicial de la pensión de jubilación se aplica a la base reguladora un porcentaje, que viene condicionado por el número de años cotizados por la persona trabajadora.

En función de los años cotizados se aplica un porcentaje a la base reguladora [art. 210.1.b) y D.T. 9.ª de la LGSS]:

Periodo	Primeros 15 años	Años adicionales	
2023-2026	50 por 100	De 1 mes hasta 49 meses	0,21 por 100
		Por los 209 meses restantes	0,19 por 100
A partir de 2027	50 por 100	De 1 mes hasta 248 meses	0,19 por 100
		Por los 16 meses siguientes	0,18 por 100

En este caso también existen dos periodos a tener en cuenta:

Jubilaciones a partir de 01/01/2013

En función de los años cotizados, se aplica a la base reguladora, calculada conforme a lo dispuesto, los **porcentajes** ya citados [art. 210.1.b) y D.T. 9.ª de la LGSS]:

- Por los primeros quince años cotizados, el 50 por ciento.
- A partir del año decimosexto, por cada mes adicional de cotización, comprendido entre los meses uno y doscientos cuarenta y ocho, se

añadirá el 0,19 por ciento, y por cada uno de los que rebasen el mes doscientos cuarenta y ocho, se añadirá el 0,18 por ciento, sin que el porcentaje aplicable a la base reguladora supere el 100 por cien, salvo en el supuesto de que se acceda a la pensión de jubilación a una edad superior a la ordinaria.

Dentro de la aplicación del porcentaje existen distintos parámetros a tener en cuenta en caso de **jubilación demorada, jubilación anticipada por voluntad del interesado o jubilación anticipada por causas no imputables al trabajador** [arts. 206 y 206 bis, 208.3 y 210.2 a), b) y c) de la LGSS].

Porcentaje aplicable para jubilaciones que se acojan a la regulación anterior al 01/01/2013

Según la D.T. 4.ª de la LGSS (aportada en su momento por la D.F. 1.ª del Real Decreto-ley 18/2019, de 27 de diciembre y modificada por la Ley 21/2021, de 28 de diciembre)

«5. Se seguirá aplicando la regulación de la pensión de jubilación, en sus diferentes modalidades, requisitos de acceso, condiciones y reglas de determinación de prestaciones, vigentes antes de la entrada en vigor de la Ley 27/2011, de 1 de agosto, de actualización adecuación y modernización del sistema de la Seguridad Social, a las pensiones de jubilación que se causen, en los siguientes supuestos:

a) Las personas cuya relación laboral se haya extinguido antes de 1 de abril de 2013, siempre que con posterioridad a tal fecha no vuelvan a quedar incluidas en alguno de los regímenes del sistema de la Seguridad Social.

b) Las personas con relación laboral suspendida o extinguida como consecuencia de decisiones adoptadas en expedientes de regulación de empleo, o por medio de convenios colectivos de cualquier ámbito, acuerdos colectivos de empresa, así como por decisiones adoptadas en procedimientos concursales, aprobados, suscritos o declarados con anterioridad a 1 de abril de 2013.

Será condición indispensable que los indicados acuerdos colectivos de empresa se encuentren debidamente registrados en el Instituto Nacional de la Seguridad Social o en el Instituto Social de la Marina, en su caso, en el plazo que reglamentariamente se determine.

c) No obstante, para el reconocimiento del derecho a pensión de las personas a las que se refieren los apartados anteriores, la entidad gestora aplicará la legislación que esté vigente en la fecha del hecho causante de la misma, cuando resulte más favorable a estas personas».

En este caso, *el porcentaje aplicable variará en función de los años de cotización a la Seguridad Social,* aplicándose una escala que comienza con el 50 por 100 a los 15 años, aumentando un 3 por 100 por cada año adicional comprendido entre el decimosexto y el vigésimo quinto y un 2 por 100 a partir del vigésimo sexto hasta alcanzar el 100 por 100 a los 35 años.

1.4.3.2. Cómputo de cotización en distintos supuestos con relevancia en el cálculo del porcentaje aplicable a la base reguladora de la pensión de jubilación

Como hemos tratado, dentro de la aplicación del porcentaje existen distintos parámetros a tener en cuenta en caso de cotizaciones efectuadas en anteriores regímenes, beneficios en las cotizaciones para la jubilación por cuidado de hijos o menores, jubilación demorada, jubilación anticipada por voluntad del interesado o jubilación anticipada por causas no imputables al trabajador [arts. 206 y 206 bis, 208.3, 210.2 a), b) y c), 235, 236 y D.T. 3.ª de la LGSS].

Cotizaciones efectuadas en los anteriores Regímenes de Seguro de Vejez e Invalidez y Mutualismo Laboral

Las cotizaciones efectuadas en los anteriores regímenes de Seguros Sociales Unificados, Desempleo y Mutualismo Laboral se computarán para el disfrute de las prestaciones del Régimen General de la Seguridad Social según las reglas fijadas por la D.T. 3.ª de la LGSS y la D.T. 2.ª de la Orden de 18 de enero de 1967 y la siguiente escala para abonos de años y días de cotización, según edad:

Edad en 1 enero 1967	Total de años y días asignados	
	Años	Días
65 años	30	318
64 años	30	67
63 años	29	182
62 años	28	296
61 años	28	46
60 años	27	161
59 años	26	275
58 años	26	25
57 años	25	139
56 años	24	254
55 años	24	4

54 años	23	118
53 años	22	233
52 años	21	347
51 años	21	97
50 años	20	212
49 años	19	326
48 años	19	76
47 años	18	191
46 años	17	305
45 años	17	55
44 años	16	169
43 años	15	284
42 años	15	34
41 años	14	148
40 años	13	263
39 años	13	12
38 años	12	127
37 años	11	242
36 años	10	356
35 años	10	106
34 años	9	220
33 años	8	335
32 años	8	85
31 años	7	199
30 años	6	314
29 años	6	64
28 años	5	178
27 años	4	293
26 años	4	42
25 años	3	157
24 años	2	272
23 años	2	21
22 años	1	136
21 años	0	250

JURISPRUDENCIA

STS n.º 542/2022, de 13 de junio de 2022, ECLI:ES:TS:2022:2373

La pensión se causa cuando el beneficiario reúne los requisitos o condiciones para que le pueda ser reconocido el derecho prestacional. Las situaciones de no alta no alteran el hecho causante que es el momento en el que se reúnen los restantes requisitos, tal y como se obtiene del art. 161.3 de la LGSS 1994. A partir de ello, el derecho resulta imprescriptible y, por ende, puede ser solicitado en cualquier momento, sin perjuicio de que los efectos económicos puedan verse modificados o alterados consecuencia de una solicitud tardía, que se verán reducidos a los tres meses anteriores a la fecha en que se presente. Esto es, la pensión causada y los efectos del reconocimiento de la misma no tienen que coincidir, así lo expresa tanto la Orden de 18 de enero de 1967 como la LGSS para los supuestos de alta.

Beneficios en las cotizaciones para la jubilación por cuidado de hijos o menores

Según el art. 236 de la LGSS, en estos casos, el período computable como cotizado será como máximo de **270 días por hijo o menor adoptado o acogido**, sin que en ningún caso pueda ser superior a la interrupción real de la cotización a causa de la extinción de la relación laboral o de la finalización del cobro de prestaciones por desempleo cuando tales circunstancias se hayan producido entre los nueve meses anteriores al nacimiento, o los tres meses anteriores a la adopción o acogimiento permanente de un menor, y la finalización del sexto año posterior a dicha situación.

Este beneficio solo se reconocerá a uno de los progenitores. En caso de controversia entre ellos se otorgará el derecho a la madre.

A TENER EN CUENTA. Esta cotización adicional se concede «sin perjuicio» de los periodos de cotización asimilados por parto reconocidos en el art. 235 de la LGSS.

Jubilación demorada

Como desarrollaremos, para intentar favorecer que se acceda a la pensión de jubilación a una edad superior a la legalmente establecida, el prestacionista puede optar entre:

- Un porcentaje adicional de un 4 por ciento por cada año completo cotizado entre la fecha en que cumplió dicha edad y la del hecho causante de la pensión, siempre que acredite el resto de los requisitos legales exigidos.

- Una cantidad a tanto alzado, cuya cuantía vendrá determinada en función de los años de cotización acreditados en la fecha en que cumplió la edad ordinaria de jubilación.

- Una combinación de las dos opciones anteriores.

Jubilación anticipada por voluntad del interesado

Cuando para determinar la cuantía de una pensión de jubilación anticipada por voluntad del interesado (art. 208 de la LGSS) hubieran de aplicarse coeficientes reductores por edad en el momento del hecho causante, aquellos se aplicarán sobre el importe de la pensión resultante de aplicar a la base reguladora el porcentaje que corresponda por meses de cotización.

No obstante, en el supuesto de que la base reguladora de la pensión resultase superior al límite de la cuantía inicial de las pensiones los coeficientes reductores por edad se aplicarán sobre el indicado límite.

Jubilación anticipada por causas no imputables al trabajador

Cuando para determinar la cuantía de una pensión de jubilación anticipada por causas no imputables al trabajador (art. 207 de la LGSS) hubieran de aplicarse coeficientes reductores por edad en el momento del hecho causante, aquellos se aplicarán sobre el importe de la pensión resultante de aplicar a la base reguladora el porcentaje que corresponda por meses de cotización. Una vez aplicados los referidos coeficientes reductores, el importe resultante de la pensión no podrá ser superior a la cuantía que resulte de reducir el tope máximo de pensión en un 0,50 por ciento por cada trimestre o fracción de trimestre de anticipación.

1.4.4. Límite máximo y mínimo de la pensión de jubilación y su revalorización

El importe inicial de las pensiones contributivas de la Seguridad Social no podrá superar la cuantía íntegra mensual que establezca anualmente la correspondiente Ley de Presupuestos Generales del Estado. No obstante, la nueva redacción del art. 57 de la LGSS aportada por la reforma de las pensiones 2023 determina que cuando la pensión inicial quede limitada por la cuantía máxima establecida para el año en que se cause, las sucesivas revalorizaciones anuales que correspondan (art. 58.2 de la LGSS) se efectuarán, la primera sobre dicho importe y las posteriores sobre el importe revalorizado del año anterior, norma que igualmente se aplica a las pensiones concurrentes (art. 57 de la LGSS).

Complementando lo anterior, la D.T. 39.ª de la LGSS, fija una **aplicación gradual para la determinación del límite máximo para la pensión inicial desde 1 de enero de 2025**. De esta forma:

- A fin de determinar la cuantía máxima inicial (art. 57 de la LGSS) a las pensiones que se causen desde el año 2025, las sucesivas leyes de presupuestos generales del Estado, (comenzando con la correspondiente al año 2025 y finalizando con la del año 2050), aplicarán a la cuantía máxima establecida en el año anterior el porcentaje previsto equivalente al valor medio de las tasas de variación interanual expresadas en tanto por ciento del Índice de Precios al Consumo de los doce meses previos a diciembre del año anterior (art. 58.2 de la LGSS) más un incremento adicional de 0,115 puntos porcentuales acumulativos cada año hasta 2050.

- Las pensiones iniciales causadas desde 2025, se revalorizarán en años sucesivos en el porcentaje equivalente al valor medio de las tasas de variación interanual expresadas en tanto por ciento del Índice de Precios al Consumo de los doce meses previos a diciembre del año anterior (de acuerdo con lo establecido en el art. 58.2 de la LGSS).

– Las pensiones causadas antes de 2025 cuya cuantía a 31 de diciembre de 2024 estuviese limitada por aplicación del límite máximo establecido en la Ley de Presupuestos Generales del Estado para ese año, se actualizarán en lo sucesivo aplicando al importe que tuvieran establecido en 2024 lo dispuesto en el art. 58.2 de la LGSS, efectuándose las sucesivas revalorizaciones anuales sobre el importe revalorizado el año anterior.

– Desde 2051, el incremento anual adicional aplicable para determinar la cuantía máxima inicial de las pensiones causadas desde ese año hasta 2065 será el recogido en la siguiente tabla:

2051	3,2
2052	3,6
2053	4,1
2054	4,8
2055	5,5
2056	6,4
2057	7,4
2058	8,5
2059	9,8
2060	11,2
2061	12,7
2062	14,3
2063	16,1
2064	18,0
2065	20,0

En 2065, se valorará en el marco del diálogo social la conveniencia de mantener el proceso de convergencia hasta alcanzar un incremento total de 30 puntos porcentuales.

Límite máximo de la pensión de jubilación

El importe de la pensión, una vez revalorizada, estará limitado a una cantidad establecida en la LPGE y Real Decreto sobre revalorización de las pensiones del sistema de la Seguridad Social, de las pensiones de Clases Pasivas y de otras prestaciones sociales públicas.

A los efectos de este límite máximo, se computará únicamente la pensión sin complemento.

La cuantía de la pensión de jubilación compatible con el trabajo (art. 214 de la LGSS) no podrá ser superior al 50 por ciento del límite máximo señalado anualmente, salvo en el caso en que se compatibilice el percibo del cien por cien de la pensión de jubilación con la realización de una actividad por cuenta propia. En este último caso, se aplicará el límite máximo señalado anualmente.

CUESTIÓN

¿Cuánto suben las pensiones?

Las pensiones de la Seguridad Social (modalidad contributiva) y las pensiones de Clases Pasivas se incrementan anualmente según la LPGE y el RD de revalorización de las pensiones.

Límite mínimo de la pensión de jubilación

Anualmente se publica un cuadro de cuantías mínimas de las pensiones contributivas. El importe de las pensiones no concurrentes, una vez revalorizadas de acuerdo con lo dispuesto en el RD de revalorización, se complementará, en su caso, en la cuantía necesaria para alcanzar esas cuantías mínimas. En estos casos, se comprobará posteriormente que los rendimientos percibidos por la persona pensionista durante el año no han superado el límite previsto.

Revalorización de la pensión de jubilación

El art. 58 de la Ley General de la Seguridad Social establece que las pensiones de la Seguridad Social, en su modalidad contributiva, incluido el importe de la pensión mínima, se revalorizarán al comienzo de cada año en el porcentaje equivalente al valor medio de las tasas de variación interanual expresadas en tanto por ciento del Índice de Precios al Consumo de los doce meses previos a diciembre del año anterior.

A TENER EN CUENTA. La reforma de las pensiones 2023 ha reformado el citado art. 58 de la LGSS (se modifica el apartado 2 y se añade un apartado 5) para garantizar que, en la modalidad contributiva, todas las pensiones del sistema y no solo la pensión mínima, como se decía en la redacción anterior, así como el complemento de brecha de género, se revalorizarán al comienzo de cada año en el porcentaje equivalente al valor medio de las tasas de variación interanual expresadas en tanto por ciento del Índice de Precios al Consumo de los doce meses previos a diciembre del año anterior. El art. 58.4 de la LGSS determina legalmente la fórmula para revalorizar las pensiones reconocidas en virtud de normas internacionales de las que esté a cargo de la Seguridad Social española un tanto por ciento de su cuantía teórica.

Los criterios de revalorización de las pensiones del sistema de la Seguridad para cada ejercicio se configuran en la correspondiente LPGE y Real Decreto sobre revalorización de las pensiones del sistema de la Seguridad Social. Con carácter general podemos concretar que la revalorización se aplicará al importe mensual que tuviese la pensión de que se trate el 31 de diciembre del año anterior, excluidos conceptos como:

– Los complementos reconocidos para alcanzar los mínimos establecidos con anterioridad.

- El recargo de prestaciones económicas por falta de medidas de seguridad y salud en el trabajo.

- Las percepciones de rentas temporales por cargas familiares y la indemnización suplementaria para la provisión y renovación de aparatos de prótesis y ortopedia en el supuesto de pensiones del extinguido seguro de accidentes de trabajo y enfermedades profesionales.

> **A TENER EN CUENTA.** En tanto se apruebe la Ley de Presupuestos Generales del Estado para el año 2025, se aplicarán las normas para la revalorización de pensiones y otras prestaciones públicas establecidas en el art. 65 del Real Decreto-ley 1/2025, de 28 de enero.

1.4.5. Concurrencia de pensiones

Se entenderá que existe concurrencia de pensiones cuando una misma persona beneficiaria tenga reconocida o se le reconozca más de una pensión a cargo de alguna de las siguientes entidades y organismos:

- Las abonadas por el Régimen de Clases Pasivas del Estado y, en general, las abonadas con cargo a créditos de la Sección 07 del Presupuesto de Gastos del Estado.

- Las abonadas por el Régimen General y los regímenes especiales de la Seguridad Social, las de la modalidad no contributiva de la Seguridad Social, las prestaciones económicas por ancianidad e incapacidad a favor de los españoles residentes en el exterior y las pensiones asistenciales por ancianidad para españoles de origen retornados.

- Las abonadas por los Fondos Especiales de la Mutualidad General de Funcionarios Civiles del Estado, del Instituto Social de las Fuerzas Armadas y de la Mutualidad General Judicial o por las propias mutualidades citadas, así como las abonadas por el Fondo Especial del Instituto Nacional de la Seguridad Social.

- Las abonadas por los sistemas o regímenes de previsión de las comunidades autónomas y de las corporaciones locales y por los propios entes.

- Las abonadas por las mutualidades, montepíos o entidades de previsión social que se financien en todo o en parte con recursos públicos.

- Las abonadas por empresas o sociedades con participación mayoritaria, directa o indirecta, en su capital del Estado, de las comunidades autónomas o de las corporaciones locales, o de los organismos autónomos de uno y otras, bien directamente o mediante la suscripción de la correspondiente póliza de seguro con una institución distinta, cualquiera que sea la naturaleza jurídica de esta o bien por las mutualidades o entidades de previsión de aquellas, en las que las aportaciones directas de las personas causantes de la pensión se complementen con recursos públicos, incluidos los de la propia empresa o sociedad.

- Las abonadas por la Administración del Estado o por las comunidades autónomas en virtud de la Ley 45/1960, de 21 de julio, y del Real

Decreto 2620/1981, de 24 de julio, por el que se regula la concesión de ayudas del Fondo Nacional de Asistencia Social a ancianos y a enfermos o inválidos incapacitados para el trabajo, así como los subsidios económicos de garantía de ingresos mínimos y de ayuda por tercera persona, a los que se refiere la disposición transitoria única del texto refundido de la Ley General de derechos de las personas con discapacidad y de su inclusión social.

- Cualesquiera otras no enumeradas en los párrafos anteriores, que se abonen total o parcialmente con cargo a recursos públicos.

Como excepción, no tendrán la consideración de pensiones públicas las abonadas a través de planes de pensiones de empleo o contratos de seguro colectivo, incluidos los formalizados por mutualidades de previsión social empresarial (D.F. 2.ª del Real Decreto Legislativo 1/2002, de 29 de noviembre).

En el caso de pensiones concurrentes, la suma de todas ellas no podrá superar el importe de la cuantía máxima vigente en la fecha del hecho causante de la nueva pensión, sin perjuicio de las revalorizaciones ulteriores.

Si se extinguiera una de las pensiones concurrentes, la suma de las restantes no podrá superar la cuantía máxima vigente en el ejercicio en el que se reconoció la última pensión en vigor, sin perjuicio de las revalorizaciones ulteriores.

1.5. Compatibilidades, incompatibilidades, suspensión y extinción de la pensión de jubilación

1.5.1. Compatibilidad entre la pensión de jubilación y el trabajo: jubilación activa

La denominada «jubilación activa» permite compatibilizar —respetando el histórico régimen de incompatibilidades establecido por el art. 213 de la LGSS— una pensión de jubilación contributiva con la realización de cualquier trabajo por cuenta ajena o por cuenta propia del pensionista favoreciendo la continuidad de la vida laboral tras la edad de jubilación.

La compatibilidad entre la pensión de jubilación y el trabajo será aplicable a todos los regímenes del sistema de la Seguridad Social, excepto al Régimen de clases pasivas del Estado, y se regirá por lo dispuesto en los arts. 213 y 214 de la LGSS.

Con efectos de 01/04/2025, el Real Decreto-ley 11/2024, de 23 de diciembre, ha modificado los requisitos y cuantía para la compatibilidad entre pensión y trabajo.

CUESTIÓN

Con efectos de 01/04/2025 ¿Qué cambios ha supuesto sobre la regulación de la jubilación activa el RD-ley 11/2024?

- Se elimina el requisito de tener derecho a un porcentaje del 100 % de la base reguladora para acceder a esta modalidad.

- El trabajo compatible con la pensión podrá realizarse por cuenta ajena a tiempo completo o a tiempo parcial, o bien por cuenta propia.

- Esta modalidad es compatible con el complemento por demora de la edad legal de jubilación en cualquiera de sus modalidades (porcentaje adicional, capital único y mixto), que hasta ahora eran incompatibles. No obstante, mientras se permanezca en situación de jubilación activa no se generará incremento alguno del complemento [apdo. 2.c) del art. 210 de la LGSS].

- El beneficiario tendrá la consideración de pensionista a todos los efectos.

Compatibilidad entre la pensión de jubilación y el trabajo por cuenta ajena

Los **requisitos para la compatibilidad** de jubilación con la realización de cualquier trabajo por cuenta ajena (a tiempo completo o a tiempo parcial) son (art. 214.2 de la LGSS, **con efectos de 01/04/2025**):

- **Edad:** cumplimiento de la edad que en cada caso resulte de aplicación para la jubilación ordinaria según lo establecido en el apdo. 1.a) del art. 205 de la LGSS.

- **Periodo mínimo de cotización:** el establecido en el apdo. 1.b) del art. 205 de la LGSS.

- **Periodo necesario:** al menos un año entre el cumplimiento de la edad de jubilación y la jubilación efectiva.

A TENER EN CUENTA. Con efectos de 01/04/2025 se ha suprimido el requisito que obligaba a acreditar cotizaciones suficientes para que la pensión de jubilación alcanzara el 100 % de la base reguladora. Desde esa fecha, basta con reunir las cotizaciones necesarias para causar derecho a la pensión [art. 205.1.b) de la LGSS] siempre que entre la fecha del cumplimiento de la edad de jubilación [art. 205.1.a) de la LGSS] y la del hecho causante de la pensión de jubilación haya transcurrido al menos un año. Si el periodo mínimo de cotización se reuniera en una fecha posterior a la del cumplimiento de la edad ordinaria de jubilación, el periodo mínimo de un año se computará entre dicha fecha y la del hecho causante de la pensión de jubilación.

La **cuantía** de la pensión de jubilación compatible con el **trabajo por cuenta ajena** y el **incremento por permanencia en la situación de jubilación activa** se rigen por las siguientes premisas:

Se aplicará un porcentaje sobre el importe de la pensión de jubilación reconocido en los términos establecidos en el art. 210 de la LGSS (o la que esté percibiendo), incluido el complemento de maternidad o el de la brecha de género cuando se perciba, y excluido, en todo caso, el complemento por mínimos cualquiera que sea la jornada laboral o la actividad que realice el pensionista.

Este porcentaje del importe de la pensión de jubilación se calculará **en función del número de años que se haya demorado el acceso a la pensión de jubilación** de acuerdo con una escala predeterminada. Del mismo modo, se establece un incremento de 5 puntos porcentuales por cada 12 meses ininterrumpidos que el pensionista permanezca en situación de jubilación activa, con un límite del 100 % de la pensión.

Demora en el acceso a la pensión de jubilación (en años)	Porcentaje de la pensión compatible con los ingresos de la actividad por cuenta ajena	Incremento por permanencia cada 12 meses en situación de jubilación activa
1	45	
2	55	+ 5 %
3	65	+ 5 %
4	80	+ 5 %
5	100	100

El incremento del porcentaje de pensión por permanencia en situación de jubilación activa comenzará a percibirse el día primero del mes siguiente a aquel en que se haya cumplido dicho periodo de 12 meses. A efectos de la aplicación de los porcentajes establecidos en este apartado se tomarán años completos, sin que se equiparen a ellos las fracciones de estos.

En el supuesto de trabajadores fijos discontinuos, para acreditar este periodo de permanencia en situación de jubilación activa, se aplicará la regla general prevista en el apdo. 2, párrafo primero, del art. 247.2 de la LGSS.

Compatibilidad entre la pensión de jubilación y el trabajo por cuenta propia

Los **requisitos** para la compatibilidad de jubilación con la realización de cualquier trabajo por cuenta ajena (a tiempo completo o a tiempo parcial) son (art. 214.2 de la LGSS, con efectos de 01/04/2025):

– **Edad:** cumplimiento de la edad que en cada caso resulte de aplicación para la jubilación ordinaria según lo establecido en el apdo. 1.a) del art. 205 de la LGSS.

– **Periodo mínimo de cotización:** el establecido en el apdo. 1.b) del art. 205 de la LGSS.

– **Periodo necesario:** al menos un año entre el cumplimiento de la edad de jubilación y la jubilación efectiva.

> **A TENER EN CUENTA.** Con efectos de 01/04/2025 se ha suprimido el requisito que obligaba a acreditar cotizaciones suficientes para que la pensión de jubilación alcanzara el 100 % de la base reguladora. Desde esa fecha, basta con reunir las cotizaciones necesarias para causar derecho a la pensión [art. 205.1.b) de la LGSS] siempre que entre la fecha del cumplimiento

de la edad de jubilación [art. 205.1.a) de la LGSS] y la del hecho causante de la pensión de jubilación haya transcurrido al menos un año. Si el periodo mínimo de cotización se reuniera en una fecha posterior a la del cumplimiento de la edad ordinaria de jubilación, el periodo mínimo de un año se computará entre dicha fecha y la del hecho causante de la pensión de jubilación.

En el supuesto de que la actividad compatible con la jubilación se realice por **cuenta propia** la norma establece **dos supuestos de compatibilidad que influyen en la cuantía de la pensión compatible** y en el incremento por permanencia en la situación (art. 214.3 de la LGSS, **con efectos de 01/04/2025**):

Requisitos	Demora en el acceso a la pensión de jubilación	Porcentaje de la pensión compatible con los ingresos de la actividad por cuenta ajena	Incremento por permanencia cada 12 meses en situación de jubilación activa
• Tener contratado para la realización de la propia actividad al menos a un trabajador por cuenta ajena con carácter indefinido y antigüedad de 18 meses.	Entre uno y tres años	75 %	+ 5 % (por año) con el máximo del 100 %
• Nueva contratación indefinida de un trabajador por cuenta ajena que no haya tenido vínculo laboral con el trabajador autónomo en los dos años anteriores al inicio de la jubilación activa.	A partir del cuarto	45 % si se demora un año. 55 % si se demora dos años. 65 % si se demora tres años. 80 % si se demora cuatro años. 100 % si se demora cinco años o más.	+ 5 % (por año) con el máximo del 100 %
• Si no se acredita la existencia de trabajador con una antigüedad de 18 meses o la nueva contratación.	1 año	45 %	
	2 años	55 %	+ 5 % (por año)
	3 años	65 %	+ 5 % (por año)
	4 años	80 %	+ 5 % (por año)
	5 años	100 %	100 %

Condiciones comunes durante la compatibilidad de jubilación y trabajo por cuenta propia o ajena

La cotización efectuada durante la situación de jubilación activa no dará lugar a ningún incremento del porcentaje aplicable a la base reguladora de la pensión que se tenga reconocida, ni tampoco incrementará el complemento económico de demora que hubiera correspondido. A efectos de cotización:

- **Durante la realización de un trabajo por cuenta propia compatible con la pensión de jubilación:** las personas trabajadoras por cuenta propia o autónomas cotizarán a este régimen especial únicamente por incapacidad temporal y por contingencias profesionales, conforme a lo previsto en este capítulo, si bien quedarán sujetos a una cotización especial de solidaridad del 9 por ciento sobre su base de cotización por contingencias comunes, no computable a efectos de prestaciones (art. 310 de la LGSS).

- **Durante la realización de un trabajo por cuenta ajena compatible con la pensión de jubilación:** los empresarios y los trabajadores cotizarán al Régimen General únicamente por incapacidad temporal y por contingencias profesionales, según la normativa reguladora de dicho Régimen, si bien quedarán sujetos a una cotización especial de solidaridad del 9 por ciento sobre la base de cotización por contingencias comunes, no computable a efectos de prestaciones, que se distribuirá entre ellos, corriendo a cargo del empresario el 7 por ciento y del trabajador el 2 por ciento (art. 153 de la LGSS).

La pensión se revalorizará en su integridad en los términos establecidos para las pensiones del sistema de la Seguridad Social. No obstante, en tanto se mantenga el trabajo compatible, al importe de la pensión más las revalorizaciones acumuladas se le aplicará el porcentaje que corresponda conforme a lo dispuesto en el art. 214 de la LGSS.

El pensionista no tendrá derecho a los complementos para pensiones inferiores a la mínima durante el tiempo en el que compatibilice la pensión con el trabajo.

El beneficiario tendrá la consideración de pensionista a todos los efectos.

Finalizada la relación laboral por cuenta ajena o el trabajo por cuenta propia, se restablecerá el percibo íntegro de la pensión de jubilación.

El art. 249 quater de la LGSS regula un régimen específico de compatibilidad entre la pensión contributiva de jubilación y la actividad de creación artística.

A TENER EN CUENTA. La competencia para declarar la procedencia de la nueva compatibilidad entre pensión de jubilación y trabajo corresponde a la entidad gestora que reconozca la pensión de jubilación, de cuyo pronunciamiento dependerá la obligación de cotizar de empresario y trabajador en unas condiciones u otras. Sabiendo esto, es recomendable que antes de proceder a efectuar la liquidación de cuotas con la aplicación de la cotización especial de solidaridad del 9 por 100, conforme a esta modalidad de compatibilidad entre pensión de jubilación y trabajo, el empresario y el trabajador se aseguren de la procedencia de dicha compatibilidad, bien con la resolución de la entidad gestora o bien recabando de dicha entidad gestora información previa sobre la concurrencia o no de estas condiciones.

1.5.1.1. Compatibilidad de la pensión contributiva de jubilación con el trabajo de facultativos médicos

Dada la escasez de facultativos en el Sistema Nacional de Salud, dentro del Real Decreto-Ley 20/2022, de 27 de diciembre, fue aprobada la denominada «jubilación activa mejorada», materializada en la D.T. 35.ª [sic] de la LGSS.

En los tres años a partir del 28 de diciembre de 2022 (entrada en vigor de la indicada disposición transitoria), los facultativos de atención primaria, médicos de familia y pediatras, adscritos al Sistema Nacional de Salud con nombramiento estatutario o funcionario podrán continuar desempeñando sus funciones durante la prórroga en el servicio activo y, simultáneamente, acceder a la jubilación percibiendo el setenta y cinco por ciento del importe resultante en el reconocimiento inicial de la pensión, una vez aplicado, si procede, el límite máximo de pensión pública.

Asimismo, podrán acceder a esta compatibilidad los facultativos de atención primaria adscritos al sistema nacional de salud con nombramiento estatutario o funcionario que hubieran accedido a la pensión contributiva de jubilación y se reincorporen al servicio activo, siempre que el hecho causante de dicha pensión haya tenido lugar a partir del 1 de enero de 2022 o se hubieren acogido en su día a la compatibilidad de la pensión de jubilación con el nombramiento como personal estatutario o funcionario de las y los profesionales sanitarios, realizado al amparo del Real Decreto-ley 8/2021, de 4 de mayo, por el que se adoptan medidas urgentes en el orden sanitario, social y jurisdiccional, a aplicar tras la finalización de la vigencia del estado de alarma declarado por el Real Decreto 926/2020, de 25 de octubre, por el que se declara el estado de alarma para contener la propagación de infecciones causadas por el SARS-CoV-2.

Para el acceso a esta compatibilidad se exige el cumplimiento de los siguientes requisitos:

- El acceso a la pensión deberá haber tenido lugar una vez cumplida la edad que en cada caso resulte de aplicación [art. 205.1.a) de la LGSS], sin que, a tales efectos, sean admisibles jubilaciones acogidas a bonificaciones o anticipaciones de la edad de jubilación que pudieran ser de aplicación al interesado.

> **A TENER EN CUENTA.** Esta previsión no será de aplicación a los facultativos médicos que se hubieren acogido en su día a la compatibilidad de la pensión de jubilación con el nombramiento como personal estatutario o funcionario de las y los profesionales sanitarios, realizado al amparo del Real Decreto-ley 8/2021, de 4 de mayo.

- La compatibilidad se aplicará en caso de jornada a tiempo completo, así como en caso de jornada parcial siempre que la reducción de jornada sea, en todo caso, del cincuenta por ciento respecto de la jornada de un trabajador a tiempo completo comparable.

- El beneficiario tendrá derecho a los complementos para pensiones inferiores a la mínima durante el tiempo en el que compatibilice la pensión con sus funciones, siempre que reúna los requisitos establecidos para ello.

- La percepción del complemento por demora de la pensión de jubilación es compatible con el acceso a la compatibilidad prevista en la presente disposición transitoria, sin que su importe sea minorado.

- No podrá acogerse a esta modalidad de compatibilidad el beneficiario de una pensión contributiva de jubilación de la Seguridad Social que, además de desarrollar las funciones como facultativos médicos de atención primaria, realice cualquier otro trabajo por cuenta ajena o por cuenta propia que dé lugar a su inclusión en el campo de aplicación del Régimen General o de alguno de los regímenes especiales de la Seguridad Social.

Durante la realización del trabajo compatible con la pensión de jubilación:

- El beneficiario tendrá la consideración de pensionista a todos los efectos.

- Se aplicarán las obligaciones de afiliación, alta, baja y variación de datos y la obligación de cotizar.

- No resultarán de aplicación los beneficios en la cotización establecidos para los supuestos de compatibilidad de jubilación y trabajo (art. 153 de la LGSS).

- Los profesionales estarán protegidos frente a todas las contingencias comunes y profesionales, siempre que reúnan los requisitos necesarios para causarlas, siendo de aplicación el régimen de limitación de las pensiones, incompatibilidades y el ejercicio del derecho de opción, previstos en el texto refundido de la Ley General de la Seguridad Social.

- Peculiaridades en caso de IT:

  • No se requerirá periodo mínimo de cotización para acceder al subsidio por incapacidad temporal derivada de enfermedad común.

  • Si durante el periodo de compatibilización se iniciara un proceso de incapacidad temporal (o recaída), en todo caso el abono de la pensión de jubilación se suspenderá el día primero del mes siguiente al de la baja médica y se reanudará el día primero del mes siguiente al del alta médica.

  • El derecho al subsidio por incapacidad temporal se extinguirá por la finalización del trabajo compatible, además de por las causas generales.

Una vez finalizado el trabajo compatible, las cotizaciones realizadas durante esta situación podrán dar lugar a la modificación del porcentaje aplicable a la base reguladora de la pensión de jubilación, la cual permanecerá inalterable.

Asimismo, las cotizaciones indicadas surtirán efectos para disminuir o, en su caso, suprimir, el coeficiente reductor que se hubiese aplicado, en el momento de causar derecho a la pensión, a aquellos facultativos médicos que hubieren accedido a la jubilación anticipada.

Estas cotizaciones no surtirán efecto en relación con el complemento previsto por jubilación demorada (art. 210.2 de la LGSS) y en la D.A. 17.ª del texto refundido de Ley de Clases Pasivas del Estado.

1.5.1.2. Compatibilidad de la pensión de jubilación con la actividad artística

El percibo del 100 por ciento del importe de la pensión de jubilación contributiva será compatible con la actividad artística en los términos del art. 249 quater de la LGSS:

- Con el trabajo por cuenta ajena y por cuenta propia de las personas que desarrollen una actividad artística.

- Con el trabajo por cuenta ajena y la actividad por cuenta propia desempeñada por autores de obras literarias, artísticas o científicas que perciban (o no) derechos de propiedad intelectual por dicha actividad, incluidos los generados por su transmisión a terceros y con independencia de que por la misma actividad perciban otras remuneraciones conexas (capítulo I del título II del libro primero de la Ley de Propiedad Intelectual, aprobado por del Real Decreto Legislativo 1/1996, de 12 de abril).

CUESTIONES

1. ¿Qué se entiende por actividad artística a los efectos de compatibilizarla con la jubilación?

Se entiende por actividad artística la realizada:

- Por las personas que desarrollan actividades artísticas, sean dramáticas, de doblaje, coreográfica, de variedades, musicales, canto, baile, de figuración, de especialistas, de dirección artística, de cine, de orquesta, de adaptación musical, de escena, de realización, de coreografía, de obra audiovisual, artista de circo, artista de marionetas, magia, guionistas, y, en todo caso, la desarrollada por cualquier persona cuya actividad sea reconocida como artista intérprete o ejecutante del título I del libro segundo del texto refundido de la Ley de Propiedad Intelectual (Real Decreto Legislativo 1/1996, de 12 de abril).

- Como artista, artista intérprete o ejecutante por los convenios colectivos que se apliquen en las artes escénicas, la actividad audiovisual y la musical, (párrafo 2.º, art. 1.2 del RD 1435/1985, de 1 de agosto).

2. ¿Qué obligaciones en materia de cotización tienen las personas pensionistas de jubilación cuando realicen actividades artísticas?

El art. 249 quater.1 de la LGSS se refiere tanto a personas trabajadoras por cuenta ajena como por cuenta propia que compatibilizan sus actividades con la jubilación.

- Quienes ejerzan por cuenta propia cualquiera de estas las actividades artísticas se encuentran expresamente comprendidos en el RETA según el art. 305.2.m) de la LGSS. Esto supone que durante la realización de un trabajo por cuenta propia compatible con la pensión de jubilación las personas estarán obligadas a solicitar el alta y cotizar en el RETA únicamente por contingencias profesionales y quedarán sujetas a una cotización especial de solidaridad del 9 por ciento sobre su base de cotización por contingencias comunes, no computable a efectos de prestaciones (art. 310 bis de la LGSS).

> – En paralelo, cuando esas actividades se realicen por cuenta ajena compatibilizándolas con la pensión de jubilación, los empresarios estarán obligados a solicitar el alta y cotizar en el Régimen General de la Seguridad Social únicamente por contingencias profesionales, en este caso según la normativa reguladora de dicho régimen. Por cuenta ajena también se fija una cotización especial de solidaridad del 9 por ciento sobre la base de cotización por contingencias comunes, no computable a efectos de prestaciones, que se distribuirá entre empresario y trabajador, quedando a cargo del empresario el 7 por ciento y del trabajador el 2 por ciento (art. 153 ter de la LGSS).

Como **peculiaridades** propias encontramos:

- El importe de la pensión de jubilación contributiva compatible con la actividad artística incluye el complemento para pensiones inferiores a la mínima y el complemento por reducción de la brecha de género (o maternidad en caso de pensiones anteriores al 04/02/202).
- El beneficiario de la situación de compatibilidad tendrá la consideración de pensionista a todos los efectos.
- No podrá acogerse a esta modalidad de compatibilidad:
  - El beneficiario de una pensión contributiva de jubilación de la Seguridad Social que, además de desarrollar la actividad artística, realice cualquier otro trabajo por cuenta ajena o por cuenta propia diferente a la indicada actividad que dé lugar a su inclusión en el campo de aplicación del Régimen General o de alguno de los regímenes especiales de la Seguridad Social.
  - Cualquier modalidad de jubilación anticipada en tanto su titular no cumpla la edad ordinaria de jubilación [art. 205.1.a) de la LGSS].
- La prestación de incapacidad temporal causada durante la compatibilidad se extinguirá en la fecha en la que se cause baja en el régimen correspondiente de la Seguridad Social.

Como **alternativa** al régimen de compatibilidad la normativa permite dos situaciones (art. 249 quater.5 de la LGSS):

- La aplicación del régimen jurídico previsto para cualesquiera otras modalidades de compatibilidad entre pensión y trabajo, establecidas legal o reglamentariamente, cuando reúna los requisitos para ello.
- La suspensión del percibo de su pensión. En tal caso, el alta y la cotización a la Seguridad Social se realizará conforme a las normas que rijan en el régimen de Seguridad Social que corresponda en función de su actividad.

1.5.2. Compatibilidad de la pensión de jubilación con otras prestaciones de la Seguridad Social

El art. 163 de la LGSS, con carácter general para todo tipo de prestaciones, establece que las pensiones de este Régimen General serán incompatibles entre sí cuando coincidan en un mismo beneficiario, a no ser que expresamente se disponga lo contrario, legal o reglamentariamente. El sistema de incompatibilidad de prestaciones se halla distribuido a lo largo de la legislación de Seguridad Social mediante el establecimiento del régimen de compatibilidad o incompatibilidad caso por caso, de suerte que lo que el citado art. 163 de la LGSS hace es indicar cual es el mecanismo que ha de regir dentro del propio régimen General al que se refiere (STS, rec. 462/2007, de 5 de febrero de 2008, ECLI:ES:TS:2008:2315), del mismo modo que, dentro del RETA, lo indica el art. 34 del Decreto 2530/1970, de 20 de agosto. (STS, rec. 233/2010, de 22 de noviembre de 2010, ECLI:ES:TS:2010:7503).

En caso de concurrencia de pensiones lo jurídicamente correcto, en caso de que se cause derecho a una nueva pensión que resulte incompatible con la que se viniera percibiendo, es que la entidad gestora inicie el pago o, en su caso, continúe con el abono de la pensión de mayor cuantía, en términos anuales, con suspensión de la pensión que conforme a lo anterior corresponda. No obstante, el interesado podrá solicitar que se revoque dicho acuerdo y optar por percibir la pensión suspendida. Esta opción producirá efectos económicos a partir del día primero del mes siguiente a la solicitud. (STS, rec. 4521/2004, de 10 de mayo de 2006, ECLI:ES:TS:2006:3498).

> **JURISPRUDENCIA**
>
> **STS, rec. 3316/2009, de 12 de mayo de 2010, ECLI:ES:TS:2010:3244**
>
> *«(...) el ordenamiento de la Seguridad Social no contiene reglas de incompatibilidad de prestaciones de alcance general para todo el sistema».*
>
> **STS, rec. 462/2007, de 5 de febrero de 2008, ECLI:ES:TS:2008:2315**
>
> La incompatibilidad se rige por el principio de que la pérdida de una renta profesional no puede protegerse a la vez con la percepción de dos prestaciones que tengan la misma finalidad de sustitución.
>
> Teniendo en cuenta lo anterior, analizamos distintos supuestos en los que sería posible la compatibilidad de la pensión de jubilación con otras prestaciones y sus características:

Compatibilidad de las prestaciones cuando existen cotizaciones a diferentes regímenes

En torno a la cuestión de la **compatibilidad entre prestaciones de distintos regímenes** —siendo la opción inicial escoger una de las pensiones como indica el art. 163 de la LGSS— encontramos dos supuestos merecedores de análisis:

a) Es posible cobrar dos pensiones de jubilación de distintos regímenes si se cumplen los requisitos necesarios en cada uno de ellos.

Siguiendo la doctrina jurisprudencial es posible causar pensiones en atención a las cotizaciones a diferentes regímenes si se cumplen los requisitos necesarios en cada uno de ellos.

CUESTIÓN

¿Cuándo es posible cobrar dos pensiones de jubilación en regímenes distintos?

Será posible cuando se haya generado el derecho a la jubilación para cada una de ellas. Es decir, cuando se acrediten —en ambos regímenes— como mínimo 15 años de cotización en cada uno. Y, además, **dos años** de cotización dentro de los 15 últimos años de vida laboral.

b) A pesar de no lucrar dos pensiones, las cotizaciones a distintos regímenes pueden ayudar a cubrir el periodo de carencia necesario cuando nos encontremos en una situación de no alta o asimilada al alta en el momento del hecho causante, o de no cumplir los requisitos necesarias en ningún régimen de la Seguridad Social.

La propia naturaleza contributiva del sistema determina que unas mismas cotizaciones no den origen a un número indefinido de prestaciones que puedan percibirse simultáneamente, pero, al propio tiempo, se establece el modo en que las mismas pueden ser aprovechadas. En este sentido:

- El art. 205.3 de la LGSS concreta: *«(...) la pensión de jubilación podrá causarse, aunque los interesados no se encuentren en el momento del hecho causante en alta o situación asimilada a la de alta, siempre que reúnan los requisitos de edad y cotización (...)».* En este supuesto, para causar pensión en el Régimen General y en otro u otros del sistema de la Seguridad Social será necesario que las cotizaciones acreditadas en cada uno de ellos se superpongan, al menos, durante quince años.

- El artículo 49 de la LGSS, bajo el título «Efecto de las cotizaciones superpuestas en varios regímenes en orden a las pensiones de la Seguridad Social», dispone que: *«cuando se acrediten cotizaciones a varios regímenes y no se cause derecho a pensión en uno de ellos, las bases de cotización acreditadas en este último en régimen de pluriactividad podrán ser acumuladas a las del régimen en que se cause la pensión, exclusivamente para la determinación de la base reguladora de la misma, sin que la suma de las bases pueda exceder del límite máximo de cotización vigente en cada momento».* En este caso, más que en un supuesto de cómputo recíproco de cotizaciones, estamos ante un supuesto estricto de pluriactividad con cotizaciones que se superponen en dos regímenes distintos.

CUESTIÓN

En caso de pluriactividad, ¿qué sucede si el prestacionista no puede percibir dos pensiones? ¿Y de no alcanzar la cotización necesaria en ningún régimen?

Lo que la norma pretende es que, ante la imposibilidad de que las cotizaciones efectuadas en un régimen no den derecho a pensión, puedan acumularse a las efectuadas en el otro régimen a los efectos exclusivos del cómputo de la base reguladora. Ahora bien, esa posibilidad está condicionada, normativamente, a que con ello no se exceda del límite máximo de cotización vigente en cada momento y a que quede acreditado que en el régimen cuyas cotizaciones se acumulan «no se cause derecho a pensión». (STS n.º 773/2019, de 13 de noviembre de 2019, ECLI:ES:TS:2019:3736).

Compatibilidad de la prestación de jubilación con la incapacidad permanente

La incapacidad permanente contributiva es la situación de la persona trabajadora que, después de haber estado sometido al tratamiento prescrito, presenta reducciones anatómicas o funcionales graves, susceptibles de determinación objetiva y previsiblemente definitivas, que disminuyan o anulen su capacidad laboral.

El régimen de compatibilidades/incompatibilidades, en el ámbito de las prestaciones de incapacidad permanente —total, absoluta y gran invalidez— viene determinado, inicialmente, en atención a la actividad profesional que pueda concurrir con las mismas (art. 198 de la LGSS). En aplicación del art. 163 de la LGSS, la jubilación y la incapacidad permanente no se pueden percibir de forma simultánea si provienen del mismo régimen de la Seguridad Social. Es decir, sería posible recibir ambas prestaciones cuando se generen en distintos regímenes, pero, **con carácter general, podemos decir que la IP, a opción del interesado, pasará a ser una pensión de jubilación cuando se alcance la edad establecida.** En este caso nuevamente debemos tratar distintos supuestos:

‖ Jubilación e IP en distintos regímenes

Determinadas pensiones de incapacidad permanente implican que al sujeto causante le queda una capacidad de trabajo suficiente para poder percibir, en una actividad distinta, una renta profesional que, obviamente, es compatible con el percibo de la pensión de IPT derivada de la actividad donde se concedió la incapacidad. En casos como estos, en los que el trabajador se le conceda una IP, pero luego pase a prestar servicios en otro régimen de la Seguridad social, cuando se jubile, sería posible recibir una pensión de jubilación y una de IP de forma simultánea si ambas corresponden a las cotizaciones de distintos regímenes.

‖ Jubilación e IP en caso de cotizaciones en un sólo régimen

Cuando una persona trabajadora solo haya cotizado a un único régimen de la Seguridad Social, llegada la edad de jubilación, tendrá **dos opciones:**

– Quedarse con la misma pensión de incapacidad que ya se estaba percibiendo, el único cambio sería la denominación de la pensión.

– Solicitar la pensión de jubilación.

Según el grado de incapacidad permanente reconocido, y las cotizaciones realizadas en el periodo anterior a la jubilación, al prestacionista le compensará mantenerse en IP o solicitar la jubilación. Como ejemplo podemos citar dos de los casos más comunes:

– Pasar de incapacidad permanente total (IPT) a la jubilación:

La incapacidad permanente total (IPT), inhabilita al trabajador para la realización de todas o de las fundamentales tareas de su profesión, siempre que pueda realizar otra distinta. La prestación económica correspondiente a la incapacidad permanente total consistirá en una pensión vitalicia, que podrá excepcionalmente ser sustituida por una indemnización a tanto alzado cuando el beneficiario fuese menor de sesenta años (art. 196.2 de la LGSS).

La norma general es cobrar el **55 por 100 de la base reguladora** (art 196.2 de la LGSS), no obstante, las **personas mayores de 55 años cobran el 75 por 100** (se incrementa en un 20 % más) de la base reguladora cuando no tengan ninguna ocupación laboral. De esta forma, si al cumplir la edad de jubilación no se ha ejercido actividad laboral en los últimos 10 años es recomendable no solicitar la jubilación ya que tomaría como referencia para el cálculo las cotizaciones previas a la edad de jubilación. Es decir, a pesar de que se toma como referencia el 100 % de la base reguladora, al no haber cotizado en los últimos 10 años, la cuantía de la prestación será inferior. Caso contrario sería el supuesto en el que la persona trabajadora en IPT hubiese trabajado desde los 55 años a la edad de jubilación en una ocupación compatible. En este caso puede interesar solicitar la pensión de jubilación con un 100 % de la base reguladora.

– Pasar de incapacidad permanente absoluta (IPA) a la jubilación:

La IPA inhabilita por completo al trabajador para toda profesión u oficio. No obstante, la pensión no impedirá el ejercicio de aquellas actividades, sean o no lucrativas, compatibles con el estado del inválido y que no representen un cambio en su capacidad de trabajo a efectos de revisión (art. 194 y D.T. 26.ª de la LGSS).

En este supuesto la prestación consiste en una pensión vitalicia consistente en el **100 % de la base regulador**a, por lo que, salvo que se hubiese cotizado en el periodo anterior a la edad de jubilación, no compensará pasar de la IPA a la jubilación.

Otro aspecto de interés en este tipo de prestación (incapacidad permanente absoluta y gran invalidez) es que **no tributa al IRPF** [art. 7.f) de la LIRPF]. En caso de optar por pasarse a la jubilación, ya que realmente lo único que se modifica es la denominación de la prestación, se mantiene la exención fiscal por derivar de una situación de incapacidad permanente absoluta (o gran invalidez) previa.

CUESTIONES

1. En caso percibir una IP pero trabajar, ¿qué sucedería al alcanzar la pensión de jubilación?

«El disfrute de la pensión de incapacidad permanente absoluta y de gran invalidez a partir de la edad de acceso a la pensión de jubilación será incompatible con el desempeño por el pensionista de un trabajo, por cuenta propia o por cuenta ajena, que determine su inclusión en alguno de los regímenes del Sistema de la Seguridad Social, en los mismos términos y condiciones que los regulados para la pensión de jubilación en su modalidad contributiva en el artículo 213.1» de la LGSS (art. 198 de la LGSS).

2. ¿Qué es más rentable jubilarse o mantener la IP?

Dependerá de cada caso. En principio la pensión de jubilación se calcula teniendo en cuenta todas las cotizaciones previas, incluidas las que se utilizaron para calcular la pensión de incapacidad permanente.

> **JURISPRUDENCIA**
>
> **STS, rec. 1600/2013, de 28 de octubre de 2014, ECLI ES:TS:2014:5785**
>
> Compatibilidad de pensión de incapacidad permanente total con pensión de jubilación causada en virtud de un trabajo distinto al que dio origen a aquélla.

|| Jubilación parcial e IP

La pensión de jubilación parcial será compatible (art. 14 del Real Decreto 1131/2002, de 31 de octubre):

- Con el trabajo a tiempo parcial en la empresa y, en su caso, con otros trabajos a tiempo parcial anteriores a la situación de jubilación parcial, siempre que no se aumente la duración de su jornada. Asimismo, con los trabajos a tiempo parcial concertados con posterioridad a la situación de jubilación parcial, cuando se haya cesado en los trabajos que se venían desempeñando con anterioridad en otras empresas, siempre que no se aumente la duración de la jornada realizada hasta entonces. En los dos supuestos anteriores, en caso de aumentarse la duración de su jornada, la pensión de jubilación parcial quedará en suspenso.

- Con la pensión de viudedad, la prestación de desempleo, y con otras prestaciones sustitutorias de las retribuciones que correspondieran a los trabajos a tiempo parcial concertados con anterioridad a la situación de jubilación parcial, en los términos indicados en el párrafo anterior, a excepción de lo dispuesto en el apartado siguiente.

Por el contrario, la pensión de jubilación parcial será incompatible:

- Con las pensiones de incapacidad permanente absoluta y gran invalidez.

- Con la pensión de jubilación que pudiera corresponder por otra actividad distinta a la realizada en el contrato de trabajo a tiempo parcial.

- Con la pensión de incapacidad permanente total para el trabajo que se preste en virtud del contrato que dio lugar a la jubilación parcial.

|| Compatibilidad complemento de pensión IPT con pensión de || jubilación

La prestación económica correspondiente a la incapacidad permanente total consistirá en una pensión vitalicia, que podrá excepcionalmente ser sustituida por una indemnización a tanto alzado cuando el beneficiario fuese menor de sesenta años. Los declarados afectos de incapacidad permanente total percibirán la pensión incrementada en el porcentaje que reglamentariamente se determine, cuando por su edad, falta de preparación general o especializada y circunstancias sociales y laborales del lugar de residencia, se presuma la dificultad de obtener empleo en actividad distinta de la habitual anterior (párrafo segundo, art. 196.2 de la LGSS).

La compatibilidad del percibo de prestaciones económicas por incapacidad permanente con la jubilación ha sido tratada en multitud de ocasiones por los tribunales, donde se viene admitiendo la compatibilidad de los complementos con una pensión de jubilación extranjera. Se trata de pensiones de la misma naturaleza pero compatibles porque la legislación española carece de norma específica disponiendo lo contrario, condición impuesta por el Reglamento (CE) n.º 883/2004 del Parlamento Europeo y del Consejo de 29 de abril de 2004.

JURISPRUDENCIA

STS n.º 698/2018, de 29 de junio de 2018, ECLIES:TS:2018:3034

Analizando la compatibilidad del complemento por Incapacidad Permanente Total «Cualificada» y la pensión de jubilación abonada por otro país, la Sala de lo Social del Tribunal Supremo establece que cobrar una incapacidad total no impide percibir la jubilación, y que ambas pensiones son compatibles según el Reglamento UE n.º 883/2004. El alto tribunal señala que la pensión de jubilación francesa no se puede asimilar a la española, y la escasa cuantía de la misma no desaparece la finalidad perseguida con el abono del complemento.

Compatibilidad de la prestación de jubilación con la viudedad

La pensión de viudedad será compatible con cualesquiera rentas de trabajo (art. 223 de la LGSS), así como con otra pensión de jubilación, vejez e invalidez SOVI, o de incapacidad permanente a la que se tenga derecho (aplicando las reglas de concurrencia y límites máximos y mínimos de las pensiones).

Compatibilidad de la prestación de jubilación con la orfandad

Según el art. 225.2 de la de la LGSS: «(...) *Cuando el huérfano haya sido declarado incapacitado para el trabajo con anterioridad al cumplimiento de la edad de dieciocho años, la pensión de orfandad que viniera percibiendo será compatible con la de incapacidad permanente que pudiera causar, después de los dieciocho años, como consecuencia de unas lesiones distintas a las que dieron lugar a la pensión de orfandad, o en su caso, con la pensión de jubilación que pudiera causar en virtud del trabajo que realice por cuenta propia o ajena»*.

JURISPRUDENCIA

STS. n.º 756/2020, de 10 de septiembre de 2020, ECLI:ES:TS:2020:2964

«Con carácter concreto, la incompatibilidad que nos ocupa se encuentra regulada en el artículo 179.3 LGSS (actualmente artículo 225.2) y precisa que los huérfanos incapacitados para el trabajo con derecho a pensión de orfandad, cuando perciban otra pensión de la Seguridad Social en razón a la misma incapacidad, podrán optar entre una u otra. En este punto la limitación opera entre pensiones del sistema de Seguridad Social, comprendiendo, de forma evidente, a las pensiones no contributivas. Y, al respecto, nuestra STS de 28 de abril de 1999, Rcud. 2715/1998 ya estableció, con referencia al, hoy derogado artículo 16.1 de la OM de 13 de febrero de 1967, que la incapacidad a la que se refiere la norma (artículo 175 LGSS; en la actualidad,

artículo 224.1) es la de carácter permanente y absoluto que inhabilite por completo para toda profesión u oficio. Ello, añadimos, no contraría el tenor literal de la norma legal ni tampoco la finalidad de la misma, que es la de proteger como pensionistas a los huérfanos mayores de cierta edad que carezcan por completo de capacidad de trabajo, pero no a los que dispongan de una cierta capacidad laboral, aunque sea limitada para determinadas actividades.

Desde esa perspectiva, la incompatibilidad que establece el reiterado artículo 179.3 (actual 225.2) LGSS resulta perfectamente coherente con las normas del sistema en la medida en que establece una incompatibilidad para los huérfanos que son beneficiarios de la pensión de orfandad derivada de la incapacidad que padecen con cualquier otra pensión del sistema que perciban en razón de la misma incapacidad; por lo que la ley dispone que podrán optar por una u otra y no percibirlas acumuladamente. Y no hay duda alguna de que, en el presente supuesto, una y otra pensión se generan por la misma situación de incapacidad para todo trabajo derivada de la misma patología invalidante; esto es, la sordomudez congénita que padece la recurrente».

Compatibilidad de la prestación de jubilación con la situación de incapacidad temporal

Como es lógico, cuando se compatibilice trabajo y pensión de jubilación (jubilación activa) la prestación que se reciba será compatible con la prestación derivada de una incapacidad temporal por contingencias comunes o profesionales.

CUESTIONES

1. ¿Se puede solicitar jubilación estando de baja por IT?

Sí. No obstante, deben cumplirse los requisitos necesarios como la edad y la cotización necesaria.

2. ¿Se puede solicitar la jubilación anticipada estando de baja por IT?

Si se cumplen todos los requisitos para pedir la jubilación anticipada en la modalidad que se pretenda solicitar sí.

3. Si en mi vida laboral he estado largos periodos en IT, ¿cómo influyen para el acceso a la jubilación?

No influye. El tiempo de baja laboral cuenta como tiempo efectivo cotizado para la jubilación.

1.5.3. Suspensión y extinción de la pensión de jubilación

La pensión de jubilación se suspende temporalmente por incompatibilidad laboral; solo se extingue al fallecer el pensionista.

Suspensión

La suspensión de la pensión de jubilación implica la paralización temporal de los derechos y obligaciones recíprocas derivadas de la misma, sin que se extinga el derecho a la pensión. La pensión de jubilación puede ser objeto de suspensión en los siguientes casos (Compatibilidades/ Incompatibilidades/ Extinción. TGSS):

- La percepción de la pensión de jubilación es incompatible con la realización de cualquier trabajo del pensionista, ya sea por cuenta ajena o propia, que dé lugar a su inclusión en el Régimen General o en alguno de los Regímenes Especiales, salvo las excepciones y términos determinados legal o reglamentariamente.

- El desempeño de un puesto de trabajo en el sector público, según lo delimitado en el párrafo segundo del apartado 1 del artículo 1 de la Ley 53/1984, de 26 de diciembre, de incompatibilidades del personal al servicio de las administraciones públicas, con las excepciones de profesores universitarios eméritos y personal licenciado sanitario.

- El desempeño de altos cargos.

Extinción

Al tratarse de una prestación vitalicia, una vez obtenida, solo se extinguirá por el fallecimiento del pensionista.

2.
JUBILACIÓN ANTICIPADA EN EL RÉGIMEN GENERAL DE LA SEGURIDAD SOCIAL

Las distintas modalidades de jubilación anticipada se han visto modificadas en mayor o menor medida por las diversas reformas de esta prestación a las que hay que adicionar el ajuste gradual de la edad en este tipo de jubilación con el objetivo reservarla para aquellos trabajadores que cuenten con largas carreras de cotización.

Actualmente podemos distinguir los siguientes tipos de jubilación anticipada a la edad ordinaria de acceso a esta prestación:

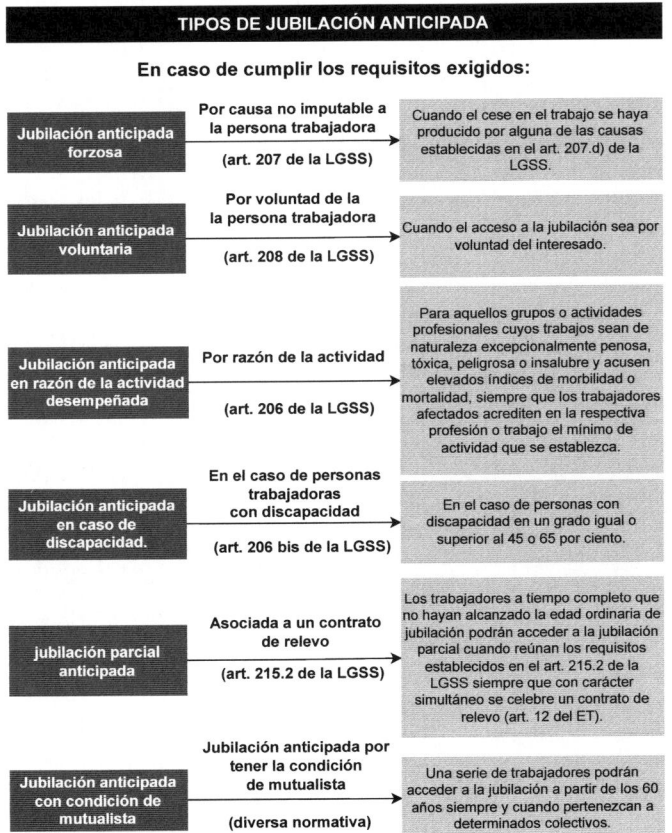

TIPOS DE JUBILACIÓN ANTICIPADA

En caso de cumplir los requisitos exigidos:

Jubilación anticipada forzosa	Por causa no imputable a la persona trabajadora (art. 207 de la LGSS)	Cuando el cese en el trabajo se haya producido por alguna de las causas establecidas en el art. 207.d) de la LGSS.
Jubilación anticipada voluntaria	Por voluntad de la la persona trabajadora (art. 208 de la LGSS)	Cuando el acceso a la jubilación sea por voluntad del interesado.
Jubilación anticipada en razón de la actividad desempeñada	Por razón de la actividad (art. 206 de la LGSS)	Para aquellos grupos o actividades profesionales cuyos trabajos sean de naturaleza excepcionalmente penosa, tóxica, peligrosa o insalubre y acusen elevados índices de morbilidad o mortalidad, siempre que los trabajadores afectados acrediten en la respectiva profesión o trabajo el mínimo de actividad que se establezca.
Jubilación anticipada en caso de discapacidad.	En el caso de personas trabajadoras con discapacidad (art. 206 bis de la LGSS)	En el caso de personas con discapacidad en un grado igual o superior al 45 o 65 por ciento.
jubilación parcial anticipada	Asociada a un contrato de relevo (art. 215.2 de la LGSS)	Los trabajadores a tiempo completo que no hayan alcanzado la edad ordinaria de jubilación podrán acceder a la jubilación parcial cuando reúnan los requisitos establecidos en el art. 215.2 de la LGSS siempre que con carácter simultáneo se celebre un contrato de relevo (art. 12 del ET).
Jubilación anticipada con condición de mutualista	Jubilación anticipada por tener la condición de mutualista (diversa normativa)	Una serie de trabajadores podrán acceder a la jubilación a partir de los 60 años siempre y cuando pertenezcan a determinados colectivos.

2.1. Jubilación anticipada por causa no imputable al trabajador (cese no voluntario en el trabajo)

La jubilación anticipada derivada del cese en el trabajo por causa no imputable a la libre voluntad del trabajador se encuentra regulada en el art. 207 de la LGSS. Este tema desarrollamos los requisitos de acceso, la reducción de la pensión en función del tiempo que le falte al trabajador para cumplir la edad legal de jubilación y el complemento para la jubilación anticipada. Todo actualizado a la última reforma de las pensiones.

2.1.1. Beneficiarios y requisitos

El art. 207 de la LGSS regula el acceso a la jubilación anticipada de las personas trabajadoras que terminen su relación laboral «por *causa no imputable a la libre voluntad*» de las mismas. Para que el derecho a esa modalidad de prestación de jubilación pueda serle reconocido deberán cumplir con los cuatro requisitos que el precepto fija (STS n.º 183/2021, de 10 de febrero de 2021, ECLI:ES:TS:2021:526):

– Edad: tener cumplida una **edad que sea inferior en cuatro años, como máximo, a la edad que en cada caso resulte de aplicación** [art. 205.1.a) de la LGSS] sin que a estos efectos resulten de aplicación los coeficientes reductores por jubilación anticipada por razón de la actividad o en caso de discapacidad (arts. 206 y 206 bis de la LGSS).

Partiendo de las edades de jubilación y el período de cotización establecido con carácter general en la D.T. 7.ª de la LGSS. El acceso a esta prestación supone **quitar cuatro años a la edad fijada normativamente en cada momento**. A modo de ejemplo:

2025	38 años y 3 meses o más	61 años
	Menos de 38 años y 3 meses	62 años y 8 meses
2026	38 años y 3 meses o más	61 años
	Menos de 38 años y 3 meses	62 años y 10 meses
A partir de 2027	38 años y 6 meses o más	61 años
	Menos de 38 años y 6 meses	63 años

– Inscripción como demandantes de empleo: encontrarse **inscrito en las oficinas de empleo como demandante de empleo durante un plazo de, al menos, seis meses inmediatamente anteriores** a la fecha de la solicitud de la jubilación.

> **A TENER EN CUENTA.** Solo es posible flexibilizar este requisito ante circunstancias excepcionales. (STS n.º 385/2024, de 26 de febrero del 2024, ECLI:ES:TS:2024:1211, STS n.º 971/2022, de 20 de diciembre, ECLIES:TS:2022:4908, STS n.º 535/2024, de 9 de abril, ECLI:ES:TS:2024:1968, y STS n.º 947/2020, de 28 octubre, ECLI:ES:TS:2020:3691).

– Periodo mínimo de cotización: acreditar un período mínimo de cotización efectiva de 33 años, sin que, a tales efectos, se tenga en cuenta la parte proporcional por pagas extraordinarias. A estos exclusivos efectos, solo se computará el período de prestación del servicio militar obligatorio o de la prestación social sustitutoria, o del servicio social femenino obligatorio, con el límite máximo de un año.

> **A TENER EN CUENTA.** La cotización durante la percepción del subsidio por desempleo para trabajadores mayores de cincuenta y dos años tendrá efecto para completar el tiempo necesario para el acceso a la jubilación anticipada (art. 280.1 de la LGSS).

– Que el cese en el trabajo se haya producido por alguna de las causas siguientes:

- El despido colectivo por causas económicas, técnicas, organizativas o de producción, conforme al art. 51 del Estatuto de los Trabajadores.

- El despido por causas objetivas conforme al art. 52 del Estatuto de los Trabajadores.

- La extinción del contrato por resolución judicial en los supuestos contemplados en el texto refundido de la Ley Concursal, aprobado por el Real Decreto Legislativo 1/2020, de 5 de mayo.

- La muerte, jubilación o incapacidad del empresario individual, sin perjuicio de lo dispuesto en el art. 44 del Estatuto de los Trabajadores, o la extinción de la personalidad jurídica del contratante.

- La extinción del contrato de trabajo motivada por la existencia de fuerza mayor constatada por la autoridad laboral conforme a lo establecido en el art. 51.7 del Estatuto de los Trabajadores.

- La extinción del contrato por voluntad del trabajador por las causas previstas en los arts. 40.1, 41.3 y 50 del Estatuto de los Trabajadores.

- La extinción del contrato por voluntad de la trabajadora por ser víctima de la violencia de género o violencia sexual prevista en el apdo. 1.m) del art. 49 del Estatuto de los Trabajadores.

En los supuestos contemplados en las causas 1.ª, 2.ª y 6.ª, para poder acceder a esta modalidad de jubilación anticipada, será necesario que el trabajador **acredite haber percibido la indemnización correspondiente** derivada de la extinción del contrato de trabajo o haber interpuesto demanda judicial en reclamación de dicha indemnización o de impugnación de la decisión extintiva. El percibo de la indemnización se acreditará mediante documento de la transferencia bancaria recibida o documentación acreditativa equivalente.

CUESTIONES

1. La Ley 21/2021, de 28 de diciembre (reforma de las pensiones 2022), ¿qué modificaciones ha supuesto para este tipo de pensión?

Con efectos de 01/01/2022 el art. 207 de la LGSS establece:

- Nuevas causas de extinción contractual que dan derecho al acceso a esta modalidad (art. 207.1 de la LGSS).

- El coeficiente aplicable sobre la pensión se determina por mes de adelanto de la jubilación y no por trimestre.

- En los dos años inmediatamente anteriores a la edad de jubilación ordinaria, se aplican los mismos coeficientes que en la modalidad voluntaria, si es más favorable.

- Se rebajó el coeficiente reductor correspondiente a cada uno de los seis meses previos a la edad de jubilación ordinaria, respecto de los establecidos para el caso de jubilación voluntaria.

2. ¿Qué edad permite en 2025 la posibilidad de jubilación anticipada por causa no imputable al trabajador?

En 2025, la edad mínima para acceder a la jubilación anticipada por causa no imputable al trabajador (cese no voluntario en el trabajo) será inferior en cuatro años, como máximo, a la edad ordinaria de jubilación que resulte de aplicación en cada caso. Según la normativa vigente, la edad ordinaria de jubilación en 2025 será de 66 años y 8 meses para aquellos que hayan cotizado menos de 38 años y 3 meses, y de 65 años para aquellos que hayan cotizado 38 años y 3 meses o más. Por lo tanto, la edad mínima para la jubilación anticipada por causa no imputable al trabajador en 2025 será:

- 61 años si se cuenta con 38 años y 3 meses o más de cotización.

- 62 años y 8 meses con menos de 38 años y 3 meses de cotización.

3. Si se produce un despido tácito por cierre de empresa, ¿la persona trabajadora puede acceder a la jubilación anticipada por causa no imputable a un trabajador?

Según el Criterio de Gestión n.º 23/2023, de 11 de septiembre de 2023, del propio INSS, las extinciones de los contratos de trabajo causadas por un cierre «de facto» de la empresa cuando la extinción de los contratos de trabajo no se haya tramitado por la vía de los artículos 51 y 52 del ET, se incluyen en los apartados 1ª y 2ª del art. 207.1 d) del LGSS. (En este sentido: STS n.º 1013/2021, de 14 de octubre de 2021, ECLI:ES:TS:2021:3927 y STS n.º 828/2022, de 17 de octubre de 2022, ECLI:ES:TS:2022:3778).

4. En un ERE extintivo, ¿qué debemos tener en cuenta sobre esta prestación?

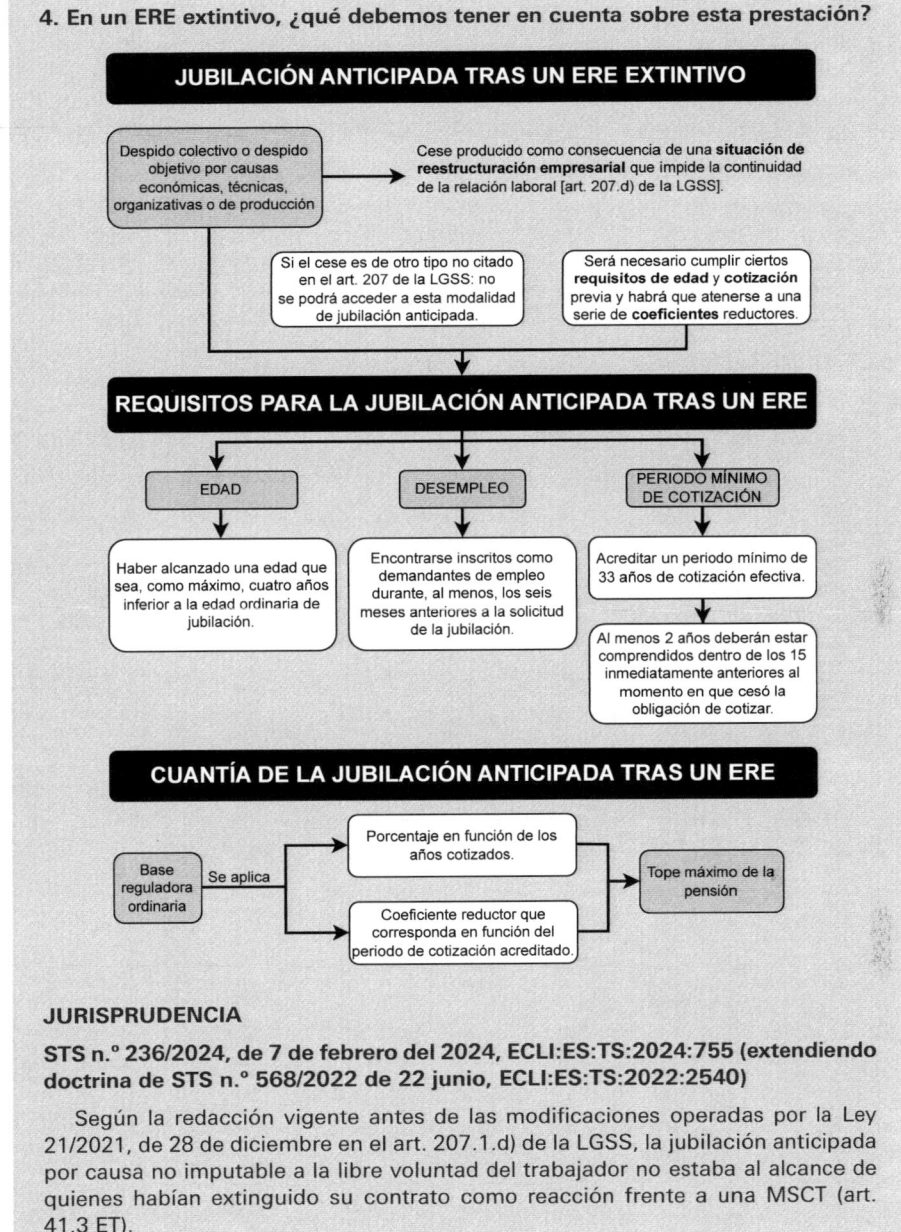

JURISPRUDENCIA

STS n.º 236/2024, de 7 de febrero del 2024, ECLI:ES:TS:2024:755 (extendiendo doctrina de STS n.º 568/2022 de 22 junio, ECLI:ES:TS:2022:2540)

Según la redacción vigente antes de las modificaciones operadas por la Ley 21/2021, de 28 de diciembre en el art. 207.1.d) de la LGSS, la jubilación anticipada por causa no imputable a la libre voluntad del trabajador no estaba al alcance de quienes habían extinguido su contrato como reacción frente a una MSCT (art. 41.3 ET).

2.1.2. Cuantía y reducción de la pensión

En este tipo de jubilación, **la pensión será objeto de reducción** mediante la **aplicación, por cada mes o fracción de mes que, en el momento del hecho causante, le falte al trabajador para cumplir la edad legal de jubilación,** de los **coeficientes** que resultan del siguiente cuadro en función del período de cotización acreditado y los meses de anticipación:

> **A TENER EN CUENTA.** A los exclusivos efectos de determinar dicha edad legal de jubilación, se considerará como tal la que le hubiera correspondido al trabajador de haber seguido cotizando durante el plazo comprendido entre la fecha del hecho causante y el cumplimiento de la edad legal de jubilación aplicable en cada momento [art. 205.1.a) de la LGSS].

Para el cómputo de los períodos de cotización se tomarán períodos completos, sin que se equipare a un período la fracción del mismo.

	Periodo cotizado: menos de 38 años y 6 meses	Periodo cotizado: igual o superior a 38 años y 6 meses e inferior a 41 años y 6 meses	Periodo cotizado: igual o superior a 41 años y 6 meses e inferior a 44 años y 6 meses	Periodo cotizado: igual o superior a 44 años y 6 meses
Meses que se adelanta la jubilación	por 100 reducción	por 100 reducción	por 100 reducción	por 100 reducción
48 (cuatro años)	30,00	28,00	26,00	24,00
47	29,38	27,42	25,46	23,50
46	28,75	26,83	24,92	23,00
45	28,13	26,25	24,38	22,50
44	27,50	25,67	23,83	22,00
43	26,88	25,08	23,29	21,50
42	26,25	24,50	22,75	21,00
41	25,63	23,92	22,21	20,50
40	25,00	23,33	21,67	20,00
39	24,38	22,75	21,13	19,50
38	23,75	22,17	20,58	19,00
37	23,13	21,58	20,04	18,50
36 (tres años)	22,50	21,00	19,50	18,00
35	21,88	20,42	18,96	17,50
34	21,25	19,83	18,42	17,00
33	20,63	19,25	17,88	16,50
32	20,00	18,67	17,33	16,00
31	19,38	18,08	16,79	15,50
30	18,75	17,50	16,25	15,00
29	18,13	16,92	15,71	14,50
28	17,50	16,33	15,17	14,00
27	16,88	15,75	14,63	13,50
26	16,25	15,17	14,08	13,00

	Periodo cotizado: menos de 38 años y 6 meses	Periodo cotizado: igual o superior a 38 años y 6 meses e inferior a 41 años y 6 meses	Periodo cotizado: igual o superior a 41 años y 6 meses e inferior a 44 años y 6 meses	Periodo cotizado: igual o superior a 44 años y 6 meses
Meses que se adelanta la jubilación	por 100 reducción	por 100 reducción	por 100 reducción	por 100 reducción
25	15,63	14,58	13,54	12,50
24 (dos años)	15,00	14,00	13,00	12,00
23	14,38	13,42	12,46	11,50
22	13,75	12,83	11,92	11,00
21	12,57	12,00	11,38	10,00
20	11,00	10,50	10,00	9,20
19	9,78	9,33	8,89	8,40
18	8,80	8,40	8,00	7,60
17	8,00	7,64	7,27	6,91
16	7,33	7,00	6,67	6,33
15	6,77	6,46	6,15	5,85
14	6,29	6,00	5,71	5,43
13	5,87	5,60	5,33	5,07
12 (un año)	5,50	5,25	5,00	4,75
11	5,18	4,94	4,71	4,47
10	4,89	4,67	4,44	4,22
9	4,63	4,42	4,21	4,00
8	4,40	4,20	4,00	3,80
7	4,19	4,00	3,81	3,62
6	3,75	3,50	3,25	3,00
5	3,13	2,92	2,71	2,50
4	2,50	2,33	2,17	2,00
3	1,88	1,75	1,63	1,50
2	1,25	1,17	1,08	1,00
1	0,63	0,58	0,54	0,50

Una vez aplicados los coeficientes reductores del cuadro según la edad en el momento del hecho causante, aquellos se aplicarán sobre el importe de la pensión resultante de aplicar a la base reguladora el porcentaje que corresponda por meses de cotización. Una vez aplicados los referidos coeficientes reductores, **el importe resultante de la pensión no podrá ser superior a la cuantía que resulte de reducir el tope máximo de pensión en un 0,50 por ciento por cada trimestre o fracción de trimestre de anticipación** (art. 210.4 de la LGSS).

CUESTIÓN

Trabajador con derecho a una pensión ordinaria de jubilación de 1.460 euros mensuales y 37 años cotizados en su vida laboral. Si pretende jubilarse bajo la modalidad jubilación anticipada involuntaria un año (12 meses) antes de alcanzar la edad ordinaria de jubilación, ¿cuánto dinero perdería?

El tanto por ciento de penalización variará dependiendo de los años cotizados. Siguiendo la tabla anterior, por un periodo cotizado de menos de 38 años y 6 meses, la jubilación anticipada 12 meses antes, supone una penalización de un 5,50 por cien. En el supuesto planteado esto implica:

1.460 euros x 5,50 por cien = 80,30 euros menos todos los meses. Es decir, su pensión sería de 1.379,70 euros.

Dado que, en el año 2025, la cuantía máxima asciende a 3.276,60 euros mensuales, y la jubilación se adelanta a 4 trimestres (12 meses), el límite de la pensión será:

- 0,50 x 4 = 2 por 100.

- 3.276,60 x 2 por 100 = 65,53 euros.

- 3.276,60 - 65,53 = 3.211,07 euros de límite. Como no se alcanza el límite máximo la pensión sería de 1.379,70 euros.

2.1.3. Régimen transitorio de la jubilación anticipada por causa no imputable al trabajador

Como hemos tratado, según lo establecido en la D.T. 4.ª.5 de la LGSS, en determinado supuestos se seguirá aplicando la regulación de la pensión de jubilación vigente antes de la entrada en vigor de la Ley 27/2011, de 1 de agosto, de actualización adecuación y modernización del sistema de la Seguridad Social. De esta forma, a las pensiones de jubilación que se causen, en supuestos como:

- Las personas cuya relación laboral se haya extinguido antes de 1 de abril de 2013, siempre que con posterioridad a tal fecha no vuelvan a quedar incluidas en alguno de los regímenes del sistema de la Seguridad Social.

- Las personas con relación laboral suspendida o extinguida como consecuencia de decisiones adoptadas en expedientes de regulación de empleo, o por medio de convenios colectivos de cualquier ámbito, acuerdos colectivos de empresa, así como por decisiones adoptadas en procedimientos concursales, aprobados, suscritos o declarados con anterioridad a 1 de abril de 2013.

- No obstante, para el reconocimiento del derecho a pensión de las personas a las que se refieren los apartados anteriores, la entidad gestora aplicará la legislación que esté vigente en la fecha del hecho causante de la misma, cuando resulte más favorable a estas personas.

Para el acceso a la jubilación anticipada por causa no imputable al trabajador seguirán los requisitos establecidos en el art. 161.bi.2 y 163 de la

LGSS/1994 vigente a 31 de diciembre de 2012 y el Real Decreto 1132/2002, de 31 de octubre.

CUESTIÓN

¿Existe un complemento para los supuestos de jubilación anticipada de baja cuantía con más de 44 años y 6 meses de cotización?

Entre las novedades impulsadas por la Ley 21/2021, de 28 de diciembre (reforma de las pensiones para 2022), se encontraba la creación de un nuevo complemento para personas en jubilación anticipada con largas carreras de cotización. Este complemento solo se concedió para las personas que, con al menos 44 años y 6 meses de cotización, hubiesen accedido a la jubilación de forma anticipada (tanto voluntaria como involuntaria) entre el 1 de enero de 2002 y el 31 de diciembre de 2021.

2.2. Jubilación anticipada por voluntad del interesado

La jubilación anticipada por voluntad de la personas trabajadora es posible dos años antes de la edad ordinaria de jubilación, siempre que se acrediten 35 años de cotización al sistema de la Seguridad Social, tal y como así lo dispone el artículo 208 de la LGSS.

2.2.1. Beneficiarios y requisitos

El acceso a la jubilación anticipada por voluntad del interesado exigirá los siguientes requisitos:

- Tener cumplida una **edad que sea inferior en dos años, como máximo, a la edad que en cada caso resulte de aplicación** [art. 205.1.a) de la LGSS], sin que a estos efectos resulten de aplicación los coeficientes reductores por jubilación anticipada por razón de la actividad (art. 206 de la LGSS) y jubilación anticipada en caso de discapacidad (art. 206 bis de la LGSS).

Partiendo de las edades de jubilación y el período de cotización establecido con carácter general en la D.T. 7.ª de la LGSS. El acceso a esta prestación supone quitar dos años a la edad fijada normativamente en cada momento. A modo de ejemplo:

2025	38 años y 3 meses o más	63 años
	Menos de 38 años y 3 meses	64 años y 8 meses
2026	38 años y 3 meses o más	63 años
	Menos de 38 años y 3 meses	64 años y 10 meses
A partir de 2027	38 años y 6 meses o más	63 años
	Menos de 38 años y 6 meses	65 años

– Acreditar un **período mínimo de cotización efectiva de treinta y cinco años**, sin que, a tales efectos, se tenga en cuenta la parte proporcional por pagas extraordinarias. A estos exclusivos efectos, solo se computará el período de prestación del servicio militar obligatorio o de la prestación social sustitutoria, o del servicio social femenino obligatorio, con el límite máximo de un año.

– El **importe de la pensión a percibir ha de ser superior a la cuantía de la pensión mínima.** Una vez acreditados los requisitos generales y específicos de dicha modalidad de jubilación, el **importe de la pensión a percibir ha de resultar superior a la cuantía de la pensión mínima que correspondería al interesado por su situación familiar al cumplimiento de los sesenta y cinco años de edad.** En caso contrario, no se podrá acceder a esta fórmula de jubilación anticipada.

> **A TENER EN CUENTA.** El art. 208 de la LGSS no exige la inscripción como demandante de empleo para esta modalidad de jubilación anticipada (por voluntad del interesado). (STS n.º 927/2022, de 22 de noviembre de 2022, ECLI:ES:TS:2022:4505).

RESOLUCIÓN RELEVANTE

STJUE n.º C-843/19, de 21 de enero de 2021

Analizando la exigencia de que el importe de la pensión de jubilación voluntaria anticipada que se reciba deba ser al menos igual a la cuantía mínima legal, el TJUE entiende que el art. 4.1 de la Directiva 79/7/CEE del Consejo, de 19 de diciembre de 1978 (aplicación progresiva del principio de igualdad de trato entre hombres y mujeres en materia de seguridad social), no se opone a una normativa nacional que, en caso de que un trabajador afiliado al régimen general de la seguridad social pretenda jubilarse voluntaria y anticipadamente, *«supedita su derecho a una pensión de jubilación anticipada al requisito de que el importe de esta pensión sea, al menos, igual a la cuantía de la pensión mínima que correspondería a ese trabajador a la edad de 65 años, aunque esta normativa perjudique en particular a las trabajadoras respecto de los trabajadores, extremo que incumbe comprobar al órgano jurisdiccional remitente, siempre que esta consecuencia quede justificada no obstante por objetivos legítimos de política social ajenos a cualquier discriminación por razón de sexo».*

CUESTIÓN

¿Qué edad permite en 2025 la posibilidad de jubilación anticipada por voluntad del trabajador?

- 63 años si se cuenta con 38 años y 3 meses de cotización.

- 64 años y 8 meses con menos de 38 años y 3 meses de cotización.

2.2.2. Cuantía y reducción de la pensión

En caso de acceder a este tipo de jubilación anticipada, la pensión que hubiese correspondido de forma ordinaria será objeto de reducción mediante la aplicación, por cada mes o fracción de mes que, en el momento del hecho causante, le falte al trabajador para cumplir la edad legal de jubilación, de los coeficientes que resultan del siguiente cuadro en función del período de cotización acreditado y los meses de anticipación:

> **A TENER EN CUENTA.** A los exclusivos efectos de determinar dicha edad legal de jubilación, se considerará como tal la que le hubiera correspondido al trabajador de haber seguido cotizando durante el plazo comprendido entre la fecha del hecho causante y el cumplimiento de la edad legal de jubilación que en cada caso resulte de la aplicación de lo establecido en el art. 205.1.a) de la LGSS.

Para el cómputo de los períodos de cotización se tomarán períodos completos, sin que se equipare a un período la fracción del mismo.

	Periodo cotizado: menos de 38 años y 6 meses	Periodo cotizado: igual o superior a 38 años y 6 meses e inferior a 41 años y 6 meses	Periodo cotizado: igual o superior a 41 años y 6 meses e inferior a 44 años y 6 meses	Periodo cotizado: igual o superior a 44 años y 6 meses
Meses que se adelanta la jubilación	Porcentaje de reducción	Porcentaje de reducción	Porcentaje de reducción	Porcentaje de reducción
24 (dos años)	21,00	19,00	17,00	13,00
23	17,60	16,50	15,00	12,00
22	14,67	14,00	13,33	11,00
21	12,57	12,00	11,43	10,00
20	11,00	10,50	10,00	9,20
19	9,78	9,33	8,89	8,40
18	8,80	8,40	8,00	7,60
17	8,00	7,64	7,27	6,91
16	7,33	7,00	6,67	6,33
15	6,77	6,46	6,15	5,85
14	6,29	6,00	5,71	5,43
13	5,87	5,60	5,33	5,07
12 (un año)	5,50	5,25	5,00	4,75
11	5,18	4,94	4,71	4,47
10	4,89	4,67	4,44	4,22
9	4,63	4,42	4,21	4,00
8	4,40	4,20	4,00	3,80
7	4,19	4,00	3,81	3,62
6	4,00	3,82	3,64	3,45
5	3,83	3,65	3,48	3,30
4	3,67	3,50	3,33	3,17

Meses que se adelanta la jubilación	Periodo cotizado: menos de 38 años y 6 meses	Periodo cotizado: igual o superior a 38 años y 6 meses e inferior a 41 años y 6 meses	Periodo cotizado: igual o superior a 41 años y 6 meses e inferior a 44 años y 6 meses	Periodo cotizado: igual o superior a 44 años y 6 meses
	Porcentaje de reducción	Porcentaje de reducción	Porcentaje de reducción	Porcentaje de reducción
3	3,52	3,36	3,20	3,04
2	3,38	3,23	3,08	2,92
1	3,26	3,11	2,96	2,81

Cuando en el momento de acogerse a esta modalidad de jubilación el trabajador esté percibiendo el subsidio por desempleo, y lo haya hecho durante al menos tres meses, serán de aplicación los coeficientes reductores previstos para la jubilación anticipada involuntaria por causas no imputables al trabajador, sin perjuicio del cumplimiento de los requisitos de acceso a esta modalidad (apdo. 3 del art. 208 de la LGSS).

CUESTIONES

1. ¿Cuáles han sido las novedades impulsadas por la reforma de las pensiones 2022 a partir del 01/01/2022 sobre la jubilación anticipada por voluntad del interesado?

– Se revisan los coeficientes reductores aplicables.

– Se aplican coeficientes reductores correspondientes a la jubilación por causa no imputable al trabajador en caso de percepción del subsidio de desempleo con una antelación de al menos tres meses.

– Los coeficientes reductores correspondientes se aplicarán sobre la cuantía de la pensión, respetando la limitación máxima (art. 57 de la LGSS), si bien dicha modificación se realizará de manera progresiva, a lo largo de un período de diez años.

– Se crea un complemento económico para quienes hayan accedido a la jubilación anticipada de forma voluntaria entre el 1 de enero de 2002 y el 31 de diciembre de 2021, como máximo dos años antes de alcanzar la edad ordinaria de jubilación y reúnan los requisitos establecidos en la D.A. 1.ª de la Ley 21/2021, de 28 de diciembre.

2. ¿Cuáles son las diferencias entre la jubilación anticipada voluntaria e involuntaria?

La jubilación anticipada voluntaria permite retirarse hasta dos años antes de la edad estipulada, tras haber cotizado al menos 35 años, y la pensión resultante se reduce alrededor de entre un 21-2,81 % en función del periodo cotizado durante la vida laboral. En cuanto a la jubilación forzosa (por causa no imputable al trabajador), se podrá optar hasta cuatro años antes con 33 años cotizados y la pensión se reduce entre un 30-0,5 % en función del periodo cotizado durante la vida laboral.

2.2.3. Aplicación de coeficientes reductores por edad

Cuando para determinar la cuantía de una pensión de jubilación anticipada por voluntad del interesado hubieran de aplicarse coeficientes reductores por edad en el momento del hecho causante, aquellos se aplicarán sobre el importe de la pensión resultante de aplicar a la base reguladora el porcentaje que corresponda por meses de cotización (art. 210.3 de la LGSS, **con efectos de 01/04/2025**).

No obstante, en el supuesto de que el importe de la pensión resultante de aplicar a la base reguladora el porcentaje que corresponda en función de los meses de cotización acreditados fuese superior al límite de la cuantía inicial de las pensiones (art. 57 de la LGSS), los coeficientes reductores por edad se aplicarán sobre el indicado límite.

> **A TENER EN CUENTA.** Cuando la pensión supere el límite establecido para el importe de las pensiones, la D.T. 34.ª de la LGSS fija la aplicación gradual de coeficientes reductores de la edad de jubilación según lo previsto en el art. 210.3 de la LGSS. Sobre este aspecto resulta de interés el Criterio de Gestión del INSS n.º 4/2022, de 14 de enero de 2022 «Aplicación de la disposición transitoria trigésima cuarta del texto refundido de la Ley General de la Seguridad Social, añadida por la Ley 21/2021, de 28 de diciembre».

2.3. Jubilación anticipada por razón de actividad

El art. 206 de la Ley General de la Seguridad Social (LGSS) permite una jubilación anticipada por actividad en aquellos grupos o actividades profesionales cuyos trabajos sean de naturaleza excepcionalmente penosa, tóxica, peligrosa o insalubre y acusen elevados índices de morbilidad o mortalidad. Para esto, se establece reglamentariamente el procedimiento general para fijar los coeficientes reductores mediante el Real Decreto 1698/2011, de 18 de noviembre.

2.3.1. Beneficiarios y requisitos

La jubilación anticipada por razón de la actividad permite rebajar la edad ordinaria de jubilación sin aplicar coeficientes reductores de la pensión de jubilación. La LGSS dispone que un Real Decreto puede determinar cuáles son los grupos o actividades profesionales cuyos trabajos excepcionalmente penosos permiten dicho anticipo de la edad de jubilación. La citada ley exige que los trabajadores acrediten un mínimo de actividad en dicho trabajo.

103

La jubilación anticipada por razón de actividad encuentra su regulación en el artículo 206 de la LGSS.

CUESTIÓN

¿Qué novedades supuso en su momento la Ley 21/2021, de 28 de diciembre (reforma de las pensiones 2022) sobre la jubilación anticipada por razón de la actividad?

Se dio una nueva redacción al art. 206 de la LGSS con efectos de 01/01/2022:

— Nuevo procedimiento de solicitud.

— Se regulan por separado estos supuestos respecto de aquellos otros en los que la anticipación de la jubilación deriva de la situación de discapacidad del trabajador.

— Se deriva al reglamento el procedimiento general para establecer coeficientes reductores que permitan anticipar la edad de jubilación que serán, entre otras, la realización previa de estudios sobre siniestralidad en el sector, penosidad, peligrosidad y toxicidad de las condiciones del trabajo, su incidencia en los procesos de incapacidad laboral de los trabajadores y los requerimientos físicos o psíquicos exigidos para continuar con el desarrollo de la actividad a partir de una determinada edad.

— Se prevé el establecimiento de un procedimiento para la revisión de los coeficientes reductores de edad, con una periodicidad de diez años.

Requisitos para acceder a la jubilación anticipada por razón de la actividad

La edad mínima de acceso a la pensión de jubilación [art. 205.1.a) de la LGSS] podrá ser **rebajada** por real decreto, a propuesta del titular del Ministerio de Inclusión, Seguridad Social y Migraciones, en **aquellos grupos o actividades profesionales cuyos trabajos sean de naturaleza excepcionalmente penosa, tóxica, peligrosa o insalubre y acusen elevados** índices **de morbilidad o mortalidad,** siempre que los trabajadores afectados acrediten en la respectiva profesión o trabajo el mínimo de actividad que se establezca.

A tales efectos, reglamentariamente se determinará el procedimiento general para establecer **coeficientes reductores que permitan anticipar la edad de jubilación** en el sistema de la Seguridad Social, que incluirá, entre otras, la realización previa de estudios sobre siniestralidad en el sector, penosidad, peligrosidad y toxicidad de las condiciones del trabajo, su incidencia en los procesos de incapacidad laboral de los trabajadores y los requerimientos físicos o psíquicos exigidos para continuar con el desarrollo de la actividad a partir de una determinada edad.

A TENER EN CUENTA. El establecimiento de coeficientes reductores de la edad de jubilación **solo procederá cuando no sea posible la modificación de las condiciones de trabajo.**

2.3.2. Procedimiento para la solicitud de jubilación anticipada por razón de la actividad

El Real Decreto 1698/2011, de 18 de noviembre, instituye el procedimiento general para establecer coeficientes reductores y anticipar la edad de jubilación en el sistema de la Seguridad Social. Por su parte, el art. 206 de la LGSS posibilita la anticipación de la edad de jubilación con la aplicación de coeficientes reductores; igualmente, art. 26.4 de la LETA, posibilita la anticipación de la edad de jubilación en atención a la naturaleza tóxica, peligrosa o penosa de la actividad ejercida en el caso de los trabajadores autónomos.

Condiciones generales

En los términos que se establezcan reglamentariamente, el inicio del procedimiento deberá instarse conjuntamente por organizaciones empresariales y sindicales más representativas, si el colectivo afectado está constituido por trabajadores por cuenta ajena; y por asociaciones representativas de trabajadores autónomos y organizaciones empresariales y sindicales más representativas, cuando se trate de trabajadores por cuenta propia. Cuando el procedimiento afecte al personal de las administraciones públicas la iniciativa corresponderá conjuntamente a las organizaciones sindicales más representativas y a la administración de la que dependa el colectivo.

La **solicitud se presentará por medios telemáticos y deberá ir acompañada de la identificación de la actividad laboral** a nivel nacional a través de la categoría CNAE, subgrupo CNAE secundario, subgrupo y grupo de la clasificación nacional de actividades económicas, así como de la identificación de la ocupación o del grupo profesional, según el caso, especificando, en ambos supuestos, las funciones concretas que se desarrollan y que determinan que la actividad laboral que se realiza es de naturaleza excepcionalmente penosa, tóxica, peligrosa o insalubre y que acusa elevados índices de morbilidad o mortalidad.

Reglamentariamente se establecerán indicadores que acrediten la concurrencia de circunstancias objetivas que justifiquen la aplicación de tales coeficientes a partir de, entre otros, la incidencia, persistencia y duración de los procesos de baja laboral, así como las incapacidades permanentes o fallecimientos que se puedan causar. Su valoración corresponderá a una comisión integrada por los ministerios de Inclusión, Seguridad Social y Migraciones, Trabajo y Economía Social, y Hacienda y Función Pública, junto a las organizaciones empresariales y sindicales más representativas a nivel estatal que estará encargada de evaluar y, en su caso, instar la aprobación de los correspondientes reales decretos de reconocimiento de coeficientes reductores.

Con la finalidad de mantener el equilibrio financiero del sistema, **la aplicación de los coeficientes reductores que se establezcan llevará consigo un incremento en la cotización a la Seguridad Social**, a efectuar en relación con el colectivo, sector y actividad que se delimiten en la norma correspondiente, en los términos y condiciones que, asimismo, se establezcan. Dicho incremento consistirá en aplicar un tipo de cotización adicional sobre la base de cotización por contingencias comunes, tanto a cargo de la empresa como del trabajador.

Los **coeficientes reductores** para la anticipación de la edad de jubilación establecidos en su normativa específica **serán objeto de revisión cada diez años**, con sujeción al procedimiento que se determine reglamentariamente. Los efectos de la revisión de los coeficientes reductores para la anticipación de la edad de jubilación no afectarán a la situación de los trabajadores que, con anterioridad a la misma, hubiesen desarrollado su actividad y por los períodos de ejercicio de aquélla.

La aplicación de los correspondientes coeficientes reductores de la edad **en ningún caso** dará lugar a que **el interesado pueda acceder a la pensión de jubilación con una edad inferior a la de cincuenta y dos años.**

Los coeficientes reductores de la edad de jubilación no serán tenidos en cuenta, en ningún caso, a efectos de acreditar la exigida para acceder a la jubilación parcial, a los jubilados en una edad superior a la establecida (art. 201.2 de la LGSS), y a cualquier otra modalidad de jubilación anticipada.

Supuestos en los que procede el establecimiento de los coeficientes reductores o la anticipación de la edad de acceso a la jubilación

El establecimiento de coeficientes reductores o, en su caso, la anticipación de la edad para acceder a la jubilación anticipada se llevará cabo, en los términos y condiciones previstos en el **Real Decreto 1698/2011, de 18 de noviembre, por el que se regula el régimen jurídico y el procedimiento general para establecer coeficientes reductores y anticipar la edad de jubilación en el sistema de la Seguridad Social**, con respecto a actividades que necesariamente han de hallarse comprendidas en cualquiera de las siguientes (art. 2 del Real Decreto 1698/2011, de 18 de noviembre):

- Actividades laborales en las escalas, categorías o especialidades cuyo ejercicio implique el sometimiento a un **excepcional índice de penosidad, peligrosidad, insalubridad o toxicidad** y en las que se hayan comprobado unos elevados índices de morbilidad o mortalidad o la incidencia de enfermedades profesionales.

- Actividades laborales en las escalas, categorías o especialidades cuya realización, en función de los **requerimientos físicos o psíquicos exigidos para su desempeño**, resulten de excepcional penosidad y experimenten un incremento notable del índice de siniestralidad a partir de una determinada edad, conformado por el índice de accidentes de trabajo y/o el índice de enfermedades profesionales.

> **A TENER EN CUENTA.** También se tendrán en cuenta la morbilidad y mortalidad por enfermedad y su relación directa con el trabajo, y la incapacidad permanente derivada de enfermedad en los términos indicados en el art. 156.2.e) de la LGSS que se produzcan en grado superior a la media.

Reglas para la reducción de la edad de jubilación y para el cómputo del tiempo trabajado

El RD establece una serie de premisas generales:

- En ningún caso el interesado puede acceder a la pensión de jubilación con una edad inferior a los 52 años.

- La acreditación del tiempo de trabajo efectivo en las correspondientes actividades se deducirá de la información obrante en la Tesorería General de la Seguridad Social.

- Será requisito indispensable que quede acreditado que los interesados han realizado un tiempo de trabajo efectivo, en las actividades que den ocasión a la aplicación de los correspondientes coeficientes reductores equivalente al periodo mínimo de cotización exigido para acceder a la pensión de jubilación sin que este periodo exigible pueda ser superior a quince años.

- El período de tiempo en que resulte efectivamente reducida la edad de jubilación del trabajador se computará como cotizado para determinar el porcentaje aplicable a la correspondiente base reguladora para calcular el importe de la pensión de jubilación.

Para el cómputo del tiempo efectivamente trabajado, a efectos de la aplicación del coeficiente o de la anticipación de edad establecidas, se descontarán todas las faltas al trabajo, salvo las siguientes:

- Las que hayan sido causadas por incapacidad temporal derivada de enfermedad común o profesional, o de accidente, sea o no de trabajo.

- Las que tengan por motivo la suspensión del contrato de trabajo por maternidad, paternidad, adopción, acogimiento de menores, riesgo durante el embarazo o riesgo durante la lactancia natural.

- Los permisos y licencias retribuidos, disfrutados en virtud de las correspondientes disposiciones normativas o convencionales.

2.3.3. Cotización adicional

La aplicación de los beneficios establecidos en el real decreto analizado llevará consigo un incremento en la cotización a la Seguridad Social, a efectuar en relación con el colectivo, sector o actividad que se delimiten en la norma correspondiente, en los términos y condiciones que, asimismo, se establezcan (art. 146.4 de la LGSS).

Dicho incremento consistirá en aplicar un tipo de cotización adicional sobre la base de cotización por contingencias comunes, tanto a cargo de la empresa como del trabajador, o sobre la base de cotización única, en su caso.

CUESTIÓN

1. ¿En qué actividades se ha regulado la jubilación anticipada siguiendo lo establecido en el Real Decreto 1698/2011, de 18 de noviembre?

La mayoría de los colectivos a los que se aplica la jubilación anticipada por razón de actividad son anteriores al RD 1698/2011 [mineros (RD 3255/1983, de 21 de di-

---

ciembre), trabajadores ferroviarios (RD 2621/1986, de 24 de diciembre), personal de vuelo (RD 1559/1986, de 28 de junio) o bomberos (D.A. 22.ª de la Ley 40/2007, de 4 de diciembre y Real Decreto 383/2008, de 14 de marzo)]. Con posterioridad a la publicación del RD analizado encontramos el Real Decreto 1449/2018, de 14 de diciembre, por el que se establece el coeficiente reductor de la edad de jubilación en favor de los policías locales al servicio de las entidades que integran la Administración local.

2. ¿Los RD que regulen el acceso a la jubilación anticipada de cada colectivo pueden establecer requisitos no solicitados por el art. 206.1 de la LGSS?

Según la STS n.º1347/2024, de 17 de diciembre del 2024, ECLI:ES:TS:2024:6260, los Reales Decretos (RD) que regulen el acceso a la jubilación anticipada de cada colectivo no pueden establecer requisitos que no están solicitados por el artículo 206.1 de la Ley General de la Seguridad Social (LGSS). La sentencia argumenta que si el legislador ha querido exigir la permanencia en situación de alta en la Seguridad Social para el devengo de la jubilación anticipada, lo ha establecido expresamente para ciertos colectivos, como los miembros de la Ertzaintza, los Mossos d'Esquadra y la Policía Foral de Navarra. En el caso de los bomberos, al no estar regulado dicho requisito en la LGSS, el Tribunal considera que la exigencia introducida por el RD 383/2008 de que el solicitante de la pensión de jubilación permanezca de alta, infringe el principio de jerarquía normativa. Por lo tanto, los RD no pueden imponer requisitos adicionales que restrinjan el acceso a la pensión más allá de lo que establece la ley.

2.4. Jubilación anticipada de personas trabajadoras con discapacidad

La reducción de la edad de jubilación tiene su fundamento en el mayor esfuerzo y la penosidad que el desarrollo de una actividad profesional comporta para una persona trabajadora con discapacidad, por lo que ha posibilitado:

– Conforme al **Real Decreto 1539/2003, de 5 de diciembre**, la fijación de unos **coeficientes reductores de la edad de jubilación a favor de los trabajadores que acreditan un grado de discapacidad igual o superior al 65 por ciento**.

– Mediante el **Real Decreto 1851/2009, de 4 de diciembre**, se ha **fijado una edad de acceso a la jubilación anticipada** para personas trabajadoras con discapacidad en **grado igual o superior al 45 por ciento**, en lugar de la fijación de coeficientes reductores de la edad de jubilación. (STSJ de Castilla y León n.º 191/2015, de 25 de marzo de 2015, ECLI:ES:TSJCL:2015:1239).

Desde el **01/01/2022**, tras las modificaciones introducidas por la Ley 21/2021, de 28 de diciembre, este tipo de jubilación se regula en el **artículo 206 bis de la LGSS**.

Se dispone en el citado artículo que, la edad mínima de acceso a la pensión de jubilación [art. 205.1.a) de la LGSS] podrá ser reducida en el caso de personas con discapacidad en un grado **igual o superior al 65 por ciento**, en los términos contenidos en el correspondiente real decreto acordado a propuesta del titular del Ministerio de Inclusión, Seguridad Social y Migraciones, o también en un grado de discapacidad igual o superior al **45 por ciento**, siempre que, en este último supuesto, se trate de discapacidades reglamentariamente determinadas respecto de las que existan evidencias contrastadas que determinan de forma generalizada una reducción significativa de la esperanza de vida.

La aplicación de los correspondientes coeficientes reductores de la edad en ningún caso dará lugar a que **el interesado pueda acceder a la pensión de jubilación con una edad inferior a la de cincuenta y dos años**.

Los coeficientes reductores de la edad de jubilación no serán tenidos en cuenta, en ningún caso, a efectos de acreditar la exigida para acceder a la jubilación parcial, a los beneficios establecidos en el art. 210.2 de la LGSS, y a cualquier otra modalidad de jubilación anticipada.

A TENER EN CUENTA.

- **Derecho de opción**: las personas trabajadoras que reúnan las condiciones exigidas para acogerse a lo establecido en el Real Decreto 1851/2009, de 4 de diciembre y el Real Decreto 1539/2003, de 5 de diciembre, podrán optar por la aplicación del que les resulte más favorable.

- La Ley 21/2021, de 28 de diciembre, establece en su **D.A. 4.ª relativa a la mejora del marco regulador del acceso a la pensión de jubilación de las personas con discapacidad**, lo siguiente sobre los dos reales decretos citados al inicio de este tema:

«El Gobierno remitirá a la Comisión de Seguimiento y Evaluación de los Acuerdos del Pacto de Toledo, en el plazo de seis meses, un informe acerca de los aspectos relacionados con la protección social de las personas con discapacidad que se recogen en la recomendación 18 del Pacto de Toledo. Se prestará una atención particular a los problemas que afecten al colectivo de personas con discapacidad que presentan mayores dificultades de acceso al mercado de trabajo como las personas con parálisis cerebral, con trastorno de la salud mental o con discapacidad intelectual, incluidas las personas con trastorno del espectro del autismo, con un grado de discapacidad reconocido igual o superior al 33 por ciento, así como las personas con discapacidad física o sensorial con un grado de discapacidad reconocido igual o superior al 65 por ciento.

A partir de este informe, y en el plazo de tres meses adicionales, el Gobierno impulsará una reforma del marco regulador establecido en los Reales Decretos 1539/2003, de 5 de diciembre, por el que se establecen coeficientes reductores de la edad de jubilación a favor de los trabajadores que acreditan un grado importante de minusvalía y 1851/2009, de 4 de diciembre, por el que se desarrolla el artículo 161 bis de la Ley General de la Seguridad Social en cuanto a la anticipación de la jubilación de los trabajadores con discapacidad en grado igual o superior al 45 por ciento».

JURISPRUDENCIA

STS n.º 52/2024, de 16 de enero del 2024, ECLI:ES:TS:2024:747

Reconocimiento del derecho a acceder a una incapacidad permanente cuando el solicitante se encuentra en la situación de jubilación anticipada a la que ha accedido por aplicación de los coeficientes correctores por discapacidad, dándose la circunstancia de que no ha cumplido los 65 años (reitera doctrina STS n.º 379/2022, de 27 de abril de 2022, ECLI:ES:TS:2022:1726).

RESOLUCIONES RELEVANTES

STSJ de Asturias n.º 284/2023, de 21 de febrero de 2023, ECLI:ES:TSJAS:2023:454

La Sala de lo Social entiende que cabe la jubilación anticipada en los supuestos donde, cumpliendo los demás requisitos legalmente exigidos, exista un grado de discapacidad del 45 por 100, aunque ese porcentaje se alcance añadiendo a la enfermedad principal otras dolencias secundarias o concurrentes.

STSJ de Murcia, rec. 13/2021, de 1 de marzo de 2022, ECLI:ES:TSJMU:2022:377

Jubilación de los trabajadores con discapacidad igual o superior al 45 por 100. Se exige acreditar un periodo trabajado de quince años, afectado por ese grado de discapacidad.

2.4.1. Jubilación anticipada de trabajadores con una discapacidad igual o superior al 65 por 100: Real Decreto 1539/2003, de 5 de diciembre

Beneficiarios/requisitos

Los trabajadores por cuenta ajena incluidos en los Regímenes General y Especiales Agrario, de Trabajadores del Mar y de la Minería del Carbón que realicen una actividad retribuida y durante ésta acrediten un grado de minusvalía igual o superior al 65 por 100.

Tanto la reducción de la edad como el cómputo, a efectos de cotización, del tiempo en que resulte reducida aquélla, serán de aplicación aunque la pensión se cause en cualquier otro régimen de la Seguridad Social (D.A. Única Real Decreto 1539/2003, de 5 de diciembre).

CUESTIÓN

¿Los trabajadores autónomos pueden acogerse a la jubilación anticipada por discapacidad igual o superior al 65 %?

El Real Decreto 1539/2003, de 5 de diciembre, no recoge la aplicación de la jubilación anticipada de trabajadores con una discapacidad igual o superior al 65 por 100 para los trabajadores autónomos con discapacidad.

Reducción de la edad de jubilación

La edad ordinaria exigida para el acceso a la pensión de jubilación se reducirá en un período equivalente al que resulte de aplicar al tiempo efectivamente trabajado los coeficientes que se indican, siempre que durante los períodos de trabajo realizados se acrediten los siguientes grados de discapacidad:

- El coeficiente del 0,25, en los casos en que el trabajador tenga acreditado un grado de discapacidad igual o superior al 65 por 100.

– El coeficiente del 0,50, en los casos en que el trabajador tenga acreditado un grado de discapacidad igual o superior al 65 por 100 y acredite la necesidad del concurso de otra persona para la realización de los actos esenciales de la vida ordinaria.

Para el **cómputo del tiempo efectivamente trabajado**, se descontarán todas las faltas al trabajo, salvo las bajas médica por enfermedad común o profesional, o accidente (sea o no laboral), las que tengan por motivo la suspensión del contrato de trabajo por maternidad, adopción, acogimiento o riesgo durante el embarazo y las autorizadas reglamentariamente con derecho a retribución.

Cálculo de la pensión

El período de tiempo en que resulte reducida la edad de jubilación del trabajador se computará como cotizado al exclusivo efecto de determinar el porcentaje aplicable para calcular el importe de la pensión de jubilación (art. 5 del RD 1539/2003, de 5 de diciembre).

Para el cómputo del tiempo efectivamente trabajado, a efectos de la aplicación de los coeficientes, se descontarán todas las faltas al trabajo, salvo las siguientes:

– Las que tengan por motivo la baja médica por enfermedad común o profesional, o accidente, sea o no de trabajo.

– Las que tengan por motivo la suspensión del contrato de trabajo por maternidad, adopción, acogimiento o riesgo durante el embarazo.

– Las autorizadas en las correspondientes disposiciones laborales con derecho a retribución.

Efectos de los coeficientes en la jubilación en otros regímenes

Tanto la reducción de la edad como el cómputo, a efectos de cotización, del tiempo en que resulte reducida aquélla, serán de aplicación aunque la pensión se cause en cualquier otro régimen de la Seguridad Social.

Acreditación de la minusvalía

La existencia de la minusvalía, así como del grado correspondiente, se acreditarán mediante certificación del Instituto de Mayores y Servicios Sociales o del órgano correspondiente de la respectiva comunidad autónoma que haya recibido la transferencia de las funciones y servicios de aquél (art. 3 del RD 1539/2003, de 5 de diciembre).

Cuando no sea posible la expedición de certificación por los órganos antes mencionados, por tratarse de períodos anteriores a la asunción de competencias en la materia por éstos, la existencia de la minusvalía podrá acreditarse por certificación o acto administrativo de reconocimiento de dicha condición, expedido por el organismo que tuviese tales atribuciones en cada momento, y, en su defecto, por cualquier otro medio de prueba que se considere suficiente por la Entidad gestora de la Seguridad Social.

2.4.2. Jubilación anticipada de trabajadores con una discapacidad igual o superior al 45 por 100: Real Decreto 1851/2009, de 4 de diciembre

La Ley General de la Seguridad Social, prevé que la edad ordinaria de acceso a la pensión de jubilación podrá reducirse en el caso de trabajadores con un **grado de discapacidad igual o superior al 45 por 100**, siempre que se trate de discapacidades reglamentariamente determinadas en las que concurran evidencias que determinan de forma generalizada y apreciable una reducción de la esperanza de vida de esas personas.

Mediante el **Real Decreto 370/2023, de 16 de mayo**, la reglamentación contenida en el Real Decreto 1851/2009, de 4 de diciembre, ha sufrido una serie de actualizaciones encaminadas a flexibilizar la jubilación anticipada para las personas trabajadoras con discapacidad superior al 45 por cien:

- En primer lugar, **se modifica el título de la norma** que pasará a ser *«Real Decreto 1851/2009, de 4 de diciembre, por el que se desarrolla el texto refundido de la Ley General de la Seguridad Social, aprobado por el Real Decreto Legislativo 8/2015, de 30 de octubre, en cuanto a la anticipación de la jubilación de las personas trabajadoras con discapacidad en grado igual o superior al 45 por ciento».*

- Se **reduce a cinco años el período de tiempo durante el cual debe acreditarse haber cotizado** estando afecto de una discapacidad en grado igual o superior al 45 por cien debido a alguna de las patologías relacionadas en el nuevo anexo, si bien teniendo que acreditar también que la patología se ha padecido durante el período de quince años exigidos para alcanzar la pensión de jubilación.

- Se **suprime la relación de patologías determinantes de la reducción de la edad de jubilación, a fin de ubicarlas en el nuevo anexo**, al que se podrán ir incorporando nuevas patologías y al cual se remite la nueva redacción del art. 2 del RD.

- Se establece **que la persona trabajadora acredite, mediante informe médico, que ha estado afectada por alguna de las patologías relacionadas en el anexo, así como la fecha de inicio o manifestación de la misma**, sin perjuicio de seguir exigiendo que la acreditación de que la discapacidad deriva de dicha patología y de que el grado ha sido igual o superior al 45 % durante al menos cinco años deba efectuarse necesariamente mediante certificación del Instituto de Mayores y Servicios Sociales o del órgano correspondiente de la respectiva comunidad autónoma que haya recibido la transferencia de las funciones y servicios de aquel, la cual deberá indicar, en todo caso, la fecha en que se ha iniciado o se ha manifestado la discapacidad.

– Para acoger la doctrina de la STS n.º 729/2017, de 27 de septiembre de 2017, ECLI:ES:TS:2017:3590 (donde se establece que es posible computar otras dolencias no listadas a efectos de acreditar el porcentaje de discapacidad requerido), se establece (art. 5) **la forma en que debe tenerse en cuenta la concurrencia en la persona trabajadora de patologías generadoras de discapacidad distintas de las recogidas en el anexo** a efectos de anticipar su edad de jubilación.

– Se incluye una **nueva D. F. 4.ª** para autorizar la aprobación, mediante orden de la persona titular del Ministerio de Inclusión, Seguridad Social y Migraciones, de un procedimiento para la **inclusión de nuevas patologías** generadoras de discapacidad, la cual fija algunas pautas, tales como el establecimiento de una comisión técnica, que será la encargada de proponer la incorporación de nuevas patologías en el anexo para garantizar la objetividad del procedimiento.

– Se incluye **un anexo** al que se incorporan las patologías generadoras de discapacidad —se mantienen las mismas discapacidades que pueden dar lugar a la reducción de la edad de jubilación que relacionaba el artículo 2 en su anterior redacción—, al que se irán **incorporando las nuevas patologías**.

Beneficiarios/requisitos

Los trabajadores por cuenta ajena y por cuenta propia incluidos en cualquiera de los regímenes que integran el Sistema de la Seguridad Social, que acrediten, a lo largo de su vida laboral haber trabajado un tiempo efectivo equivalente, al menos, al período mínimo de cotización que se exige para poder acceder a la pensión de jubilación, estando **afectados durante ese tiempo por alguna de las patologías generadoras de discapacidad** (anexo del Real Decreto 1851/2009, de 4 de diciembre) y dentro de ese período durante **al menos cinco años con un grado de discapacidad igual o superior al 45 por ciento**, motivado por las mismas patologías.

> **A TENER EN CUENTA.** Desde el 01/06/2023, en el periodo de cotización exigido para la jubilación anticipada deberá acreditarse que, al menos, 5 años lo fueron con un grado de discapacidad del 45 por ciento (hasta el 31/05/2023 se exigían 15 años). Del mismo modo, a la hora de determinar el grado de discapacidad, se podrán agregar nuevas patologías.

> **JURISPRUDENCIA**
>
> **STS n.º 353/2024, de 23 de febrero, ECLI:ES:TS:2024:1074**
>
> Derecho a la pensión de jubilación anticipada por discapacidad en grado igual o superior al 45 %. Exigencia de discapacidad listada, en grado igual o superior al 45 % y cotización efectiva de 15 años.
>
> **STS n.º 81/2024, de 23 de enero, ECLI:ES:TS:2024:298**
>
> El Tribunal Supremo concluye que, aunque la trabajadora había recibido diversos grados de discapacidad a lo largo del tiempo, no se había demostrado que siempre hubiese trabajado con la misma discapacidad y que las distintas revisiones afectaron a su cotización, lo que la llevó a no cumplir con el periodo mínimo exigido. Por ende, se valoró que no había prueba suficiente para acreditar el derecho a la jubilación anticipada por discapacidad derivada de poliomielitis contraída en la infancia.

Discapacidades que pueden dar lugar a la reducción de la edad de jubilación

En cuanto a la anticipación de la jubilación de los trabajadores con discapacidad en grado igual o superior al 45 por 100, a los efectos de la aplicación de lo establecido en el art. 206 bis LGSS, las discapacidades en las que concurren evidencias que determinan de forma generalizada y apreciable una reducción de la esperanza de vida y que podrán dar lugar a la anticipación de la edad de jubilación regulada en este real decreto, son las siguientes (art. 2 y anexo del RD 1851/2009, de 4 de diciembre):

– Discapacidad intelectual (antes retraso mental).

– Parálisis cerebral.

– Anomalías genéticas:

  • Síndrome de Down.

  • Síndrome de Prader Willi.

  • Síndrome X frágil.

  • Osteogénesis imperfecta.

  • Acondroplasia.

  • Fibrosis Quística.

  • Enfermedad de Wilson.

– Trastornos del espectro autista.

– Anomalías congénitas secundarias a Talidomida.

– Secuelas de polio o síndrome postpolio.

– Daño cerebral (adquirido):

  • Traumatismo craneoencefálico.

  • Secuelas de tumores del SNC, infecciones o intoxicaciones.

– Enfermedad mental:

  • Esquizofrenia.

  • Trastorno bipolar.

– Enfermedad neurológica:

  • Esclerosis Lateral Amiotrófica.

  • Esclerosis múltiple.

  • Leucodistrofias.

  • Síndrome de Tourette.

  • Lesión medular traumática.

Edad mínima de jubilación

La edad mínima de jubilación de las personas afectadas, en un grado igual o superior al 45 por ciento, por una discapacidad que pueden dar lugar a la reducción de la edad de jubilación será, excepcionalmente, la de **56 años** (art. 2-3 del Real Decreto 1851/2009, de 4 de diciembre).

Cómputo del tiempo trabajado

Para el cómputo del tiempo efectivo trabajado, a efectos de la aplicación de lo previsto en el RD 1851/2009, de 4 de diciembre se descontarán todas las ausencias al trabajo, excepto las siguientes:

- Las que tengan por motivo la baja médica por enfermedad común o profesional, o accidente, sea o no de trabajo.

- Las que tengan por motivo la suspensión del contrato de trabajo por maternidad, paternidad, adopción, acogimiento, riesgo durante el embarazo o riesgo durante la lactancia natural.

- Las ausencias del trabajo con derecho a retribución.

Acreditación de la discapacidad

La afectación de la persona trabajadora por alguna de las patologías generadoras de discapacidad (anexo del Real Decreto 1851/2009, de 4 de diciembre), habrá de acreditarse mediante informe médico que deberá indicar, en todo caso, la fecha en que se ha iniciado o se ha manifestado la patología, ya sea esta la fecha del nacimiento o una posterior.

La acreditación de que la discapacidad deriva de una de las patologías relacionadas en el anexo del Real Decreto 1851/2009, de 4 de diciembre y de que el grado de discapacidad ha sido igual o superior al 45 por ciento durante al menos cinco años deberá efectuarse en todo caso mediante certificación del Instituto de Mayores y Servicios Sociales o del órgano correspondiente de la respectiva comunidad autónoma que haya recibido la transferencia de las funciones y servicios de aquel, debiendo indicar, también en todo caso, la fecha en que se ha iniciado o se ha manifestado la discapacidad (art. 5 del Real Decreto 1851/2009, de 4 de diciembre).

Situación de alta o asimilada

Será requisito indispensable para acceder a la jubilación anticipada de trabajadores con discapacidad en grado igual o superior al 45 por 100, la condición de hallarse en alta o en situación asimilada a la de alta en la fecha del hecho causante.

Cálculo de la pensión de jubilación

El período de tiempo en que resulte reducida la edad de jubilación del trabajador se computará como cotizado al exclusivo efecto de determinar el porcentaje aplicable a la correspondiente base reguladora para calcular el importe de la pensión de jubilación.

Evaluación y seguimiento

El seguimiento y evaluación de las solicitudes de jubilación anticipada será evaluado y seguido por el Instituto Nacional de la Seguridad Social y el Instituto Social de la Marina realizarán.

Procedimiento de inclusión de nuevas patologías generadoras de discapacidad

La D. F. 4.ª del Real Decreto 1851/2009, de 4 de diciembre autoriza la aprobación, mediante orden de la persona titular del Ministerio de Inclusión, Seguridad Social y Migraciones, de un procedimiento para la inclusión de nuevas patologías generadoras de discapacidad igual o superior al 45 por 100. Según la norma el procedimiento deberá habilitarse antes del 1 de diciembre de 2023.

3.
JUBILACIÓN DEMORADA O POR ENCIMA DE LA EDAD ORDINARIA

La jubilación voluntaria demorada es la posibilidad reconocida a las personas trabajadoras (por cuenta propia o ajena) de que, una vez cumplida la edad ordinaria de jubilación y una serie de requisitos, se prolongue la vida laboral con beneficios en la prestación de jubilación futura (art. 210 de la LGSS).

De este forma, cuando se acceda a la pensión de jubilación a una **edad superior a la ordinaria aplicada** en cada momento [art. 205.1.a) de la LGSS], siempre que al cumplir esta edad se hubiera **reunido el período mínimo de cotización** [art. 205.1.b) de la LGSS], se reconocerá al interesado un **complemento económico** que se abonará (a elección del interesado) de alguna de las siguientes maneras que analizaremos.

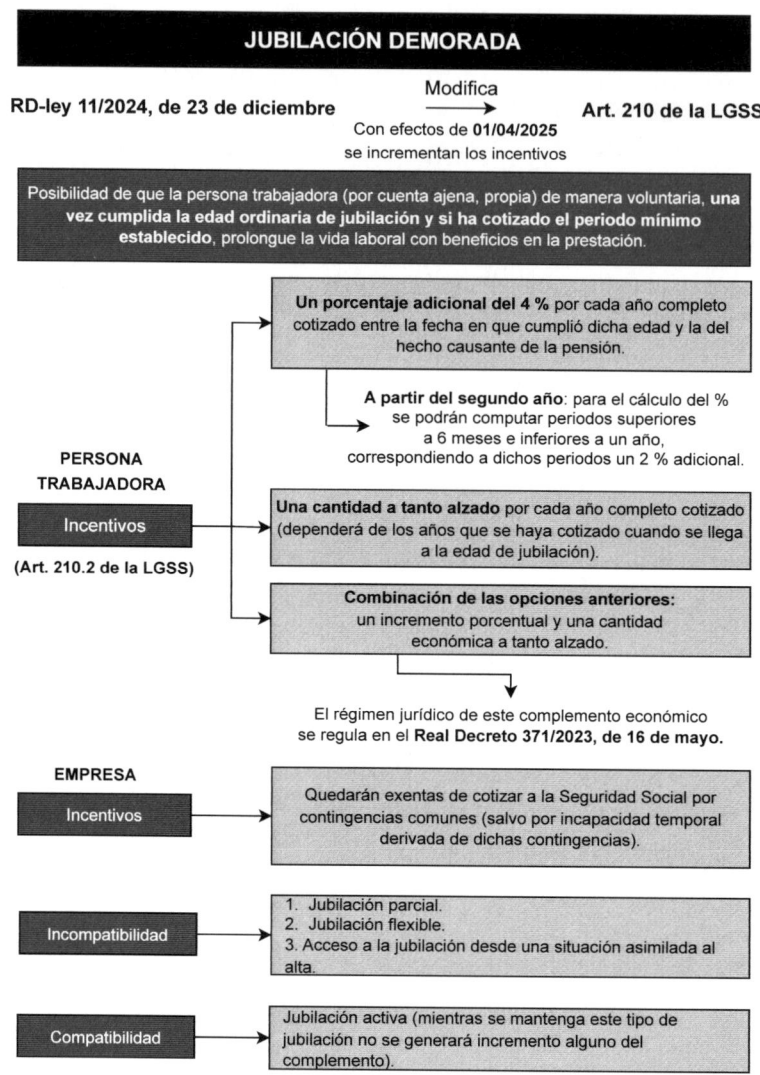

Modalidades de abono del complemento económico

Se ofrecen tres tipos de incentivos:

Un porcentaje adicional del 4 por ciento por cada año completo cotizado entre la fecha en que cumplió dicha edad y la del hecho causante de la pensión

A partir del segundo año completo de demora, para el cálculo del porcentaje se podrán computar periodos superiores a 6 meses e inferiores a un año, correspondiendo a dichos periodos un 2 por ciento adicional.

> **A TENER EN CUENTA**. La nueva regulación desde el 01/04/2025 incluye la posibilidad de recibir un incentivo adicional por cada seis meses de demora del momento de jubilarse a partir del segundo año de haber cumplido la edad legal de jubilación, y no sólo cada doce meses.

Especificaciones:

– El porcentaje adicional obtenido según lo establecido en los párrafos anteriores se sumará al que con carácter general corresponda al interesado [apdo. 1.a) del art. 210 de la LGSS], aplicándose el porcentaje resultante a la respectiva base reguladora a efectos de determinar la cuantía de la pensión, que no podrá ser superior en ningún caso al límite de la cuantía inicial de las pensiones establecido en el art. 57 de la LGSS.

– En el supuesto de que la cuantía de la pensión reconocida alcance el indicado límite sin aplicar el porcentaje adicional o aplicándolo solo parcialmente, el interesado tendrá derecho, además, a percibir anualmente una cantidad cuyo importe se obtendrá aplicando al importe de dicho límite vigente en cada momento el porcentaje adicional no utilizado para determinar la cuantía de la pensión, redondeado a la unidad más próxima por exceso. La citada cantidad se devengará por meses vencidos y se abonará en catorce pagas, sin que la suma de su importe y el de la pensión o pensiones que tuviera reconocidas el interesado, en cómputo anual, pueda superar la cuantía del tope máximo de la base de cotización vigente en cada momento, también en cómputo anual [arts. 210.2.a) de la LGSS y 2 del Real Decreto 371/2023, de 16 de mayo].

Una cantidad a tanto alzado, cuya cuantía vendrá determinada en función de los años de cotización acreditados en la fecha en que se cumpla la edad ordinaria de jubilación

La segunda opción consiste en una cantidad a tanto alzado, cuya cuantía vendrá determinada en función de los años de cotización acreditados en la fecha en que cumplió la edad ordinaria de jubilación [apdo. 1.a) del art. 205 de la LGSS], siendo la fórmula de cálculo la siguiente [arts. 210.2.a) y b) de la LGSS y 2-3 del Real Decreto 371/2023, de 16 de mayo]:

– Si ha cotizado menos de 44 años y 6 meses:

Pago único = 800 (Pensión inicial anual/500) 1/1,65

– Si ha cotizado, al menos, 44 años y 6 meses la cifra anterior se aumenta en un 10 %:

Pago único = 880 (Pensión inicial anual/500) 1/1,65

Especificaciones:

– A partir del segundo año completo de demora, para el cálculo del complemento se podrán computar periodos superiores a 6 meses e inferiores a un año, correspondiendo a dichos periodos el resultado de multiplicar la cuantía de la formula anterior por 0,5.

119

‖ Opción mixta (combinación de las opciones anteriores)

Las personas interesadas podrán optar por esta modalidad de pago del complemento cuando acrediten, al menos, dos años completos cotizados entre la fecha en que cumplieron la edad ordinaria de jubilación aplicable y la del hecho causante de la pensión de jubilación, siempre que al cumplir esa edad se hubiera reunido el periodo mínimo de cotización establecido [art. 205.1.b) de la LGSS]. En este caso, el complemento se fijará del siguiente modo:

- Para el **cómputo del período cotizado** a considerar, se tomarán años completos, sin que se equipare a un año la fracción del mismo.

- Cuando entre la fecha de cumplimiento de la edad ordinaria de jubilación aplicable y la del hecho causante de la pensión de jubilación se acredite un **periodo de dos a diez años completos cotizados**, el complemento consistirá en la suma de:

  - Un porcentaje adicional del 4 por ciento por cada año de la mitad de ese período, tomando el número entero inferior. Se aplicarán a este porcentaje las previsiones establecidas en el artículo 210.2.a) de la Ley General de la Seguridad Social.

  - Una cantidad a tanto alzado por el resto del periodo considerado, determinada de acuerdo con lo indicado en el art. 210.2 b) de la Ley General de la Seguridad Social y en el art. 2.1.b) del Real Decreto 371/2023, de 16 de mayo.

- Cuando entre la fecha de cumplimiento de la edad ordinaria de jubilación aplicable y la del hecho causante de la pensión se acredite un **periodo de once o más años completos cotizados**, el complemento consistirá en la suma de:

  - Una cantidad a tanto alzado por cinco años de ese período, determinada de acuerdo con lo indicado en el art. 210.2 b) de la Ley General de la Seguridad social y en el art. 2.1.b) del Real Decreto 371/2023, de 16 de mayo.

  - Un porcentaje adicional del 4 por ciento por cada uno de los años restantes, al que se aplicarán las previsiones establecidas en el art. 210.2.a) de la Ley General de la Seguridad Social.

Para cualquier modalidad elegida:

- La elección se llevará a cabo por una sola vez en el momento en que se adquiere el derecho a percibir el complemento económico, no pudiendo ser modificada con posterioridad. De no ejercitarse esta facultad, se aplicará el porcentaje adicional del 4 por ciento [arts. 210.2.c) de la LGSS y 2-3 del Real Decreto 371/2023, de 16 de mayo]. Es decir, una vez elegida la modalidad a la que se refiere el apartado anterior, no podrá ser modificada con posterioridad (art. 5 del Real Decreto 371/2023, de 16 de mayo).

- La percepción de este complemento en todas las modalidades es compatible con el acceso a la jubilación activa regulada en el art. 214 de la LGSS. En todo caso, mientras se mantenga este tipo de jubilación no se generará incremento alguno del complemento.

- Este beneficio no será de aplicación en los supuestos de jubilación parcial, ni en el de jubilación flexible [art. 213.1 (párrafo 2.º) de la LGSS], ni en los supuestos de acceso a la jubilación desde una situación asimilada al alta.

- Adicionalmente, se aplica una **exención de la obligación de cotizar por contingencias comunes**, salvo en el caso de incapacidad temporal, a partir del cumplimiento de la edad de jubilación ordinaria que corresponda en cada caso. Esta opción se extiende también a los pensionistas del régimen de clases pasivas (modificación del art. 152 de la LGSS).

- **La jubilación demorada en el supuesto de aplicación de normas internacionales cuenta con reglas especiales** (art. 4 del Real Decreto 371/2023, de 16 de mayo). Cuando la pensión contributiva que determina el derecho al complemento se cause por totalización de períodos de seguro a *prorrata temporis* en aplicación de normativa internacional, el importe real del complemento será el siguiente:

  • Si se ha optado por el porcentaje adicional [art. 2.1.a) del Real Decreto 371/2023, de 16 de mayo], a este se sumará el porcentaje que corresponda con carácter general (art. 210.1 de la LGSS), aplicándose la suma resultante a la base reguladora a efectos de determinar la pensión teórica, que no podrá ser superior en ningún caso al límite establecido (art. 57 de la LGSS). Al resultado obtenido se le aplicará la *prorrata temporis* que corresponda por la totalización de períodos de seguro.

  • En el supuesto de que la cuantía de la pensión teórica alcance el límite establecido en el artículo 57 del texto refundido de la Ley General de la Seguridad Social sin aplicar el porcentaje adicional o aplicándolo solo parcialmente, la persona interesada tendrá derecho a percibir la cuantía resultante de aplicar a la cantidad a que se refiere el tercer párrafo del art.210.2.a) de la LGSS prorrata aplicada a la pensión a la que acompaña.

  • En caso de haberse optado por la cantidad a tanto alzado [art. 2.1.b) del Real Decreto 371/2023, de 16 de mayo], el importe del complemento a tanto alzado será el resultado de aplicar a dicha cantidad la prorrata aplicada a la pensión a la que acompaña.

  • Si se ha optado por una combinación de porcentaje y cantidad a tanto alzado [art. 2.1. c) del Real Decreto 371/2023, de 16 de mayo], el importe real del complemento será el resultado de aplicar respectivamente a cada uno de ellos las reglas previstas en los apartados anteriores.

CUESTIONES

1. ¿Cómo puedo calcular mi futura pensión en caso de prolongar mi vida laboral?

El simulador de jubilación disponible en el portal «Tu Seguridad Social» permite hacer una estimación de la pensión de jubilación con los parámetros indicados.

2. ¿Las clases pasivas del Estado tienen derecho a estos incentivos a la prolongación de la vida laboral?

Sí. También podrán elegir entre las tres opciones desarrolladas. No obstante, con carácter previo, deberán comunicar su intención de demorar su jubilación a los servicios de recursos humanos de su centro de trabajo para que les autoricen esta posibilidad.

3. ¿Cómo se solicita el incentivo?

El modelo oficial de solicitud de pensión de jubilación tiene un apartado para los supuestos de prolongación de la edad de jubilación donde permite escoger entre las tres posibilidades (aumento porcentual sobre su futura pensión, cheque con una cantidad a tanto alzado o una combinación de ambas). El cálculo lo realizará la TGSS de forma automática.

4. Si una persona trabajadora opta por la jubilación demorada, ¿qué beneficios tiene para las empresas?

La cotización al Régimen General a partir de la edad de jubilación se regula en el art. 152 de la LGSS. Las empresas y las personas trabajadoras quedarán exentas de cotizar a la Seguridad Social por contingencias comunes, salvo por incapacidad temporal derivada de dichas contingencias.

5. Las diferentes modalidades de cobro en caso de jubilación demorada, ¿cómo tributan en el IRPF?

La DGT se ha pronunciado sobre estos aspectos en las Resoluciones vinculantes n.º V2575-22; V2576-22; V2577-22 y V2581-22. Conforme con la normativa que se analiza en las citadas resoluciones, se descarta la aplicación de la reducción del 30 % del art. 18.2 de la LIRPF [no operativa en las prestaciones del art. 17.2.a) de la LIRPF], pero sí resultará aplicable la reducción del 30 % del art. 18.3 de la LIRPF sobre el complemento económico de jubilación demorada tanto en el supuesto de «una cantidad a tanto alzado (…)» del art. 210.2.b) y c) de la LGSS.

6. ¿Es posible compatibilizar el complemento por jubilación demorada y la jubilación activa?

Desde el 01/04/2025, los incentivos de la jubilación demorada son compatibles con los beneficios de la jubilación activa (compatibilizar trabajo y pensión). Cada año en que se compatibilice trabajo y pensión se incrementará también el incremento a aplicar en la prestación. Si la demora es de un año, el porcentaje correspondiente de la pensión será del 45 %; si la demora es de cinco o más años, podrá percibirse hasta el 100 % de la prestación.

Además, el porcentaje de la pensión se irá incrementando cinco puntos porcentuales por cada 12 meses de actividad profesional ininterrumpida, sin que, en ningún caso, se supere el 100 % de la pensión.

4.
JUBILACIÓN FLEXIBLE

La jubilación flexible es una situación que permite a las personas jubiladas compatibilizar su pensión de jubilación con un trabajo a tiempo parcial. El desarrollo reglamentario se encuentra en el Real Decreto 1131/2002, de 31 de octubre.

4.1. Definición de jubilación flexible y regímenes a los que se puede aplicar

Se considera como situación de jubilación flexible la derivada de la posibilidad de compatibilizar, una vez causada, la pensión de jubilación con un trabajo a tiempo parcial, dentro de los límites de jornada a que se refiere el art. 12.6 del ET. Es decir, nuestro ordenamiento jurídico **permite que las personas jubiladas puedan compatibilizar su pensión de jubilación con un trabajo a tiempo parcial.** Durante dicha situación, se minorará el percibo de la pensión en proporción inversa a la reducción aplicable a la jornada de trabajo del pensionista en relación a la de un trabajador a tiempo completo comparable (art. 213.1 de la LGSS).

A estos efectos, se entiende por «trabajador a tiempo completo comparable» a un trabajador a tiempo completo de la misma empresa y centro de trabajo, con el mismo tipo de contrato de trabajo y que realice un trabajo idéntico o similar. Si en la empresa no hubiera ningún trabajador comparable a tiempo completo, se considerará la jornada a tiempo completo prevista en el convenio colectivo aplicable o, en su defecto, la jornada máxima legal.

El desarrollo reglamentario de esta prestación lo encontramos en el Real Decreto 1131/2002, de 31 de octubre, por el que se regula la Seguridad Social de los trabajadores contratados a tiempo parcial, así como la jubilación parcial.

Será de aplicación a todos los regímenes de la Seguridad Social, salvo a los Regímenes Especiales de los Funcionarios Civiles del Estado, de las Fuerzas Armadas y del personal al servicio de la Administración de

Justicia. (STSJ de Andalucía n.º 3236/1999, de 30 de septiembre 1999, ECLI:ES:TSJAND:1999:11836).

APLICACIÓN	Todos los Regímenes de la Seguridad Social. • Excepción Regímenes Especiales de los Funcionarios Civiles del Estado, de las fuerzas armadas y del personal al servicio de la Administración de Justicia.
CUANTÍA	• La pensión de jubilación que percibe el pensionista se reducirá en proporción a la jornada de trabajo. • El importe de la pensión a percibir se reducirá en proporción inversa a la reducción de la jornada de trabajo realizada por el pensionista, en relación a la de un trabajador a tiempo completo comparable. • La minoración de la cuantía de la pensión tendrá efectos desde el día en que comience la realización de las actividades.
LÍMITES DE REDUCCIÓN DE JORNADA	Entre un mínimo del 25 por 100 y un máximo del 50 por 100 en relación a un trabajador a tiempo completo comparable. Por tanto, el jubilado debe realizar una jornada de entre el 75 % y el 50 % de la jornada de trabajo a tiempo completo.
BENEFICIARIOS	Jubilados que se reincorporan a la actividad laboral compatibilizando la pensión de jubilación con un contrato a tiempo parcial.
COMUNICACIÓN	De forma previa a la realización del contrato a tiempo parcial se comunicará a la entidad gestora.
RECÁLCULO DE LA PENSIÓN	Las cotizaciones efectuadas en las actividades realizadas durante la suspensión parcial del percibo de la pensión de jubilación surtirán efectos para la mejora de la pensión, una vez producido el cese en el trabajo.
RESTABLECIMIENTO DEL PERCIBO ÍNTEGRO DE LA PENSIÓN DE JUBILACIÓN	Recálculo de la cuantía conforme a las reglas siguientes: • Se recalcula la base reguladora, mediante el cómputo de las nuevas cotizaciones y aplicando las reglas vigentes en el momento del cese en la actividad, salvo que la aplicación de esta regla diese como resultado una reducción del importe de la base reguladora anterior, en cuyo caso, se mantendrá esta última, si bien aplicando a la cuantía de la pensión las revalorizaciones habidas desde la fecha de determinación de la base reguladora hasta la del cese en el trabajo. • Las cotizaciones efectuadas, tras la minoración del importe de la pensión de jubilación darán lugar a la modificación del porcentaje aplicable a la base reguladora, en función del nuevo período de cotización acreditado. Además, surtirán efectos para disminuir o, en su caso, suprimir el coeficiente reductor que se hubiese aplicado, en el momento de causar el derecho a la pensión de jubilación anticipada por tener o no la condición de mutualista.

A TENER EN CUENTA. En el plazo de seis meses desde el 24/12/2024, la D.A. 2.ª del Real Decreto-ley 11/2024, de 23 de diciembre, obliga a analizar los requisitos establecidos en el Real Decreto 1132/2002, de 31 de octubre, de desarrollo de determinados preceptos de la Ley 35/2002, de 12 de julio, de medidas para el establecimiento de un sistema de jubilación gradual y flexible para incentivar esta modalidad de jubilación.

JURISPRUDENCIA

STS n.º 650/2020, de 15 de julio de 2020, ECLI:ES:TS:2020:2578

No es posible compatibilizar la jubilación flexible con una actividad por cuenta propia que requiere el encuadramiento en el Régimen Especial de Trabajadores por cuenta propia o autónomos.

CUESTIONES

1. ¿En qué se diferencia la jubilación flexible de la jubilación parcial?

A grandes rasgos, en la jubilación parcial el interesado se encuentra prestando servicios y opta por acceder a la jubilación dejando de realizar una parte de su jornada. Con la jubilación flexible, el interesado (ya jubilado) renuncia durante un tiempo a parte de su prestación para trabajar a jornada parcial.

2. ¿Sería posible compatibilizar la percepción de la pensión de jubilación con la actividad como presidente/administrador de una empresa en régimen de jubilación flexible?

Con carácter general, no cabe el encuadramiento del administrador o consejero en el Régimen General de la Seguridad Social a tiempo parcial, siendo únicamente posible esa afiliación y alta a tiempo parcial cuando quede cumplidamente acreditado que aquéllos prestan sus servicios para varias empresas, puesto que entonces, no cabe exigirle su alta a tiempo completo en todas ellas, pero aun entonces, el conjunto de tiempos asegurados debiera alcanzar la jornada completa que en todo caso le es exigible. (STS, rec. 4335/2001, de 1 de julio de 2002, ECLI:ES:TS:2002:9113 y STS, rec. 329/2006, de 27 de marzo de 2007, ECLI:ES:TS:2007:2504).

La jubilación flexible consiste en compatibilizar la pensión de jubilación, una vez causada, con un trabajo a tiempo parcial. Ya que no es posible suscribir válidamente un contrato parcial como administrador, tampoco podría accederse a la jubilación flexible en el supuesto planteado. (STS n.º 1022/2018, de 17 de octubre de 2018, ECLI:ES:TSJM:2018:9704).

3. ¿Quién no puede acceder a la jubilación flexible?

La jubilación flexible no es posible en los Regímenes Especiales de los Funcionarios Civiles del Estado, de las Fuerzas Armadas o del personal al servicio de la Administración de Justicia.

El sistema de jubilación parcial para trabajadores autónomos no se ha regulado por el momento. En el Régimen Especial de Trabajadores Autónomos, por lo tanto, no sería posible el acceso a la jubilación flexible.

4.2. Particularidades de la jubilación flexible

El pensionista de jubilación, antes de **iniciar las actividades** realizadas mediante contrato a tiempo parcial, deberá **comunicar** tal circunstancia a la entidad gestora respectiva (mediante el modelo oficial al efecto).

El importe de la pensión a percibir se reducirá en proporción inversa a la reducción de la jornada de trabajo por el pensionista, en relación a la de un trabajador a tiempo completo comparable.

La minoración de la cuantía de la pensión tendrá efectos desde el día en que comience la realización de las actividades.

La falta de comunicación en los términos indicados tendrá como efectos, el carácter indebido de la pensión, en el importe correspondiente a la actividad a tiempo parcial, desde la fecha de inicio de las correspondientes actividades y la obligación de reintegro de lo indebidamente percibido, sin perjuicio de las sanciones que procedan (LISOS).

Durante el percibo de la pensión de jubilación flexible, los titulares de la misma **mantendrán la condición de pensionista a efectos de reconocimiento y percibo de las prestaciones sanitarias** (art. 9 del Real Decreto 1132/2002, de 31 de octubre).

La pensión de jubilación flexible será **incompatible** con las pensiones de incapacidad permanente que pudieran corresponder por la actividad desarrollada, con posterioridad al reconocimiento de la pensión de jubilación, cualquiera que sea el Régimen en que se causen aquellas. (**STS n.º 650/2020, de 15 de julio de 2020, ECLI:ES:TS:2020:2578**).

El percibo de la pensión de jubilación flexible será **compatible** con las prestaciones de incapacidad temporal o de nacimiento y cuidado del menor, derivadas de la actividad efectuada a tiempo parcial (art. 7.2 del Real Decreto 1131/2002, de 31 de octubre).

El art. 210.2 de la LGSS (último párrafo) establece que los beneficios establecidos en caso de jubilación demorada no son aplicables a los supuestos de jubilación flexible.

> **CUESTIÓN**
>
> **¿Qué sucede si el jubilado que percibe prestación comienza a prestar servicios a tiempo parcial sin solicitar la jubilación flexible?**
>
> No se le puede aplicar la regulación por la que se permite compatibilizar, en ciertas circunstancias, la jubilación con un trabajo a tiempo parcial. Es decir, se aplicaría la regla general conforme a la cual la jubilación es incompatible con toda actividad laboral y, por tanto, al no haberse reconocido la jubilación flexible, se ha de reintegrar todo lo indebidamente percibido por incompatibilidad. (En este sentido: STSJ de Galicia, rec. 2081/2020, de 16 de octubre de 2020, ECLI:ES:TSJGAL:2020:5882).

4.3. Cese de actividades tras la jubilación flexible: efectos y recálculo de la pensión

Las cotizaciones durante el tiempo en que se compatibilice jubilación y prestación de servicios tendrán efectos en el importe de la pensión de jubilación del pensionista una vez esta se produzca. (**STSJ de Madrid n.º 522/2016, de 5 de junio de 2016, ECLI:ES:TSJM:2016:6553**).

Una vez comunicado el cese en la realización de las actividades a la entidad gestora competente, se restablecerá el percibo íntegro de la pensión de jubilación, modificada su cuantía, en su caso, por aplicación de las reglas siguientes (art. 8 del Real Decreto 1132/2002, de 31 de octubre y criterio de la TGSS):

- **Se procederá a calcular de nuevo la base reguladora**, mediante el cómputo de las nuevas cotizaciones y aplicando las reglas vigentes en el momento del cese en la actividad, salvo que la aplicación de lo establecido en esta regla diese como resultado una reducción del importe de la base reguladora anterior, en cuyo caso, se mantendrá esta última, si bien aplicando a la cuantía de la pensión las revalorizaciones habidas desde la fecha de determinación de la base reguladora hasta la del cese en el trabajo.

- Las **cotizaciones efectuadas tras la minoración del importe de la pensión de jubilación**:

  • Darán lugar a la modificación del porcentaje aplicable a la base reguladora, en función del nuevo período de cotización acreditado.

  • Surtirán efectos para disminuir o, en su caso, suprimir el coeficiente reductor que se hubiese aplicado, en el momento de causar el derecho a la pensión de jubilación anticipada por tener o no la condición de mutualista.

- **Si el trabajador falleciese durante la situación de jubilación flexible**, a efectos del cálculo de las prestaciones por muerte y supervivencia que correspondan, los beneficiarios podrán optar por que aquellas se calculen:

  • Desde la situación de activo del causante.

  • O, en su caso, desde la situación de pensionista. En este supuesto, se tomará como base reguladora la que sirvió para la determinación de la pensión de jubilación, aplicándose las revalorizaciones habidas desde el momento en que se determinó la correspondiente base reguladora.

JURISPRUDENCIA

STS, rec. 4335/2001, de 1 de julio de 2002, ECLI:ES:TS:2002:9113, y STS, rec. 329/2006, de 27 de marzo de 2007, ECLI:ES:TS:2007:2504

Entienden que, con carácter general, no cabe el encuadramiento del administrador o consejero en el Régimen General de la Seguridad Social a tiempo parcial, siendo únicamente posible esa afiliación y alta a tiempo parcial cuando quede cumplidamente acreditado que aquellos prestan sus servicios para varias empresas, puesto que entonces, no cabe exigirle su alta a tiempo completo en todas ellas, pero aun entonces, el conjunto de tiempos asegurados debiera alcanzar la jornada completa que, en todo caso, le es exigible.

RESOLUCIONES RELEVANTES

STSJ de Madrid, rec. 877/2023, de 24 de abril del 2024, ECLI:ES:TSJM:2024:4994

«El disfrute de la pensión de vejez será compatible con el mantenimiento de la titularidad del negocio de que se trate y con el desempeño de las funciones inherentes a dicha titularidad»

«(...) presumiéndose la compatibilidad por el reconocimiento de jubilación flexible no se puede presumir, a su vez, por el mero hecho del alta en el RETA, cuando este se basa en una titularidad accionarial, que se perciba una retribución por un trabajo por cuenta propia a jornada completa pues la titularidad accionarial puede conllevar, por supuesto, ingresos económicos, pero estos no son retributivos de un trabajo sino de una propiedad, y la función directiva que no está establecida como retribuida en los estatutos, aparece entonces como mero instrumento del ejercicio del control de la sociedad coherente con la titularidad de la misma. En definitiva, no hay base para entender que el actor haya incurrido en la incompatibilidad que alega la entidad gestora, máxime teniendo en cuenta que la propia jubilación reconocida se redujo en un porcentaje relevante para hacerla compatible con el trabajo parcial».

STSJ de Madrid n.º 262/2005, de 22 de abril de 2005, ECLI:ES:TSJM:2005:4544

Resuelve un supuesto en el que el actor siendo también perceptor de pensión de jubilación, solicita autorización de la reiniciación de su actividad laboral a tiempo parcial, por 8 horas semanales, para realizar trabajos de colaboración en una empresa cuyo accionariado es de carácter familiar. El INSS reconoció la jubilación flexible minorando la pensión al porcentaje del 75 por 100, y mediante resolución de la TGSS se resolvió anular el alta del demandante de 1 de enero de 2003 y tramitar su alta en el RETA, al ser titular el actor de 200 de las 500 participaciones sociales de la empresa y poseer junto con su esposa el 80 por ciento del capital social con efectivo control sobre la sociedad. Iniciado expediente de revisión de oficio por el INSS se dictó resolución de 8 de junio de 2004 por la que se revoca la resolución de 14 de febrero de 2003 sobre situación de jubilación flexible cursándose baja en la pensión y reclamando el reintegro de prestaciones indebidas. **En ese caso la sala argumenta que la interpretación sistemática de los arts. 4 y 5 del RD 1123/2002; 166 y la D.A. 8.ª de la LGSS, regulan exclusivamente el contrato celebrado entre empresario y trabajador, y no el trabajo por cuenta propia, porque no cabe el alta parcial en el régimen especial que encuadra a estos trabajadores, ya que la actividad profesional de un autónomo, por su propia naturaleza, no está sometida en principio a límites temporales.**

5.
JUBILACIÓN PARCIAL

La llamada jubilación parcial es una modalidad de jubilación en la que la persona trabajadora pasa (una vez cumplida cierta edad) de un contrato a tiempo completo a uno a tiempo parcial y accede a la pensión de jubilación por la parte correspondiente al resto de la jornada laboral. En función de la edad a la que se acceda a esta modalidad la jubilación parcial resultará obligatorio (o no) concertar un contrato de relevo con otra persona desempleada por el tiempo de jornada reducido.

Mediante esta modalidad, la persona trabajadora reduce su jornada en parte proporcional a su salario pero cobrará un porcentaje de su pensión de jubilación. Es decir, el jubilado parcial recibirá el salario en proporción al porcentaje de jornada laboral que realice y un porcentaje de la pensión de jubilación en proporción a la jornada reducida.

5.1. Posibilidades de acceso a la jubilación parcial

Actualmente la jubilación parcial se divide en **tres posibilidades** reguladas en el art. 215, DD.TT. 4.ª, y 7.ª de la LGSS y RD 1131/2002, de 31 de octubre, de una forma un tanto engorrosa, y han sido modificadas, **con efectos de 01/04/2025,** por el Real Decreto-ley 11/2024, de 23 de diciembre.

- **Jubilación a tiempo parcial cumplida la edad ordinaria de jubilación y cumpliendo los requisitos necesarios para causar derecho a la misma (art. 215.1 de la LGSS).** Se permite el acceso a esta modalidad de jubilación para las personas trabajadoras que hayan cumplido la edad de jubilación y tengan el periodo de cotización suficiente cuando reduzcan su jornada en un concreto porcentaje respecto a un trabajador a tiempo completo comparable (entre el 25 y el 75 %) —en este caso **no se exige la realización de un contrato de relevo** de forma simultánea—.

- Jubilación a tiempo parcial anterior a la edad ordinaria de jubilación, pero con un determinado periodo de cotización y antigüedad en la empresa (art. 215.2 de la LGSS). Consiste en el acuerdo entre el empresario y el trabajador para que este último reduzca su jornada y su salario y, simultáneamente, acceda a la condición de pensionista de jubilación, siempre y cuando cumpliera todos los requisitos, salvo la edad, para acceder a la jubilación. Así se compagina la percepción del salario y de la parte de pensión correspondiente a la jornada que se reduce. La parte de jornada dejada vacante por el jubilado parcial ha de cubrirse con un contrato de relevo con el que ha de existir correspondencia entre las bases de cotización —en este caso se exige la realización de un contrato de relevo de forma simultánea—.

- Jubilación parcial para trabajadores de la industria manufacturera. Cuando el trabajador que solicite el acceso a la jubilación parcial realice directamente funciones que requieran esfuerzo físico o alto grado de atención en tareas de fabricación, elaboración o transformación, así como en las de montaje, puesta en funcionamiento, mantenimiento y reparación especializados de maquinaria y equipo industrial en empresas clasificadas como industria manufacturera. En estos casos se aplica la normativa anterior a la Ley 27/2011, de 1 de agosto (donde se permite la jubilación parcial con simultánea celebración de contrato de relevo) para pensiones causadas antes del 1 de enero de 2030 siempre que se acrediten una serie de requisitos (D.T. 4.ª.6 de la LGSS, según redacción aportada por Real Decreto-ley 11/2024, de 23 de diciembre, con efectos de 01/04/2025).

La percepción de la pensión de jubilación parcial será compatible con el puesto de trabajo a tiempo parcial resultante de la reducción de jornada (art. 215.4 de la LGSS).

Podrán acogerse a la jubilación parcial los socios trabajadores o de trabajo de las cooperativas, asimilados a trabajadores por cuenta ajena (art. 14 de la LGSS), que reduzcan su jornada y derechos económicos en las condiciones previstas en el art. 12.6 del Estatuto de los Trabajadores, y cumplan los requisitos establecidos, cuando la cooperativa concierte con un socio de duración determinada de la misma o con un desempleado la realización, en calidad de socio trabajador o de socio de trabajo, de la jornada dejada vacante por el socio que se jubila parcialmente, con las mismas condiciones establecidas para la celebración de un contrato de relevo.

5.2. Requisitos para el acceso a la jubilación parcial

Las **tres posibilidades de jubilación parcial** tienen distintos requisitos de acceso **(con efectos de 01/04/2025)**:

	Jubilación parcial posterior a la edad ordinaria de jubilación —SIN contrato de relevo— **(art. 215.1 de la LGSS)**	**Jubilación parcial anterior a la edad ordinaria de jubilación —CON contrato de relevo—** **(art. 215.2 de la LGSS)**	**Industria manufacturera** **(D.T. 4.ª.6 de la LGSS).**
Edad	La ordinaria para la jubilación según el art. 205.1.a) de la LGSS.	Tres años antes, como máximo, a la edad ordinaria de jubilación establecida en cada momento según el art. 205.1.a) de la LGSS.	61 años.
Reducción de jornada	Mínimo del 25 por 100 y un máximo del 75 por 100.	Un mínimo del 25 por 100 y un máximo del 75 por 100. Si se da una anticipación del acceso a la jubilación parcial en más de dos años respecto de la edad ordinaria de jubilación: - El primer año: entre un 20 y un 33 por 100. - A partir del segundo año: entre un 25 y 75 por 100.	Mínimo del 25 y 67 por 100. Máximo del 80 por 100 cuando el contrato de relevo sea a jornada completa y por tiempo indefinido.
Período de cotización mínimo previo	Los necesarios para tener derecho a la pensión de jubilación en cada momento.	33 años en la fecha del hecho causante de la jubilación parcial. En caso de personas con discapacidad en grado igual o superior al 33 %: 25 años.	33 años en la fecha del hecho causante de la jubilación parcial. En caso de personas con discapacidad en grado igual o superior al 33 por 100: 25 años.
Antigüedad en la empresa	No se exige	6 años inmediatamente anteriores a la fecha de la jubilación parcial.	6 años inmediatamente anteriores a la fecha de la jubilación parcial.

Cotización	Empresa y trabajador relevado cotizarán por la base de cotización que hubiese correspondido de no existir reducción de jornada.	La base de cotización del trabajador relevista no podrá ser inferior al 65 % del promedio de las bases de cotización correspondientes a los seis últimos meses del período de base reguladora de la pensión de jubilación parcial del relevado. Sin perjuicio de la reducción de jornada, durante el período de disfrute de la jubilación parcial, empresa y trabajador cotizarán por la base de cotización que, en su caso, hubiese correspondido al realista de seguir trabajando a jornada completa.	La base de cotización del trabajador relevista no podrá ser inferior al 65 % del promedio de las bases de cotización correspondientes a los seis últimos meses del período de base reguladora de la pensión de jubilación parcial del relevado. La cotización del relevista no podrá ser inferior al 80 % de la base de cotización que hubiese correspondido al jubilado parcial de seguir trabajando a jornada completa de acuerdo con la escala de la D.T. 4.ª.6.g) de la LGSS .

5.2.1. Jubilación parcial tras cumplir la edad de jubilación: jubilación parcial sin contrato de relevo

Los trabajadores que hayan cumplido la edad ordinaria de jubilación y reúnan los requisitos para causar derecho a la pensión de jubilación, siempre que se produzca una reducción de su jornada de trabajo comprendida entre un mínimo del 25 por 100 y un máximo del 75 por 100 (50 %, con anterioridad al 01/04/2025), podrán acceder a la jubilación parcial sin necesidad de la celebración simultánea de un contrato de relevo. Los porcentajes indicados se entenderán referidos a la jornada de un trabajador a tiempo completo comparable (art. 215.1 de la LGSS, Real Decreto 1131/2002, de 31 de octubre y Real Decreto-ley 11/2024, de 23 de diciembre).

Este supuesto necesita el **período mínimo de cotización** y el cumplimiento de la edad mínima establecidos para el acceso a la jubilación ordinaria que en cada caso resulte de aplicación.

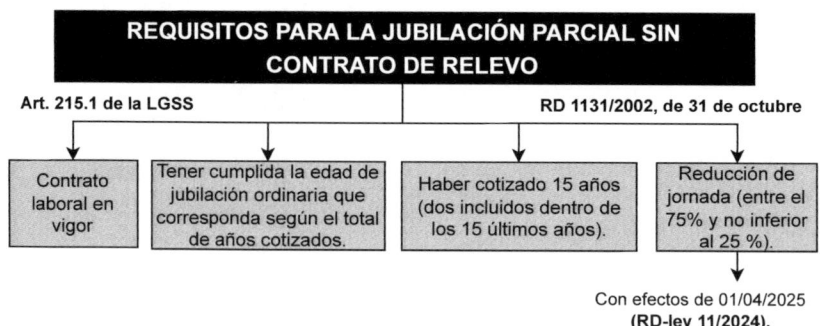

132

JURISPRUDENCIA

STS, rec. 720/2010 de 16 de diciembre de 2010, ECLI:ES:TS:2010:7636

Se reitera que la D.A. 2.ª del Real Decreto 1131/2002, de 31 de octubre, constituye «un precepto regulador de la responsabilidad civil que se deriva del incumplimiento por parte del empleador de su obligación de mantener a un relevista durante todo el tiempo que media entre la jubilación parcial de uno de sus trabajadores y la jubilación ordinaria, o la anticipada, de este». (STS, rec. 3147/2008, de 8 de julio de 2009, ECLI:ES:TS:2009:5464).

«(...) el plazo de quince días del apartado 3 de la D.A. 2.ª RD 1131/2002 es imperativo y apunta a una obligación de resultado, por lo que la empresa no queda exonerada con el mero hecho de haber gestionado la contratación de trabajadores a través de la Oficina de Empleo (STS de 9 de febrero de 2010 —rcud. 2334/2009— y 13 de marzo de 2010 —rcud. 2244/2009—, antes citadas).

Respecto de esta cuestión de la falta de contratación en el plazo establecido de quince días, esta sala ha entendido que la responsabilidad empresarial habría de atemperarse al periodo en que efectivamente no se hubiera producido la cobertura del puesto de trabajo, de suerte que no sería posible atribuir a la empresa el importe de toda la prestación si, pese a no cumplir con el plazo, acaba por contratar a un trabajador relevista. En este último caso, la obligación de reintegro se ajustará al periodo en que se mantuvo la jubilación parcial sin contrato de relevo paralelo».

5.2.2. Jubilación parcial con anterioridad a la edad de jubilación: jubilación parcial con contrato de relevo

Tras las modificaciones normativas realizadas por el Real Decreto-ley 11/2024, de 23 de diciembre, para la mejora de la compatibilidad de la pensión de jubilación con el trabajo, podemos diferenciar distintos requisitos en función de la fecha del hecho causante:

REQUISITOS PARA LA JUBILACIÓN PARCIAL CON CONTRATO DE RELEVO

HASTA 31/03/2025

Art. 215 de la LGSS
(en su redacción vigente hasta 31/03/2025)

RD 1131/2002, de 31 de octubre

Contrato laboral a **jornada completa** en vigor.	El requisito de **edad** y **cotización** necesaria se aplicarán de forma gradual en los términos establecidos en la D.T. 10.ª de la LGSS hasta el 2027.	**Antigüedad** en la empresa: al menos seis años inmediatamente anteriores a la fecha de la jubilación parcial.	**Reducción de jornada del relevado:** entre el 25% y el **50%**.

75 % si el contrato de relevo es a jornada completa y por tiempo indefinido.

Con carácter general: 33 años de cotización.
Personas con discapacidad igual o superior al 33 %: 25 años de cotización.
Hasta abril 2025:
  - 62 años y 8 meses: 36 años y 3 meses o más cotizados.
  - 64 años y 4 meses: 33 años cotizados.
Debe existir una **correspondencia entre las bases de cotización** del trabajador relevista y del jubilado parcial.

DURACIÓN CONTRATO RELEVO : el tiempo que le falte al trabajador relevado para alcanzar la edad de jubilación [art. 205.1 a) de la LGSS]. En caso del 75% de reducción: indefinido y a tiempo completo y deberá mantenerse 2 años.

DESDE 01/04/2025

Art. 215 de la LGSS
(en su redacción vigente desde 01/04/2025)

RD-ley 11/2024, de 23 de diciembre

Contrato laboral a **jornada completa** en vigor.	**Edad** que sea inferior en tres años, como máximo, a la edad que en cada caso resulte de aplicación	**Antigüedad** en la empresa: al menos seis años inmediatamente anteriores a la fecha de la jubilación parcial.	**Reducción de jornada del relevado:** entre el 25% y el **75%**.

Jubilación parcial en más de 2 años respecto de la edad ordinaria de jubilación: el primer año reducción entre el 20 y el 33%.

Con carácter general: 33 años de cotización.
Personas con discapacidad igual o superior al 33 %: 25 años de cotización.
Se suprime la D.T. 10.ª de la LGSS donde se regulaba un periodo transitorio hasta el año 2027 incrementando edad y cotización necesaria para el acceso a esta modalidad de jubilación.
Debe existir una **correspondencia entre las bases de cotización** del trabajador relevista y del jubilado parcial no inferior al 65% del promedio de las bases de cotización.

DURACIÓN CONTRATO RELEVO : indefinido y a tiempo completo. Deberán mantenerse al menos durante los 2 años posteriores a la extinción de la jubilación parcial. [art. 205.1 e) de la LGSS].

Como hemos indicado, regulación aportada por el Real Decreto-ley 11/2024, de 23 de diciembre al art. 215 de la LGSS, con efectos de 01/04/2025, ha modificado significativamente la de la jubilación parcial con anterioridad a la edad de jubilación y las condiciones del contrato de relevo necesarias al efecto.

a) Los trabajadores a tiempo completo podrán acceder a la jubilación parcial cuando reúnan los siguientes requisitos:

– **Edad y acreditación de cotización previa.** Tener cumplida en la fecha del hecho causante una edad que sea **inferior en tres años,** como máximo, a la edad que en cada caso resulte de aplicación [art. 205.1.a) de la LGSS], y acreditar un **periodo de cotización de 33 años**, sin que, a tales efectos, se tengan en cuenta las bonificaciones o anticipaciones de la edad de jubilación que pudieran ser de aplicación al interesado, ni la parte proporcional correspondiente por pagas extraordinarias.

En el supuesto de personas con discapacidad en grado igual o superior al 33 por ciento, el período de cotización de 33 años indicado en el párrafo anterior se reducirá al de veinticinco años.

– **Antigüedad en la empresa.** Acreditar un período de antigüedad en la empresa de, al menos, seis años inmediatamente anteriores a la fecha de la jubilación parcial.

– **Porcentaje de reducción de la jornada del trabajador relevado.** La reducción de su jornada de trabajo (respecto a una persona trabajadora a tiempo completo comparable) debe comprenderse entre un mínimo de un 25 por ciento y un máximo del 75.

En los supuestos de **anticipación del acceso a la jubilación parcial en más de dos años respecto de la edad ordinaria de jubilación,** la reducción de jornada de trabajo durante el primer año se fijará entre un 20 y un 33 por ciento. En estos casos, **a partir del segundo año** las partes podrán alterar la reducción de la jornada dentro de los márgenes establecidos en el párrafo anterior.

– **Base de cotización.** Que exista una correspondencia entre las bases de cotización del trabajador relevista y del jubilado parcial, de modo que la correspondiente al trabajador relevista no podrá ser inferior al 65 por ciento del promedio de las bases de cotización correspondientes a los seis últimos meses del período de base reguladora de la pensión de jubilación parcial.

– **Duración del contrato de relevo ligada a la jubilación y obligaciones en la sustitución del trabajador relevista.**

Los contratos de relevo que se establezcan como consecuencia de una jubilación parcial tendrán **carácter indefinido y a tiempo completo.** Estos contratos deberán mantenerse al menos durante los **dos años posteriores a la extinción de la jubilación parcial** [apdo. 2.e) del art. 205 de la LGSS].

En el supuesto de que el contrato de relevo se extinga antes de que el jubilado parcial acceda a la jubilación plena en cualquiera de sus modalidades, el empresario estará obligado a celebrar un nuevo contrato en los mismos términos del extinguido. En caso de incumplimiento por parte del empresario, de las condiciones establecidas en el presente artículo en materia de contrato de relevo, será responsable del reintegro de la pensión que haya percibido el pensionista a tiempo parcial.

b) Junto a las características descritas la empresa también debe tener presente una serie de requisitos:

– Para el cómputo de los **períodos de cotización:**

- Se tomarán períodos completos, sin que se equipare a un período la fracción del mismo.

- A los exclusivos efectos de determinar el periodo de cotización, sólo se computará el período de prestación del servicio militar obligatorio o de la prestación social sustitutoria, o del servicio social femenino obligatorio, con el límite máximo de un año.

- Sin perjuicio de la reducción de jornada, durante el período de disfrute de la jubilación parcial, **empresa y trabajador cotizarán por la base de cotización que, en su caso, hubiese correspondido de seguir trabajando este a jornada completa.**

– A los exclusivos efectos de determinar la **edad legal de jubilación:**

- Se considerará como tal la que le hubiera correspondido al trabajador de haber seguido cotizando durante el plazo comprendido entre la fecha del hecho causante de la jubilación parcial y el cumplimiento de la edad legal de jubilación que en cada caso resulte de la aplicación de lo establecido en el art. 205.1.a) de la LGSS.

– A los efectos de **acreditar un período de antigüedad en la empresa:**

- Se computará la antigüedad acreditada en la empresa anterior si ha mediado una sucesión de empresa en los términos previstos en el artículo 44 del texto refundido de la Ley del Estatuto de los Trabajadores, o en empresas pertenecientes al mismo grupo.

– **Compatibilidad efectiva entre trabajo y pensión:**

- En aquellos casos en los que se acceda a la jubilación parcial antes del cumplimiento de la edad legal de jubilación que en cada caso resulte de la aplicación, la compatibilidad efectiva entre trabajo y pensión permitirá, la **acumulación del tiempo de trabajo en periodos de días en la semana, semanas en el mes, meses en el año u otros periodos de tiempo,** de conformidad con lo dispuesto en pacto individual o, en su caso, en la negociación colectiva, en todas sus expresiones, incluido el acuerdo de centro de trabajo, sin que en ningún ámbito se pueda limitar o impedir su uso.

- La percepción de la pensión de jubilación parcial será compatible con el puesto de trabajo a tiempo parcial resultante de la reducción de jornada.

– Colectivos incluidos en la jubilación parcial con anterioridad a la edad de jubilación:

- Podrán acogerse a la jubilación parcial los **socios trabajadores o de trabajo de las cooperativas,** asimilados a trabajadores por cuenta ajena en los términos del artículo 14 de la LGSS, que reduzcan su jornada y derechos económicos en las condiciones previstas en Estatuto de los Trabajadores y cumplan los requisitos establecidos en el art. 215 de la LGSS, cuando la cooperativa concierte con un socio de duración determinada de la misma o con un desempleado la realización, en calidad de socio trabajador o de socio de trabajo en los mismos términos previstos en el Estatuto de los Trabajadores para el contrato de relevo por lo que afecta a la duración de la jornada y al vinculó como socio.

5.2.3. Jubilación parcial para trabajadores de la industria manufacturera

El RDL 20/2018, de 7 de diciembre, modificó en su momento la D.T. 4.ª de la LGSS, añadiendo un nuevo apartado, el sexto, en el que regula una nueva modalidad de jubilación parcial anticipada, que coexiste con la jubilación parcial ordinaria. Esta jubilación parcial anticipada es de aplicación exclusiva para la industria manufacturera y se rige por la normativa sobre regulación de la jubilación parcial vigente con anterioridad a la entrada en vigor de la Ley 27/2011, de 1 de agosto.

A TENER EN CUENTA. A pesar de que estas medidas se crearon para el mantenimiento de la normativa anterior con un margen temporal determinado (inicialmente 31/12/2022), actualmente su aplicación se ha extendido hasta el 01/01/2030 mediante la modificación de la citada D.T. 4.ª de la LGSS por el Real Decreto-ley 11/2024, de 23 de diciembre.

La D.T. 4.ª.6 de la LGSS (con efectos de 25/12/2025) regula la jubilación parcial en la industria manufacturera en los siguientes términos:

«6. Se seguirá aplicando la regulación para la modalidad de jubilación parcial con simultánea celebración de contrato de relevo, vigente con anterioridad a la entrada en vigor de la Ley 27/2011, de 1 de agosto, de actualización, adecuación y modernización del sistema de la Seguridad Social, a pensiones causadas antes del 1 de enero de 2030, siempre que se acrediten los siguientes requisitos:

a) Que el trabajador que solicite el acceso a la jubilación parcial realice directamente funciones que requieran esfuerzo físico o alto grado de atención en tareas de fabricación, elaboración o transformación, así como en las de montaje, puesta en funcionamiento, mantenimiento y reparación especializados de maquinaria y equipo industrial en empresas clasificadas como industria manufacturera.

b) Que el trabajador que solicite el acceso a la jubilación parcial acredite un período de antigüedad en la empresa de, al menos, seis años inmediatamente anteriores a la fecha de la jubilación parcial. A tal efecto, se computará la antigüedad acreditada en la empresa anterior si ha mediado una sucesión de empresa en los términos previstos en el artículo 44 del texto refundido de la Ley del Estatuto de los Trabajadores, aprobado por el Real Decreto Legislativo 2/2015, de 23 de octubre, o en empresas pertenecientes al mismo grupo.

c) Que en el momento del hecho causante de la jubilación parcial el porcentaje de trabajadores en la empresa cuyo contrato de trabajo lo sea por tiempo indefinido, supere el 75 por ciento del total de los trabajadores de su plantilla.

d) Que la reducción de la jornada de trabajo del jubilado parcial se halle comprendida entre un mínimo de un 25 por ciento y un máximo del 67 por ciento, o del 80 por ciento para los supuestos en que el trabajador relevista sea contratado a jornada completa mediante un contrato de duración indefinida. Dichos porcentajes se entenderán referidos a la jornada de un trabajador a tiempo completo comparable.

e) Que exista una correspondencia entre las bases de cotización del trabajador relevista y del jubilado parcial, de modo que la del trabajador relevista no podrá ser inferior al 65 por ciento del promedio de las bases de cotización correspondientes a los seis últimos meses del período de base reguladora de la pensión de jubilación parcial.

f) Que se acredite un período de cotización de treinta y tres años en la fecha del hecho causante de la jubilación parcial, sin que a estos efectos se tenga en cuenta la parte proporcional correspondiente por pagas extraordinarias. A estos exclusivos efectos, solo se computará el período de prestación del servicio militar obligatorio o de la prestación social sustitutoria, o del servicio social femenino obligatorio, con el límite máximo de un año.

En el supuesto de personas con discapacidad en grado igual o superior al 33 por ciento, el período de cotización exigido será de veinticinco años.

g) Sin perjuicio de la reducción de jornada a que se refiere la letra d), durante el período de disfrute de la jubilación parcial, empresa y trabajador cotizarán por el 80 por ciento de la base de cotización que, en su caso, hubiese correspondido al jubilado parcial de seguir trabajando este a jornada completa. Esta cotización se aplicará de forma gradual de acuerdo con la siguiente escala:

1.º Durante el año 2025, la base de cotización será equivalente al 40 por ciento de la base de cotización que hubiera correspondido a jornada completa.

2.º Durante el año 2026, la base de cotización será equivalente al 50 por ciento de la base de cotización que hubiera correspondido a jornada completa.

3.º Durante el año 2027, la base de cotización será equivalente al 60 por ciento de la base de cotización que hubiera correspondido a jornada completa.

4.º Durante el año 2028, la base de cotización será equivalente al 70 por ciento de la base de cotización que hubiera correspondido a jornada completa.

5.º Durante el año 2029, la base de cotización será equivalente al 80 por ciento de la base de cotización que hubiera correspondido a jornada completa.

A efectos de la aplicación de lo establecido en este apartado, la compatibilidad efectiva entre trabajo y pensión permitirá la acumulación del tiempo de trabajo en periodos de días en la semana, semanas en el mes, meses en el año u otros periodos de tiempo, de conformidad con lo dispuesto en pacto individual o, en su caso, en la negociación colectiva, en todas sus expresiones, incluido el acuerdo de centro de trabajo, sin que en ningún ámbito se pueda limitar o impedir su uso».

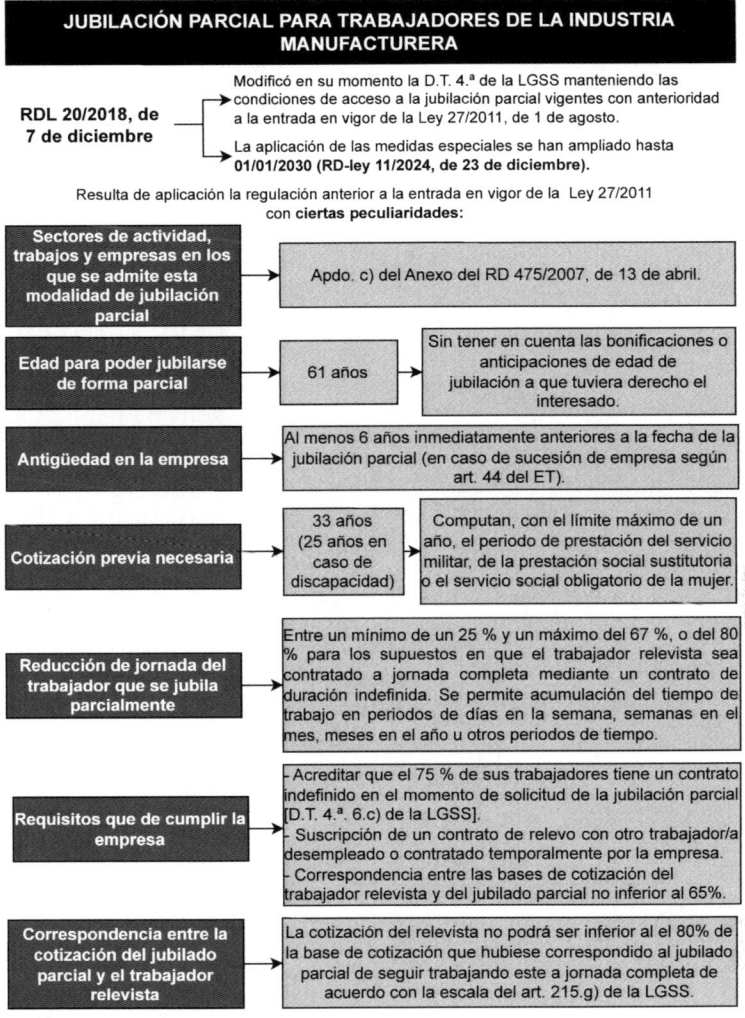

JUBILACIÓN PARCIAL PARA TRABAJADORES DE LA INDUSTRIA MANUFACTURERA

RDL 20/2018, de 7 de diciembre
→ Modificó en su momento la D.T. 4.ª de la LGSS manteniendo las condiciones de acceso a la jubilación parcial vigentes con anterioridad a la entrada en vigor de la Ley 27/2011, de 1 de agosto.
→ La aplicación de las medidas especiales se han ampliado hasta **01/01/2030 (RD-ley 11/2024, de 23 de diciembre).**

Resulta de aplicación la regulación anterior a la entrada en vigor de la Ley 27/2011 con **ciertas peculiaridades:**

Sectores de actividad, trabajos y empresas en los que se admite esta modalidad de jubilación parcial → Apdo. c) del Anexo del RD 475/2007, de 13 de abril.

Edad para poder jubilarse de forma parcial → 61 años → Sin tener en cuenta las bonificaciones o anticipaciones de edad de jubilación a que tuviera derecho el interesado.

Antigüedad en la empresa → Al menos 6 años inmediatamente anteriores a la fecha de la jubilación parcial (en caso de sucesión de empresa según art. 44 del ET).

Cotización previa necesaria → 33 años (25 años en caso de discapacidad) → Computan, con el límite máximo de un año, el periodo de prestación del servicio militar, de la prestación social sustitutoria o el servicio social obligatorio de la mujer.

Reducción de jornada del trabajador que se jubila parcialmente → Entre un mínimo de un 25 % y un máximo del 67 %, o del 80 % para los supuestos en que el trabajador relevista sea contratado a jornada completa mediante un contrato de duración indefinida. Se permite acumulación del tiempo de trabajo en periodos de días en la semana, semanas en el mes, meses en el año u otros periodos de tiempo.

Requisitos que de cumplir la empresa → - Acreditar que el 75 % de sus trabajadores tiene un contrato indefinido en el momento de solicitud de la jubilación parcial [D.T. 4.ª. 6.c) de la LGSS].
- Suscripción de un contrato de relevo con otro trabajador/a desempleado o contratado temporalmente por la empresa.
- Correspondencia entre las bases de cotización del trabajador relevista y del jubilado parcial no inferior al 65%.

Correspondencia entre la cotización del jubilado parcial y el trabajador relevista → La cotización del relevista no podrá ser inferior al 80% de la base de cotización que hubiese correspondido al jubilado parcial de seguir trabajando este a jornada completa de acuerdo con la escala del art. 215.g) de la LGSS.

CUESTIONES

1. Tras las modificaciones realizadas en el régimen transitorio de jubilación parcial de la industria manufacturera por el Real Decreto-ley 11/2024, de 23 de diciembre, ¿Qué novedades se aplicarán hasta el 31 de diciembre de 2029?

- Deben cumplirse los requisitos de la citada D.T. 4.ª de la LGSS.

- El requisito del porcentaje de trabajadores con contrato indefinido deberá superar el **75 %** del total de su plantilla.

- Durante el período de disfrute de la jubilación parcial, empresa y trabajador cotizarán por el 80 % de la base de cotización que hubiese correspondido al jubilado parcial a jornada completa. Esta cotización se aplicará de forma gradual año a año, empezado con un 40 % durante el año 2025 y acabando en un 80 % en 2029.

2. ¿Para qué actividades se encuentra estipulada este tipo de jubilación parcial?

Solamente afectará a los trabajadores que realicen funciones que requieran esfuerzo físico o alto grado de atención en tareas de fabricación, elaboración o transformación, así como en las de montaje, puesta en funcionamiento, mantenimiento y reparación especializados de maquinaria y equipo industrial en empresas clasificadas como industria manufacturera.

El Grupo C establecido en el anexo del Real Decreto 475/2007, de 13 de abril, por el que se aprueba la Clasificación Nacional de Actividades Económicas 2009 (CNAE-2009), corresponde a actividades de la industria manufacturera, dedicada a transformar una materia prima en un bien. Engloba los siguientes subgrupos:

10. Industria de la alimentación.

11. Fabricación de bebidas.

12. Industria del tabaco.

13. Industria textil.

14. Confección de prendas de vestir.

15. Industria del cuero y del calzado.

16. Industria de la madera y del corcho, excepto muebles; cestería y espartería.

17. Industria del papel.

18. Artes gráficas y reproducción de soportes grabados: impresión, encuadernación.

19. Coquerías y refino de petróleo.

20. Industria química.

21. Fabricación de productos farmacéuticos.

22. Fabricación de productos de caucho y plásticos.

23. Fabricación de otros productos minerales no metálicos.

24. Metalurgia; fabricación de productos de hierro, acero y ferroaleaciones.

25. Fabricación de productos metálicos, excepto maquinaria y equipo.

26. Fabricación de productos informáticos, electrónicos y ópticos.

27. Fabricación de material y equipo eléctrico.

28. Fabricación de maquinaria y equipo n.c.o.p.

29. Fabricación de vehículos de motor, remolques y semirremolques.

30. Fabricación de otro material de transporte.

31. Fabricación de muebles.

32. Otras industrias manufactureras.

33. Reparación e instalación de maquinaria y equipo.

5.3. Base de cotización durante la jubilación parcial

Sin perjuicio de la reducción de jornada de trabajo realizada por el **relevado**, durante el período de disfrute de la jubilación parcial, empresa y trabajador cotizarán por la base de cotización que, en su caso, hubiese correspondido de seguir trabajando a jornada completa [art. 215.2.f) de la LGSS].

En aplicación de lo previsto en el art. 215.2.d) de la LGSS debe existir una **correspondencia entre las bases de cotización del trabajador relevista y del jubilado parcial**, de modo que «(...) la correspondiente al trabajador relevista no podrá ser inferior al 65 por ciento del promedio de las bases de cotización correspondientes a los seis últimos meses del período de base reguladora de la pensión de jubilación parcial».

5.4. Compatibilidades, incompatibilidades y extinción de la pensión de jubilación parcial

El disfrute de la pensión de jubilación parcial (en ambos supuestos) será compatible con el trabajo a tiempo parcial en la empresa y, en su caso, con otros trabajos a tiempo parcial anteriores a la situación de jubilación parcial, siempre que no se aumente la duración de su jornada y con la pensión de viudedad, la prestación de desempleo, y con otras prestaciones sustitutorias de las retribuciones que correspondieran a los trabajos a tiempo parcial concertados con anterioridad a la situación de jubilación parcial. Por el contrario, la jubilación parcial será **incompatible** (art. 14.2 del Real Decreto 1131/2002 de 31 de octubre):

- Con las pensiones de incapacidad permanente absoluta y gran invalidez.
- Con la pensión de jubilación que pudiera corresponder por otra actividad distinta a la realizada en el contrato de trabajo a tiempo parcial.
- Con la pensión de incapacidad permanente total para el trabajo que se preste en virtud del contrato que dio lugar a la jubilación parcial.

La pensión de jubilación parcial se **extinguirá** por (art. 16 del Real Decreto 1131/2002, de 31 de octubre):

- El fallecimiento del pensionista.
- El reconocimiento de la jubilación ordinaria o anticipada, en virtud de cualquiera de las modalidades legalmente previstas.
- El reconocimiento de una pensión de incapacidad permanente, declarada incompatible.
- La extinción del contrato de trabajo a tiempo parcial.

JURISPRUDENCIA

STS, rec. 627/2014, de 19 de enero de 2015, ECLI:ES:TS:2015:453

Se otorga validez al contrato de relevo suscrito para el periodo de jubilación parcial del relevado [del 21/04/08 al 17/08/12], a pesar de que este hubiese concentrado su jornada reducida (15 por 100) en los nueve meses posteriores a la suscripción del contrato de relevo (hasta el 18/01/09) y que, tras ello, no volviese a prestar servicios, accediendo a la jubilación en la fecha prevista [17/08/12]. Aunque la concentración del periodo a trabajar no se encuentra prevista en la D.A. 3.ª del RD 1131/2002, de 31 de octubre, no reviste cualidad fraudulenta ni perjudica los intereses del relevista ni de la seguridad social.

CUESTIÓN

¿Qué prestaciones son compatibles con la jubilación parcial del trabajador relevado?

La norma cita explícitamente la pensión de viudedad y la prestación de desempleo. Como «(...) otras prestaciones sustitutorias de las retribuciones que correspondieran a los trabajos a tiempo parcial concertados con anterioridad a la situación de jubilación parcial», podemos entender: el subsidio de IT, prestación por nacimiento y cuidado del menor, pensión de incapacidad permanente total causada antes de la jubilación parcial y declarada para trabajo distinto al de la actividad que se mantiene, etc.

6.
COMPLEMENTO DE PENSIONES CONTRIBUTIVAS PARA LA REDUCCIÓN DE LA BRECHA DE GÉNERO

En el caso de pensiones causadas a partir del 4 de febrero de 2021 (fecha de entrada en vigor del Real Decreto-ley 3/2021, de 2 de febrero) se concederá al progenitor que acredite un perjuicio en su carrera profesional tras el nacimiento del hijo o hija un complemento a su pensión (en caso de controversia entre ellos el derecho se le reconocerá a la madre con el fin de contribuir a la reducción de la brecha de género). La medida estará en vigor mientras la brecha de género de las pensiones sea superior al 5 %.

6.1. Beneficiarios

El complemento de pensiones contributivas para la reducción de la brecha de género es una medida destinada a mitigar las diferencias en las pensiones entre hombres y mujeres, derivadas de las distintas trayectorias laborales que pueden verse afectadas por la maternidad y el cuidado de los hijos. Este complemento se concede a los progenitores que hayan visto perjudicada su carrera profesional tras el nacimiento o adopción de un hijo o hija.

Se concederá a **cualquiera de los dos progenitores** (se abre la posibilidad de concesión a varones) que más perjudicado se haya visto en su carrera laboral. En los supuestos de que ninguno de los dos padres viera perjudicada su carrera de cotización, el complemento será reconocido a la madre o al progenitor con menor pensión en el caso de las parejas del mismo sexo.

El reconocimiento del complemento al segundo progenitor supondrá la extinción del complemento ya reconocido al primer progenitor y producirá efectos económicos el primer día del mes siguiente al de la resolución, siempre que la misma se dicte dentro de los seis meses siguientes a la solicitud o, en su caso, al reconocimiento de la pensión que la cause; pasado este plazo, los efectos se producirán desde el primer día del séptimo mes.

Antes de dictar la resolución reconociendo el derecho al segundo progenitor, se dará audiencia al que viniera percibiendo el complemento.

El complemento para la reducción la brecha de género **se reconocerá a las pensiones causadas a partir del 4 de febrero de 2021** (fecha de entrada en vigor del Real Decreto-ley 3/2021, de 2 de febrero).

CUESTIÓN

¿Qué se entiende por brecha de género de las pensiones de jubilación?

Se entiende por brecha de género de las pensiones de jubilación el porcentaje que representa la diferencia entre el importe medio de las pensiones de jubilación contributiva causadas en un año por las mujeres respecto del importe de las pensiones causadas por los hombres. Esta definición es importante ya que el derecho al reconocimiento del complemento *«(...) se mantendrá en tanto la brecha de género de las pensiones de jubilación, causadas en el año anterior, sea superior al 5 por ciento»* (D.A. 37.ª de la LGSS).

Mujeres

Las **mujeres** que hayan tenido uno o más hijos o hijas y que sean beneficiarias de una pensión contributiva de jubilación, de incapacidad permanente o de viudedad, tendrán derecho a un complemento por cada hijo o hija, debido a la incidencia que, con carácter general, tiene la brecha de género en el importe de las pensiones contributivas de la Seguridad Social de las mujeres.

El derecho al complemento por cada hijo o hija se reconocerá o mantendrá a la mujer siempre que no medie solicitud y reconocimiento del complemento en favor del otro progenitor y si este otro es también mujer, se reconocerá a aquella que sea titular de pensiones públicas cuya suma sea de menor cuantía (art. 60.1 de la LGSS).

CUESTIÓN

¿Cómo se determina las pensiones (o suma de pensiones) de los progenitores con menor cuantía a efectos de otorgar este complemento? ¿Qué sucede si coincide el importe de las pensiones computables de ambos progenitores?

Según el art. 60.7 de la LGSS (con efectos de 18/03/2023), se tendrá en cuenta su importe inicial, una vez revalorizadas, sin computar los complementos que pudieran corresponder. Cuando ambos progenitores sean del mismo sexo y coincida el importe de las pensiones computables de cada uno de ellos, el complemento se reconocerá a aquél que haya solicitado en primer lugar la pensión con derecho a complemento.

Hombres

Para que los hombres puedan tener derecho al reconocimiento del complemento deberá concurrir alguno de los siguientes requisitos:

– Tener reconocida una pensión de viudedad por el fallecimiento del otro progenitor de los hijos o hijas en común, siempre que alguno de ellos tenga derecho a percibir una pensión de orfandad.

– Causar una pensión contributiva de jubilación o incapacidad permanente y haber interrumpido o haber visto afectada su carrera profesional con ocasión del nacimiento o adopción, con arreglo a las siguientes condiciones:

- En el supuesto de hijos o hijas nacidos o adoptados hasta el 31 de diciembre de 1994, tener más de ciento veinte días sin cotización entre los nueve meses anteriores al nacimiento y los tres años posteriores a dicha fecha o, en caso de adopción, entre la fecha de la resolución judicial por la que se constituya y los tres años siguientes, siempre que la suma de las cuantías de las pensiones reconocidas sea inferior a la suma de las pensiones que le corresponda a la mujer.

- En el supuesto de hijos o hijas nacidos o adoptados desde el 1 de enero de 1995, que la suma de las bases de cotización de los veinticuatro meses siguientes al del nacimiento o al de la resolución judicial por la que se constituya la adopción sea inferior, en más de un 15 por ciento, a la de los veinticuatro meses inmediatamente anteriores, siempre que la cuantía de las sumas de las pensiones reconocidas sea inferior a la suma de las pensiones que le corresponda a la mujer.

> **A TENER EN CUENTA.** En cualquiera de los supuestos a que se refieren las condiciones 1.ª y 2.ª para el cálculo de períodos cotizados y de bases de cotización no se tendrán en cuenta los beneficios en la cotización establecidos en el art. 237 de la LGSS en los casos de períodos de excedencia o reducción de jornada por motivos familiares.

- Si los dos progenitores son hombres y se dan las condiciones anteriores en ambos, se reconocerá a aquel que sea titular de pensiones públicas cuya suma sea de menor cuantía.

- El requisito, para causar derecho al complemento, de que la suma de las pensiones reconocidas sea inferior a la suma de las pensiones que le corresponda al otro progenitor se exigirá en el momento en que ambos progenitores causen derecho a una prestación contributiva en los términos previstos en la norma.

JURISPRUDENCIA

STS n.º 1380/2021, de 25 de noviembre de 2021, ECLI:ES:TS:2021:440

Se reconoce el derecho al complemento de maternidad en las pensiones de los funcionarios varones.

El fallo se centra en la interpretación y aplicación de la D.A. 18.ª del Real Decreto Legislativo 670/1987, de 30 de abril, en vigor cuando se formula la solicitud y se deniega la misma por la Administración, que es la redacción inmediatamente anterior a la reforma de dicha Ley de Clases Pasivas del Estado, mediante Real Decreto Ley 3/2021, de 2 de febrero, por el que se adoptan medidas para la reducción de la brecha de género y otras materias en los ámbitos de la Seguridad Social y económico.

Para el TS, aunque la finalidad del complemento es «corregir o mitigar las desventajas que para su carrera profesional pueden derivarse de la maternidad», es innegable que ha sido declarado no conforme con la Directiva 79/7, por la STJUE n.° C-450/2018, de 12 de diciembre de 2019, atendida su fundamentación basada exclusivamente en la «aportación demográfica».

Dado que ambos complementos por maternidad (el general de la Seguridad Social, y el de clases pasivas) tienen la misma naturaleza, finalidad y configuración, según reconocen los legisladores de 2015 y de 2021, la Sala de lo Contencioso es clara: «dicho complemento no puede ser denegado únicamente por haber sido solicitado por un hombre».

RESOLUCIONES RELEVANTES

STSJ de Cataluña n.° 958/2021, de 17 de febrero de 2021, ECLI:ES:TSJCAT:2021:3

Posible aplicación con efectos retroactivos en los casos de acceso anticipado a la jubilación por voluntad de los interesados. Ante el cambio normativo por el que se permite el acceso a la prestación desde la situación de jubilación voluntaria anticipada el TSJ entiende aplicables los principios de retroactividad e igualdad y no discriminación al tratarse una modificación normativa favorable para los prestacionistas.

«*El importe del complemento ya no se fija en relación porcentual (con la prestación) según el número de hijos, sino por remisión a la correspondiente Ley de Presupuestos Generales del Estado (...) limitad(o) a cuatro veces el importe mensual fijado por hijo o hija y será incrementada al comienzo de cada año en el mismo porcentaje previsto en la correspondiente Ley de Presupuestos Generales del Estado para las pensiones contributivas*».

La sentencia que se cita del TSJUE de 12 de diciembre de 2019 (frente a lo sugerido por el juzgador de instancia) en la medida que ponía de manifiesto la defectuosa configuración legal del complemento en cuestión (brecha de género vs aportación demográfica) vino a imponer la necesidad de una modificación legislativa plasmada en el nuevo texto, al que resulta de plena aplicación no ya por aplicación del principio de retroactividad de norma favorable (de Seguridad Social) como del de igualdad y no discriminación que ampara su reforma; debiendo, en armonía con lo así expuesto y razonado, admitirse el recurso interpuesto, estimándose la pretensión deducida por la beneficiaria en su inicial escrito de demanda».

STJUE n.° C-450/18, de 12 de diciembre de 2019

El Tribunal Europeo establece que el complemento por maternidad por aportación demográfica a la Seguridad Social en las pensiones contributivas de jubilación, viudedad e incapacidad permanente también debe reconocerse a los padres que cumplan los requisitos legales, concediéndose el suplemento a un hombre que percibe una pensión de invalidez. Para el TJUE, el actual art. 60.1 de la LGSS supone una discriminación directa por razón de género prohibida por la Directiva 79/7/CEE, lo que afectaría a su lucro en paralelo a las pensiones contributivas de jubilación, viudedad e incapacidad permanente, y obliga a una adaptación normativa al reciente pronunciamiento.

La doctrina europea ha sido aplicada por la STSJ Canarias n.° 44/2020, de 20 de enero de 2020, ECLI:ES:TSJICAN:2020:1.

6.2. Reglas para su percepción

La percepción del complemento estará sujeta además a las siguientes reglas (art. 60.3 de la LGSS):

– Cada hijo o hija dará derecho únicamente al reconocimiento de un complemento. A efectos de determinar el derecho al complemento, así como su cuantía, únicamente se computarán los hijos o hijas que con anterioridad al hecho causante de la pensión correspondiente hubieran nacido con vida o hubieran sido adoptados.

– No se reconocerá el derecho al complemento al padre o a la madre que haya sido privado de la patria potestad por sentencia fundada en el incumplimiento de los deberes inherentes a la misma o dictada en causa criminal o matrimonial. Tampoco se reconocerá el derecho al complemento al padre que haya sido condenado por violencia contra la mujer, en los términos que se defina por la ley o por los instrumentos internacionales ratificados por España, ejercida sobre la madre, ni al padre o a la madre que haya sido condenado o condenada por ejercer violencia contra los hijos o hijas.

– Cuando la pensión contributiva que determina el derecho al complemento se cause por totalización de períodos de seguro a prorrata temporis en aplicación de normativa internacional, el importe real del complemento será el resultado de aplicar a la cuantía la prorrata aplicada a la pensión a la que acompaña.

CUESTIÓN

¿Computan los hijos nacidos muertos a efectos de determinar el derecho al complemento?

La interpretación judicial del art. 236.1 de la LGSS en este aspecto no está siendo unánime. Destacando:

– STSJ de Madrid n.º 351/2019, de 10 de abril de 2019, ECLI:ES:TSJM:2019:3321. No computan los hijos nacidos muertos a efectos de determinar el derecho al complemento por maternidad en pensiones contributivas. Siguiendo la redacción del art. 60 de la LGSS, conforme al artículo 3.1 del CC, el complemento de maternidad se reconoce con la finalidad de compensar a las madres por la aportación demográfica a la Seguridad Social que supone la crianza de un hijo, y no por el hecho del embarazo o incluso del parto, a diferencia de lo que sucede en otras normas de la Seguridad Social como las que asimilan a los periodos de cotización —para causar derecho a una prestación— los partos, siempre que hayan tenido una duración de 180 días pues, en uno y otro caso, su finalidad es diferente. Por consiguiente, los hijos computables para determinar la cuantía del complemento por maternidad son aquellos cuya filiación esté determinada a favor de la beneficiaria de la pensión en el momento del hecho causante, independientemente de que se trate de filiación biológica o por adopción.

– STS de Galicia, rec. 1327/2021, de 15 de octubre de 2021, ECLI:ES:TSJGAL:2021:4886. El nacimiento de un hijo muerto cuenta como a los efectos de calcular el complemento por maternidad en las pensiones contributivas. El TSXG entiende que se debe aplicar ese complemento en el caso de fallecer el hijo antes de nacer, pues trata de compensar «la discriminación laboral que sufren las mujeres trabajadoras, en especial las que a la vez han sido madres, y más en especial las que han tenido más de un hijo, todo ello con la finalidad de reducir una brecha, que no solo es salarial, también pensional».

JURISPRUDENCIA

STS n.º 461/2023, de 29 de junio de 2023, ECLI:ES:TS:2023:3052

Procede la minoración del complemento de aportación demográfica en la cuantía que se reconoce a la otra progenitora por complemento de reducción de la brecha de género.

RESOLUCIONES RELEVANTES

STSJ de Cantabria, rec. 356/2021, de 4 de junio 2021, ECLI:ES:TSJCANT:2021:341

Procede lucrar el complemento de pensión en el caso de triple embarazo, en el que dos hijos nacen muertos. *«Incluso abordado el asunto desde la perspectiva de la LO 3/2007 y que se admitiera que debe aplicarse al caso el art. 30 del CC en la redacción anterior, el hecho de haber dado a luz un ser que no alcanza personalidad por considerarse como "criatura abortiva", supuso para la madre una limitación en el acceso y mantenimiento del empleo equivalente a la provocada por un parto con éxito, ya que igualmente estuvo embarazada, parió y precisó descanso recuperatorio».*

STSJ de Cantabria n.º 495/2021, de 2 de julio de 2021, ECLI:ES:TSJCANT:2021:439

Partiendo de la hermenéutica judicial del Código Civil en relación con la LO de Igualdad y la Convención europea frente a la discriminación, debe aplicarse analógicamente la misma protección a efectos del complemento por maternidad en el caso de fallecimiento del hijo/a con al menos 6 meses de gestación.

6.3. Nacimiento, suspensión y extinción

El complemento se abonará en tanto la persona beneficiaria perciba pensión contributiva de jubilación, incapacidad permanente o viudedad, por lo que su nacimiento, suspensión y extinción coincidirá con el de la pensión que haya determinado su reconocimiento. No obstante:

– Se extinguirá con el reconocimiento del complemento al segundo progenitor.

– Cuando en el momento de la suspensión o extinción de dicha pensión la persona beneficiaria tuviera derecho a percibir otra distinta, el abono del complemento se mantendrá, quedando vinculado al de esta última.

6.4. Solicitud y prestaciones relacionadas

Dentro de los distintos formularios de solicitud proporcionados por el INSS o ISM para pensión de jubilación contributiva; incapacidad permanente y lesiones permanentes no invalidantes; y viudedad, orfandad, favor de familiares y auxilio por defunción, las especificaciones necesarias para el reconocimiento complemento de pensiones contributivas para la reducción de la brecha de género en el caso de las pensiones causadas a partir del 4 de febrero de 2021.

Junto al complemento analizado, los prestacionistas encontrarán la posibilidad de solicitar:

- **Reconocimiento de periodos de cotización asimilados por parto:** exclusivamente cuando el solicitante sea mujer, a efectos de las pensiones contributivas de jubilación y de incapacidad permanente, se computarán a favor de la trabajadora solicitante de la pensión un total de 112 días completos de cotización por cada parto de un solo hijo y de catorce días más por cada hijo a partir del segundo, este incluido, si el parto fuera múltiple, salvo que, por ser trabajadora o funcionaria en el momento del parto, se hubiera cotizado durante la totalidad de las dieciséis semanas o durante el tiempo que corresponda si el parto fuese múltiple (art. 235 de la LGSS) .

- **Beneficios por cuidado de hijos o menores:** exclusivamente a uno de los progenitores (en caso de controversia entre ellos se otorgará el derecho a la madre), sin perjuicio de lo dispuesto anteriormente, se computará como periodo cotizado a todos los efectos, salvo para el cumplimiento del período mínimo de cotización exigido, aquel en el que se haya interrumpido la cotización a causa de la extinción de la relación laboral o de la finalización del cobro de prestaciones por desempleo cuando tales circunstancias se hayan producido entre los nueve meses anteriores al nacimiento, o los tres meses anteriores a la adopción o acogimiento permanente de un menor, y la finalización del sexto año posterior a dicha situación. En base al art. 236 y a la D.T. 14.ª de la LGSS, el período computable como cotizado será como máximo de 270 días por hijo o menor adoptado o acogido, sin que en ningún caso pueda ser superior a la interrupción real de la cotización.

- Para el acceso a este complemento **no se computa el período considerado como cotizado a efectos de las prestaciones de la Seguridad Social de los períodos de excedencia y reducción de jornada** regulados en el art. 237 de la LGSS.

- **El derogado complemento en las pensiones contributivas por aportación demográfica:** exclusivamente cuando el solicitante sea mujer, y **para pensiones causadas a partir del 1 de enero de 2016 y hasta el 3 de febrero de 2021** se reconocerá un importe equivalente al resultado de aplicar a la cuantía inicial de las referidas pensiones un porcentaje determinado en función del número de hijos según la escala del art. 60 de la LGSS en su redacción anterior al 4 de febrero de 2021.

A TENER EN CUENTA. A pesar de que el complemento ha sido tachado de discriminatorio por el TJUE [STJUE de 12 de diciembre de 2019 (C-450/18)] y distintos tribunales nacionales (STSJ de Canarias n.º 44/2020, de 20 de enero de 2020, ECLI:ES:TSJICAN:2020:1), actualmente sigue siendo denegado en vía administrativa siendo necesaria la intervención judicial para su concesión a los hombres.

6.5. Mantenimiento transitorio del derogado complemento por maternidad

Para las pensiones causadas entre el 01/01/2016 y hasta el 03/02/2021 (día anterior a la entrada en vigor de la modificación del art. 60 de la LGSS), quienes estuvieran percibiendo el complemento por maternidad por aportación demográfica, mantendrán su percibo (D.T. 33.ª de la LGSS).

La percepción de dicho complemento de maternidad será incompatible con el complemento de pensiones contributivas para la reducción de la brecha de género que pudiera corresponder por el reconocimiento de una nueva pensión pública, pudiendo las personas interesadas optar entre uno u otro.

En el supuesto de que el otro progenitor, de alguno de los hijos o hijas, que dio derecho al complemento de maternidad por aportación demográfica, solicite el complemento de pensiones contributivas para la reducción de la brecha de género y le corresponda percibirlo, por aplicación de lo establecido en el art. 60 de la LGSS o de la D.A.18.ª del texto refundido de la Ley de Clases Pasivas del Estado, la cuantía mensual que le sea reconocida se deducirá del complemento por maternidad que se viniera percibiendo, con efectos económicos desde el primer día del mes siguiente al de la resolución, siempre que la misma se dicte dentro de los seis meses siguientes a la solicitud o, en su caso, al reconocimiento de la pensión que la cause; pasado dicho plazo, los efectos se producirán desde el primer día del séptimo mes siguiente a esta. (STS, rec. 2808/2022, de 29 de junio de 2023, ECLI:ES:TS:2023:3052).

JURISPRUDENCIA

STS n.º 487/2022, de 30 de mayo de 2022, ECLI:ES:TS:2022:1995

El Tribunal Supremo fija la fecha de efectos de reconocimiento del extinguido complemento de maternidad al progenitor (hombre) en la fecha de reconocimiento inicial de la pensión de jubilación.

STS n.º 666/2024, de 7 de mayo, ECLI:ES:TS:2024:2635 y STS n.º 671/2024, de 8 de mayo, ECLI:ES:TS:2024:2707

El TS reitera doctrina sobre el cálculo del complemento de maternidad en casos de gran invalidez. Debe calcularse únicamente sobre la cuantía inicial de la pensión contributiva, sin incluir el complemento por ayuda de tercera persona.

STS n.º 322/2024, de 21 de febrero, ECLI:ES:TS:2024:1036 y STS 291/2024, de 14 de febrero, ECLI:ES:TS:2024:900

En referencia al complemento de maternidad por aportación demográfica, pero con proyección a otros posibles complementos, dichos complementos no son autónomos, sino que son accesorios a las prestaciones contributivas que complementan. Pero, como precisa, los complementos tienen «relativa autonomía a efectos procesales, fundamentalmente, los relativos a la recurribilidad de una hipotética denegación", en virtud de su "régimen propio y diferenciado de la pensión a la que complementa(n)».

RESOLUCIONES RELEVANTES

STSJ del País Vasco n.º 264/2022, de 8 de febrero de 2022, ECLI:ES:TSJPV:2022:612

El TSJPV declara el derecho de los varones a un complemento del acuerdo de prejubilación atribuido a las mujeres. Las indemnizaciones por jubilación constituyen mejoras voluntarias de la Seguridad Social y «como tales» no pueden suponer discriminación.

STJUE n.º C-130/20, de 12 de mayo de 2021, ECLI:EU:C:2021:381

El suprimido complemento de pensión por jubilación para mujeres con más de dos hijos por aportación demográfica a la Seguridad Social no se abona en caso de jubilación anticipada por voluntad propia.

6.6. Incompatibilidades

No se tendrá derecho a este complemento en los casos de jubilación parcial (art. 215 y D.T. 4.ª.6 de la LGSS). No obstante, se reconocerá el complemento que proceda cuando desde la jubilación parcial se acceda a la jubilación plena, una vez cumplida la edad que, en cada caso, corresponda.

Los complementos que pudieran ser reconocidos en cualquiera de los regímenes de Seguridad Social serán incompatibles entre sí, siendo abonado en el régimen en el que el causante de la pensión tenga más periodos de alta.

La percepción transitoria del ex complemento de maternidad existente hasta el 4 de febrero de 2021 será incompatible con el complemento de pensiones contributivas para la reducción de la brecha de género que pudiera corresponder por el reconocimiento de una nueva pensión pública, pudiendo las personas interesadas optar entre uno u otro.

JURISPRUDENCIA

STS n.º 580/2024, de 25 de abril del 2024, ECLI:ES:TS:2024:2373

Procede la minoración del complemento de aportación demográfica en la cuantía que se reconoce por complemento de reducción de la brecha de género. Por lo tanto, «(...) el reconocimiento del complemento de brecha de género de la madre afecta a la cuantía del complemento de maternidad por aportación demográfica del padre, que deberá ser minorado en la cuantía concurrente».

6.7. Cuantía

Este complemento, concebido con naturaleza jurídica de pensión pública contributiva, se fijará en la correspondiente Ley de Presupuestos Generales del Estado.

El complemento será satisfecho en catorce pagas, junto con la pensión (jubilación, jubilación anticipada voluntaria, incapacidad permanente y viudedad) que determine el derecho al mismo.

La cuantía estará limitada a cuatro veces el importe mensual fijado por hijo o hija y será incrementada al comienzo de cada año en el mismo porcentaje previsto en la correspondiente Ley de Presupuestos Generales del Estado para las pensiones contributivas. Esta cuantía se irá actualizando de acuerdo con la revalorización de las pensiones y no computa a efectos de complemento a mínimos ni como tope de la pensión.

El importe del complemento no será tenido en cuenta en la aplicación del límite máximo de pensiones previsto en los arts. 57 (limitación de la cuantía inicial de las pensiones) y 58.7 (valor íntegro anual para el cálculo del importe de la revalorización) de la LGSS.

El importe de este complemento no tendrá la consideración de ingreso o rendimiento de trabajo en orden a determinar si concurren los requisitos para tener derecho al complemento por mínimos previsto en el artículo 59. Cuando concurran dichos requisitos, se reconocerá la cuantía mínima de pensión según establezca anualmente la correspondiente Ley de Presupuestos Generales del Estado. A este importe se sumará el complemento para la reducción de la brecha de género.

A TENER EN CUENTA. Con efectos de 1 de enero de 2025, la cuantía del complemento de pensiones para la reducción de la brecha de género queda establecida en 35,90 euros mensuales (art. 65 del Real Decreto-ley 1/2025, de 28 de enero).

RESOLUCIÓN RELEVANTE

SJS-A Coruña n.º 138/2021, de 6 de abril de 2021, ECLI:ES:JSO:2021:150

El INSS es condenado a abonar íntegramente el complemento por maternidad a un hombre desde la solicitud de la prestación.

7.
COMPLEMENTOS POR MÍNIMOS EN LAS PENSIONES

Los beneficiarios de pensiones contributivas del sistema de la Seguridad Social, que no perciban rendimientos del trabajo, del capital o de actividades económicas y ganancias patrimoniales, de acuerdo con el concepto establecido para dichas rentas en el Impuesto sobre la Renta de las Personas Físicas, o que, percibiéndolos, no excedan de la cuantía que anualmente establezca la correspondiente Ley de Presupuestos Generales del Estado, tendrán derecho a percibir los complementos necesarios para alcanzar la cuantía mínima de las pensiones, siempre que residan en territorio español, en los términos que legal o reglamentariamente se determinen (art. 59 de la LGSS).

7.1. Requisitos para recibir complementos por mínimos en las pensiones

El complemento a mínimos es el importe suplementario a las pensiones generadas por las cotizaciones de los interesados a fin de alcanzar la «cuantía mínima» de las pensiones, no respondiendo al objetivo de sustituir una renta, sino al asistencial de paliar una situación de necesidad. Su reconocimiento no atiende a los parámetros de la pensión [alta, carencia, cotizaciones, etc.], sino exclusivamente a la falta de ingresos económicos. Su propia denominación —«complementos»— pone de manifiesto que no tienen sustantividad propia, sino la accesoria de acompañantes de la pensión que suplementan. (STS, rec. 1726/2009, de 22 de abril de 2010, ECLI:ES:TS:2010:2381).

Para el acceso a los complementos por mínimo es necesario que los prestacionistas no perciban durante 2025 rendimientos del trabajo, del capital o de actividades económicas y ganancias patrimoniales, de acuerdo con el concepto establecido para dichas rentas en el Impuesto sobre la Renta de las Personas Físicas y computados conforme al art. 59 de la LGSS, o que, percibiéndolos (CANTIDADES PROVISIONALES HASTA LA PUBLICACIÓN DE LA LPGE 2025):

- No excedan de 9.193,00 euros al año.

- Cuando la suma, en cómputo anual, de los rendimientos referidos en el apartado anterior y los correspondientes a la pensión resulte inferior a la suma de 9.193,00 euros más el importe, también en cómputo anual, de la cuantía mínima fijada para la clase de pensión de que se trate, se reconocerá un complemento igual a la diferencia, distribuido entre el número de mensualidades en que se devenga la pensión.

- Para tener derecho al complemento para alcanzar la cuantía mínima de las pensiones, será necesario:

  • **Con respecto a las pensiones causadas a partir de 1 de enero de 2013:** será necesario residir en territorio español. Se entenderá que el beneficiario tiene su residencia habitual en España, aun cuando haya tenido estancias en el extranjero, siempre que estas no superen los noventa días naturales a lo largo de cada año natural, o cuando la ausencia del territorio español esté motivada por causas de enfermedad debidamente justificadas (art. 51.2 y 59.1 de la LGSS).

  • **Para las pensiones causadas a partir de la indicada fecha:** el importe de dichos complementos en ningún caso podrá superar la cuantía establecida en cada ejercicio para las pensiones de jubilación e invalidez en su modalidad no contributiva.

Del mismo modo, debemos tener en cuenta:

- Las personas pensionistas que a lo largo del ejercicio 2025 perciban rentas acumuladas superiores al límite a que se refiere el apartado anterior, estarán obligadas a comunicar tal circunstancia a las entidades gestoras en el plazo de un mes desde que se produzca.

- Para acreditar las rentas e ingresos las entidades gestoras de la Seguridad Social podrán, en todo momento, requerir a las personas perceptoras de complementos por mínimos una declaración de estos, así como de sus bienes patrimoniales. Todo ello sin perjuicio de la solicitud de información que proceda efectuar a la Agencia Estatal de Administración Tributaria [art. 71.1 a) de la LGSS].

- Cuando la pensión reconocida sea complementada en el importe necesario para alcanzar las cuantías mínimas fijadas y se comprobara posteriormente que los rendimientos percibidos por la persona pensionista durante el año de 2025, en cómputo anual e independientemente de la fecha de su percibo y de que este haya sido periódico o en pago único, han superado el límite previsto, los importes abonados en concepto de complemento por mínimos durante todo el año natural tendrán la consideración de indebidamente percibidos (con independencia de haber notificado la percepción de rentas superiores).

- Cuando la **pensión de orfandad** causada a partir de 1 de enero de 2013 se incremente en la cuantía de la **pensión de viudedad**, el límite de la cuantía de los complementos por mínimos solo quedará referido al de la pensión de viudedad que genere el incremento de la pensión de orfandad.

– Las personas pensionistas de **gran invalidez** que tengan reconocido el complemento destinado a remunerar a la persona que le atiende no resultarán afectadas por el límite cuantitativo establecido.

– Cuando el complemento por mínimos de pensión se solicite con posterioridad al reconocimiento de aquella, surtirá efectos a partir de los tres meses anteriores a la fecha de la solicitud, siempre que en ese momento se reunieran todos los requisitos para tener derecho al mencionado complemento.

– Según la D.T. 27.ª de la LGSS:

• La limitación prevista en el art. 59.2 de la LGSS con respecto a la cuantía de los complementos necesarios para alcanzar la cuantía mínima de pensiones, no será de aplicación en relación con las pensiones que hubieran sido causadas con anterioridad a 1 de enero de 2013.

• Asimismo, el requisito de residencia en territorio español a que hace referencia el art. 59.1 de la LGSS para tener derecho al complemento para alcanzar la cuantía mínima de las pensiones, se exigirá para aquellas pensiones cuyo hecho causante se produzca a partir del día 1 de enero de 2013.

JURISPRUDENCIA

STS n.º 1146/2023, de 12 de diciembre del 2023, ECLI:ES:TS:2023:5394

Una subvención para rehabilitación de fachada no computa a los efectos del complemento por mínimo de jubilación.

STS, rec. 5031/2004, de 22 de noviembre de 2005, ECLI:ES:TS:2005:7506 y STS, rec. 5090/2004, de 21 de marzo de 2006, ECLI: ES:TS:2006:2190

«En un estado definido constitucionalmente como social y democrático, tal complemento de prestación debe garantizar unos ingresos suficientes, por bajo de los cuales se está en situación legal de pobreza, a toda persona que dedicó su vida al trabajo, ocurrida la contingencia que lo separa de la actividad. Esta finalidad resulta evidente del texto del 50 de la LGSS, cuando ordena computar a los efectos de alcanzar ese límite las cantidades percibidas como rentas del capital o del trabajo personal, supuestos en los que la norma se refiere a cantidades percibidas y no a cantidades devengadas" (...) "No se puede olvidar que el artículo 41 CE obliga a la Seguridad Social a garantizar la asistencia y prestaciones sociales suficientes ante situaciones de necesidad"».

7.2. Cónyuge a cargo

La existencia de cónyuge a cargo del titular de una pensión causa efectos sobre el reconocimiento de las cuantías mínimas establecidas, cuando aquél **se halle conviviendo con el pensionista y dependa económicamente de** él.

Se entenderá que existe dependencia económica cuando concurran las circunstancias siguientes *(art. 43.Tres de la LPGE 2023)*:

– Que el cónyuge del pensionista no sea, a su vez, titular de una pensión a cargo de un régimen básico público de previsión social, entendiendo comprendidos en dicho concepto las pensiones reconocidas por otro Estado así como los subsidios de garantía de ingresos mínimos y por ayuda de tercera persona, ambos previstos en el texto refundido de la Ley General de derechos de las personas con discapacidad y de su inclusión social, aprobado por el Real Decreto Legislativo 1/2013, de 29 de noviembre, y las pensiones asistenciales reguladas en la Ley 45/1960, de 21 de julio, por la que se crean determinados Fondos Nacionales para la aplicación social del impuesto y del ahorro.

– Que los rendimientos por cualquier naturaleza del pensionista y de su cónyuge, computados en la forma señalada resulten **inferiores a 10.723,00 euros anuales (CANTIDADES PROVISIONALES HASTA LA PUBLICACIÓN DE LA LPGE 2025)**.

> **A TENER EN CUENTA**. Cuando la suma, en cómputo anual, de los rendimientos referidos en el párrafo anterior y del importe, también en cómputo anual, de la pensión que se vaya a complementar resulte inferior a la suma de 10.048,00 euros y de la cuantía anual de la pensión mínima con cónyuge a cargo de que se trate, se reconocerá un complemento igual a la diferencia, distribuido entre el número de mensualidades que corresponda.

Cónyuge no a cargo: se considerará que existe **cónyuge no a cargo** de la persona titular de una pensión, a los efectos del reconocimiento de las cuantías mínimas establecidas, cuando aquel o aquella se halle conviviendo con la persona pensionista y no dependa económicamente de ella en los términos previstos en el apartado anteriormente.

7.3. Mejora de las pensiones de menor cuantía a favor de las unidades familiares unipersonales

Unidad económica unipersonal: se considerará que la persona pensionista constituye una unidad económica unipersonal (D.A. 24.ª de la Ley 40/2007, de 4 de diciembre), cuando, acreditando derecho a complemento por mínimos en atención a sus ingresos, conforme a lo dispuesto anteriormente, no se encuentre comprendido en ninguno de los supuestos previstos en los apartados anteriores.

Los perceptores de pensiones contributivas del sistema de la Seguridad Social por las contingencias de jubilación, incapacidad permanente y viudedad, que formen una unidad económica unipersonal, y que tengan que hacer frente con su pensión al mantenimiento de un hogar, experimentarán durante los próximos cuatro años subidas adicionales de su complemento para mínimos, que les permitan alcanzar en ese periodo los niveles de renta mínimos necesarios para el sostenimiento de su hogar. En la adopción de esta medida se tendrán en cuenta los ingresos de que disponga el pensionista, así como el patrimonio, excluida su vivienda habitual.

La financiación del complemento a mínimos se realizará con cargo a la aportación de los Presupuestos Generales del Estado a la Seguridad Social.

7.4. Residencia en territorio español para el acceso a los complementos por mínimos de las pensiones

De acuerdo con lo dispuesto en el art. 59.1 de la LGSS, los beneficiarios de pensiones contributivas del sistema de la Seguridad Social, que no perciban rendimientos del trabajo, del capital o de actividades económicas y ganancias patrimoniales, de acuerdo con el concepto establecido para dichas rentas en el Impuesto sobre la Renta de las Personas Físicas, o que, percibiéndolos, no excedan de la cuantía que anualmente establezca la correspondiente Ley de Presupuestos Generales del Estado, tendrán derecho a percibir los complementos necesarios para alcanzar la cuantía mínima de las pensiones, siempre que residan en territorio español, en los términos que legal o reglamentariamente se determinen.

Se entenderá que el beneficiario de los complementos a mínimos, tiene su residencia habitual en España aún cuando haya tenido estancias en el extranjero siempre que éstas no superen los 90 días a lo largo de cada año natural, o cuando la ausencia de territorio español esté motivada por causas de enfermedad debidamente justificadas.

No obstante lo dispuesto en el párrafo anterior, a efectos de las prestaciones y subsidios por desempleo, será de aplicación lo que determine su normativa específica.

JURISPRUDENCIA

STS n.º 157/2023, 22 de febrero del 2023, ECLI:ES:TS:2023:860

Se analiza la fecha de efectos económicos que corresponde a un complemento por mínimos cuando existe una primera solicitud que no ha sido resuelto por la Entidad Gestora, presentándose nueva reclamación que concluye con reconocimiento de la prestación, con base en los mismos datos fácticos y jurídicos que soportaban la primera.

«(...) la parte actora formuló una primera solicitud, mediante el escrito -formulario- que sobre declaración de ingresos y/o acreditación de la residencia a efectos del complemento por mínimos, presentó con fecha 27 de enero de 2017 que, ciertamente, no fue resuelta ni, por ende, emitida resolución expresa dentro de los plazos que

marca el RD 286/2003, de 7 de marzo, siendo reproducida dicha petición el 6 de junio de 2018. Finalmente y en vía del presente procedimiento, le ha sido estimado, reconociendo su derecho al complemento por mínimos, sin que nadie hubiera alegado, ni tampoco conste, que dicho reconocimiento lo haya sido por circunstancias novedosas que pudieran no haber existido cuando se formuló la primera solicitud (noviembre de 2017) y que con la segunda (junio de 2018) hubieran alterado la situación económica del beneficiario, a valorar, conforme a las reglas establecidas para el obtener el complemento por mínimos para las pensiones reconocidas en aplicación de normas internacionales, fijadas en los RRDD anuales sobre revalorizaciones de las pensiones de la Seguridad Social».

Consecuencia de lo anterior, los efectos económicos del complemento por mínimos se retrotraen a la primera solicitud.

8.
¿CÓMO SOLICITAR LA PENSIÓN DE JUBILACIÓN?

El modelo para la «solicitud de la pensión de jubilación» se encuentra disponible para su descarga en el portal de la seguridad social. Este modelo puede presentarse ante la Dirección Provincial del INSS correspondiente, enviarlo por correo ordinario o cubrirse telemáticamente mediante la Sede Electrónica de la Seguridad Social.

Para solicitar la prestación por jubilación **de manera telemática**, la Seguridad Social ofrece dos métodos dependiendo de si se dispone de certificado digital o no. A continuación, se describen los pasos a seguir en cada caso:

Si el usuario dispone de Certificado Digital:

- Acceso e Identificación: accede al espacio «Tu Seguridad Social» e identifícate utilizando tu DNI electrónico, certificado digital o Cl@ve Permanente.

- Firma de la solicitud:

  • Si te identificaste con certificado digital o DNI electrónico, es necesario tener instalado AutoFirma.

  • Si te identificaste con Cl@ve Permanente, firmarás introduciendo el código que te enviará la Seguridad Social a tu teléfono móvil.

Si el usuario no dispone de Certificado Digital:

- Acceso e identificación: accede a la plataforma segura sin certificado digital de la Seguridad Social.

- Selfie y documento de identidad: hazte un selfie mostrando tu documento de identidad.

- Firma de la solicitud: la Seguridad Social te enviará un código y deberás plasmar tu firma manuscrita en un recuadro.

  Siguiendo el modelo oficial, el futuro prestacionista deberá complementar una serie de datos personales, sobre su situación laboral y fiscal, relacionadas con el tipo de pensión que se solicite y los necesarios para el reconocimiento de días cotizados por parto, beneficios en la cotización por cuidado de hijos o menores o el complemento para la reducción de la brecha de género.

El mismo formulario permite también consignar distintas situaciones tratadas a lo largo de la obra. Tratamos las distintas partes de la solicitud (modelo oficial de solicitud de jubilación. TGSS. 19/08/2024):

Datos generales (a cumplimentar en todos los casos)

1. Datos personales. En este apartado se consignarán los datos del solicitante y los de su representante o, en caso de discapacidad, los datos del guardador, curador o defensor judicial.

Los datos sobre separación y divorcio del solicitante son información operante a efectos fiscales (cálculo del porcentaje de retención de IRPF de la pensión) excepto en los territorios forales.

Este punto contempla datos concretos para ciertos supuestos:

- En aquellos supuestos en los que para formular la solicitud la persona interesada necesite medidas de apoyo que requieran la intervención de un guardador de hecho, o en su caso, de un curador/defensor judicial.

- En el caso de que la petición no se formule en nombre propio sino a través de representante.

2. Situación laboral. Englobando la recogida de información en distintos supuestos:

- Sobre la situación en el momento de acceso a la prestación (jubilarse en la fecha del cese de actividad, acceso desde el desempleo, traslado al extranjero, paso a jubilación activa, etc.). Debe consignar la fecha de su último día de trabajo, teniendo en cuenta que esa fecha coincidirá con el día de la jubilación, ya que, de reconocerse la pensión, los efectos económicos de ésta serán al día siguiente.

- En caso de demora de la jubilación.

- Especificar si se ha cotizado a lo largo de la vida laboral a las Clases Pasivas del Estado.

- Especificar si se va a seguir trabajando en la misma empresa a tiempo parcial.

- Posible aplicación de la normativa vigente antes del 01/01/2024.

- Comunicación de inicio de actividad laboral simultánea a la condición de pensionista (jubilación activa, jubilación flexible, posibilita compatibilizar el 100 % del importe de la pensión de jubilación con el trabajo por cuenta ajena y por cuenta propia de quienes desarrollen una actividad artística o con el trabajo por cuenta ajena y la actividad por cuenta propia que desempeñen los autores de obras literarias, artísticas o científicas, actividad como facultativo de atención primaria adscrito al sistema nacional de salud, o suspensión de pensión). Este campo supone la necesidad de cubrir una declaración de actividad.

3. Datos para solicitar el reconocimiento de beneficios por cuidado de hijos/adoptados o menores acogidos, y el complemento para la reducción

de la brecha de género y días cotizados por parto. Como hemos analizado, la administración solita información para:

«**Reconocimiento de días cotizados por parto**: exclusivamente cuando la solicitante sea mujer, se podrán computar como periodo cotizado 112 días por cada parto y aborto de más de 6 meses aunque no se estuviese en situación de activo. Todos ellos deben figurar inscritos en el Registro Civil para producir efectos.

Beneficios por cuidado de hijos o menores: se podrá computar como periodo cotizado, a todos los efectos excepto para alcanzar el periodo mínimo de cotización, un determinado número de días por el periodo comprendido entre la interrupción de la cotización por extinción de la relación laboral o fin de desempleo entre los 9 meses antes del nacimiento con vida (o los 3 meses antes de la resolución judicial de adopción o la decisión administrativa o judicial de acogimiento) y la finalización del sexto año posterior al nacimiento, adopción o acogimiento. Sólo se reconocerá a un progenitor, por lo que en caso de controversia se otorgará el derecho a la madre.

Complemento para la reducción de la brecha de género: para pensiones causadas a partir de 4/2/2021, si se cumplen los requisitos establecidos legalmente, se podrá reconocer, siempre que se solicite, un complemento para la reducción de la brecha de género a los hombres o mujeres que hayan tenido uno o más hijos nacidos con vida o adoptados cuyo nacimiento o adopción se hubiera producido con anterioridad a la fecha en que se jubila».

CUESTIÓN

¿Cómo se especifica la solicitud o disfrute del complemento para la reducción de la brecha de género o del beneficio por cuidado de hijos o menores acogidos por otro progenitor y no por el solicitante?

El modelo oficial permite cumplimentar los datos del otro progenitor en caso de solicitar el complemento para la reducción de la brecha de género o el beneficio por cuidado de hijos o menores acogidos (solicitante hombre). Esto requiere la firma del otro progenitor, adoptante o acogedor dando conformidad para que el beneficio por cuidado de hijos se aplique a favor del titular de esta prestación (salvo en caso de inexistencia o fallecimiento del mismo).

4. Datos relacionados con la pensión jubilación relacionados con ingresos, cónyuge o ascendientes.

A efectos de complementos para pensiones inferiores a la mínima son necesarios los importes que usted o su cónyuge vayan a obtener previsiblemente en el año en curso así como los datos identificativos de su cónyuge. Esta información también es necesaria para estudiar, en su caso, el derecho a la jubilación anticipada voluntaria.

A efectos fiscales se solicitan los datos necesarios para calcular correctamente la retención por IRPF. Su declaración es voluntaria y puede optar por suministrar estos datos directamente a la administración tributaria; si los cumplimenta se entenderá que presta su consentimiento para que puedan ser tratados informáticamente con esa finalidad.

CUESTIÓN

¿Es obligatorio cubrir los datos fiscales?

Su declaración es voluntaria y puede optar por suministrar estos datos directamente a la administración tributaria; si los cumplimenta se entenderá que presta su consentimiento para que puedan ser tratados informáticamente con esa finalidad.

5. Otros datos. La solicitud permite indicar la lengua cooficial en la que desea recibir su correspondencia y otro domicilio a efectos de notificaciones.

6. Alegaciones y consentimiento tramitación electrónica. Si quiere añadir algo que considere importante para tramitar su pensión y no vea recogido en el formulario, póngalo en este apartado de la forma más breve y concisa posible.

El Instituto Nacional de la Seguridad Social solicita su consentimiento para consultar y recabar electrónicamente los datos o documentos que se encuentren en poder de cualquier Administración, cuyo acceso no esté previamente amparado por la ley y que sean necesarios para resolver su solicitud y gestionar, en su caso, la prestación que pudiera reconocerse. En caso de no dar su consentimiento deberá aportar (dentro de 10 días hábiles) los documentos necesarios para resolver su solicitud y gestionar la prestación.

7. Datos bancarios. El titular de la cuenta debe ser en todo caso el solicitante, aun cuando necesite medidas de apoyo judiciales, el error o la falta de este dato impediría el pago de la prestación:

CUESTIÓN

¿Qué sucederá si a la hora de solicitar la pensión de jubilación los datos bancarios se consignan con errores o no se aportan?

El propio formulario de solicitud advierte de la necesidad de poner «especial cuidado al rellenar las casillas de la cuenta bancaria». El error o la falta de este dato impediría el pago de la prestación.

Datos concretos según la modalidad de jubilación (a cumplimentar en función de la modalidad de jubilación solicitada)

En caso de acceso a la jubilación activa de trabajadores por cuenta ajena o de la compatibilidad de la jubilación con la actividad como facultativo de atención primaria deberá aportarse una conformidad de la empresa con firma y sello.

Documentación a adjuntar

‖ En todos los casos

- Acreditación de identidad del solicitante, guardador de hecho/curador/defensor judicial, representante y demás personas que figuran en la solicitud mediante la siguiente documentación:
  - Españoles: Documento Nacional de Identidad (DNI).

- Extranjeros residentes o no residentes en España: TIE (Tarjeta de identidad de Extranjero); o Pasaporte (o, en su caso, documento de identidad vigente en su país) y NIE (Número de Identificación de Extranjero) exigido por la AEAT a efectos de pago.

- En aquellos supuestos en los que la solicitud haya sido presentada por una persona que presta medidas de apoyo a personas con discapacidad, la documentación acreditativa correspondiente. En caso de guardador de hecho, certificado de empadronamiento o documentación que acredite convivencia; en caso curador/defensor judicial, la resolución judicial.

- Documentación acreditativa de la representación. Los apoderados inscritos en el registro electrónico de apoderamientos no necesitan acompañar documento acreditativo.

|| En todas las modalidades de jubilación (no afecta al autónomo)

- Se aplicará la normativa vigente antes del 01/01/2013 si la extinción de la relación laboral se produjo antes del 01/04/2013, o si acredita documentalmente la suspensión o extinción de la relación laboral por expediente de regulación de empleo, convenio o acuerdo colectivo o procedimiento concursal, aprobados o suscritos antes del 1-4-2013. Se aplicará la normativa vigente a partir del 01/01/2013 en caso contrario.

|| En casos de jubilación parcial (no afecta al autónomo)

- Certificación de empresa sobre datos laborales del jubilado parcial y del trabajador relevista.

- Certificado de discapacidad igual o superior al 33 %, en su caso.

|| En casos de jubilación anticipada

- Por discapacidad en grado igual o superior al 45 por ciento por enfermedad listada en el RD 1851/2009:

  - Informe médico en el que conste la afectación de la persona trabajadora por alguna de las patologías generadoras de discapacidad a las que se refiere el Real Decreto 1851/2009 y la fecha en que se ha iniciado o se ha manifestado la patología.

  - Certificado de discapacidad y grado reconocido expedido por el IMSERSO u organismo competente, que acredite que dicha discapacidad es consecuencia de una de las enfermedades listadas en el citado Real Decreto, así como fecha en que se ha iniciado o se ha manifestado la discapacidad.

  - En su caso, acreditación de la necesidad de ayuda de terceras personas o por movilidad reducida, expedido por el IMSERSO u organismo competente.

– Con bonificación de edad por razón de la actividad:

• Si ha trabajado en alguna actividad que tenga reconocida bonifica-ción de edad: certificado de empresa o empresas donde consten la categoría profesional y los períodos trabajados en ese puesto, o cartilla de embarque y desembarque para el ISM.

A efectos de complementos para pensiones inferiores a la mínima

– En el caso de extranjeros residentes en España: certificado de inscrip-ción en el Registro Central de Extranjeros o Tarjeta de Identidad de Extranjeros.

– Libro de familia, actas del Registro Civil o certificado oficial que acre-diten el parentesco del cónyuge con el solicitante, en su caso.

Para acreditar las distintas circunstancias que pueden afectar a la prestación

– A efectos del posible reconocimiento de los días cotizados por partos, del beneficio por cuidado de hijos/adoptados o menores acogidos, de la compensación para la reducción de la brecha de género/comple-mento de maternidad, así como a efectos fiscales, el certificado del Registro Civil o Libro de familia, resolución judicial de adopción o de-cisión administrativa o judicial de acogimiento que acrediten, según el caso, los nacimientos, abortos, adopciones o acogimientos que haya alegado. En el caso de adopciones internacionales constituidas por autoridades extranjeras deberá acreditarse que las mismas han surtido efectos en España con arreglo a las disposiciones de la Ley de Adopción Internacional.

– Certificado del Servicio Público de Salud acreditativo del desempeño de actividad como facultativo de atención primaria adscrito al Siste-ma Nacional de Salud.

9.
¿CÓMO HACER RECLAMACIONES A LA SEGURIDAD SOCIAL EN CASO DE DISCONFORMIDAD CON LA PENSIÓN DE JUBILACIÓN O SU DENEGACIÓN?

Analizados los distintos requisitos de cotización, edad, hecho causante y las múltiples posibilidades de jubilación, es posible que se den supuestos concretos como:

- Denegación de la pensión de jubilación.
- Error en el cálculo de la pensión de jubilación.
- Falta de aplicación de normativa anterior más beneficiosa para causar derecho a pensión de jubilación.
- Denegación del complemento a mínimos.
- Denegación del complemento para la reducción de la brecha de género.
- Denegación de la pensión de jubilación anticipada parcial.
- Etc.

De acuerdo con el Real Decreto 286/2003, de 7 de marzo (en consonancia con el art. 21 de la Ley 39/2015, de 1 de octubre), el plazo máximo para resolver y notificar en el procedimiento de pensión de jubilación en su modalidad contributiva (y no contributiva) es de **90 días contados desde la fecha en la que su solicitud se ha presentado o ha tenido entrada en el registro electrónico del organismo correspondiente.**

Transcurrido dicho plazo sin haber sido notificada la resolución, podrá entender que su petición ha sido **desestimada por silencio administrativo**, en cuyo caso podrá presentar **reclamación previa** de acuerdo con lo establecido en el art. 71 de la LRJS.

Formulada reclamación previa, la entidad deberá contestar expresamente a la misma en el **plazo de cuarenta y cinco días**. En caso contrario se entenderá denegada la reclamación por silencio administrativo y podrá presentarse **demanda en materia de prestaciones de Seguridad Social.**

La demanda habrá de formularse en el **plazo de 30 días**, a contar desde la fecha en que se notifique la denegación de la reclamación previa o desde el día en que se entienda denegada por silencio administrativo.

CUESTIONES

1. ¿Qué es el silencio administrativo?

El art. 21 de la Ley 39/2015 del Procedimiento Administrativo Común de las Administraciones Públicas establece que *«(...) la administración está obligada a dictar resolución expresa y a notificarla en todos los procedimientos cualquiera que sea su forma de iniciación»*.

El silencio administrativo, regulado en la actualidad en los artículos 24 y 25 de la Ley 39/2015, de 1 de octubre, se puede definir, siguiendo el Diccionario del español jurídico de la RAE y el CGPJ, como «la estimación o desestimación tácita que la ley anuda al silencio de la Administración respecto de la petición de un ciudadano, una vez transcurrido el plazo legalmente establecido».

El silencio administrativo puede tener dos sentidos: negativo o positivo. Siguiendo la misma fuente que la recurrida para la definición del silencio administrativo, tenemos las siguientes descripciones:

- Silencio administrativo negativo: *«Efecto desestimatorio que tiene la falta de resolución de la Administración sobre las pretensiones de los particulares en los procedimientos iniciados de oficio de los que pudiera derivarse el reconocimiento o, en su caso, la constitución de derechos u otras situaciones jurídicas individualizadas»*.

- Silencio administrativo positivo: *«Efecto estimatorio, que en general tiene la falta de respuesta por aparte de la Administración sobre una solicitud dirigida por un interesado a aquella, salvo que una norma con rango de ley o norma de derecho comunitario europeo establezca lo contrario»*.

En el caso de la solicitud de pensión de jubilación nos encontraríamos ante un silencio administrativo negativo cuando en el plazo de 90 días no tenemos respuesta a la solicitud.

2. ¿Qué es la reclamación previa?

La reclamación administrativa previa ante la entidad gestora de las prestaciones de Seguridad Social, regulada en el art. 71 de la LJS, será requisito necesario para formular demanda en materia de prestaciones de Seguridad Social.

3. ¿Qué procedimiento debe seguirse para la presentación de una demanda por jubilación?

El procedimiento a seguir será el estipulado en los arts. 80 a 101 de la Ley de la Jurisdicción Social, con las especialidades previstas en los artículos 140 y siguientes de la citada norma, relativos a las prestaciones de la Seguridad Social.

ANEXO I.
CASOS PRÁCTICOS

Caso práctico | Influencia del cobro de la prestación por desempleo sobre la futura jubilación

PLANTEAMIENTO

Influencia del cobro de la prestación por desempleo sobre la futura jubilación.

Mientras un desempleado cobra paro, ¿sigue cotizando para la jubilación? ¿Cuál es la base de cotización?

¿Qué sucede en caso de cobrar prestación no contributiva?

RESPUESTA

Mientras se cobra la prestación contributiva por desempleo se cotiza para la jubilación con una base de cotización igual o parecida a la que se poseía durante la prestación de servicios.

Tanto el SPEE como la persona trabajadora, cotizan a la Seguridad Social por la base de cotizaciones que tuvo el trabajador durante los últimos 180 días antes de cesar en el trabajo. Durante el tiempo que se percibe el paro:

- El SPEE paga: la cuota del empresario (23,60 por 100 de la base de cotización).
- Al desempleado se le descuenta de la prestación el 100 por 100 de la cuota que habitualmente pagan los trabajadores en activo (4,70 por 100 de la base). (Art. 273 de la LGSS).

La mayor parte de los subsidios por desempleo no cotiza para jubilación, únicamente cotiza (art. 280 de la LGSS) el subsidio para mayores de 52 años:

> «9. La entidad gestora cotizará por la contingencia de jubilación durante la percepción del subsidio por desempleo para trabajadores mayores de cincuenta y dos años.
>
> Las cotizaciones efectuadas conforme a lo previsto en el párrafo anterior tendrán efecto para el cálculo de la base reguladora de la pensión de jubilación y porcentaje aplicable a aquella en cualquiera de sus modalidades, así como para completar el tiempo necesario para el acceso a la jubilación anticipada. En ningún caso dichas cotizaciones tendrán validez y eficacia jurídica para acreditar el período mínimo de cotización exigido en el artículo 205.1.b), que, de conformidad con lo dispuesto en el apartado 1, ha debido quedar acreditado en la fecha de solicitud del subsidio regulado en este artículo.
>
> A efectos de determinar la cotización se tomará como base de cotización el 125 por cien de la base mínima de cotización en el Régimen General de la Seguridad Social, vigente en cada momento.
>
> En caso de percibir el complemento de apoyo al empleo, la base por la que deberá cotizarse se reducirá en proporción a la jornada trabajada.
>
> El Gobierno podrá extender a otros colectivos de trabajadores lo dispuesto en este apartado».

Caso práctico | Diferencias entre jubilación flexible y jubilación activa. Cotización, trabajos a realizar y cálculo futura pensión

PLANTEAMIENTO

¿Qué diferencias existen entre la jubilación flexible y jubilación activa?

RESPUESTA

Tanto la jubilación activa como la jubilación flexible permiten la compatibilidad de la pensión de jubilación con la actividad laboral. No obstante, se trata de distintas situaciones que implican diferencias en materia de cotización, efectos sobre la pensión de jubilación a la que se tiene derecho y actividad que se puede desarrollar mediante la compatibilidad con el trabajo.

1. Jubilación flexible

En este caso el trabajador/prestacionista está percibiendo una pensión de jubilación y vuelve —en parte— a realizar una actividad laboral (art. 213.1 de la LGSS y Real Decreto 1131/2002, de 31 de octubre).

a) Situación

Se considera como situación de jubilación flexible la derivada de la **posibilidad de compatibilizar, una vez causada, la pensión de jubilación con un trabajo a tiempo parcial**. En este caso la prestación de servicios:

1. El trabajador concertará, previo acuerdo con su empresa, un contrato a tiempo parcial, reduciendo la jornada de trabajo y el salario, entre un mínimo de un 25 por 100 y un máximo de un 85 por 100 de aquéllos, en los términos previstos en el artículo 12.6 del Estatuto de los Trabajadores (art. 10 del Real Decreto 1131/2002, de 31 de octubre).

2. Se realiza la consecuente minoración de la pensión de jubilación que se viniera percibiendo en proporción inversa a la reducción aplicable a la jornada de trabajo del pensionista.

b) Trabajos a realizar compatibles e incompatibles

La percepción de la pensión de jubilación **será incompatible con:**

1. La realización de actividades, lucrativas o no, que den lugar a la inclusión en cualquiera de los Regímenes de la Seguridad Social.

2. El desempeño de un puesto de trabajo en el sector público delimitado en el párrafo segundo del artículo 1.1 de la Ley 53/1984, de 26 de diciembre, de Incompatibilidades del Personal al Servicio de las Administraciones Públicas, es incompatible con la percepción de pensión de jubilación, en su modalidad contributiva.

3. El percibo de la pensión de jubilación, en su modalidad contributiva, con el desempeño de los altos cargos a los que se refiere el artículo 1 de la Ley 3/2015, de 30 de mayo, reguladora del ejercicio del alto cargo de la Administración General del Estado.

4. El complemento económico por jubilación demorada no es aplicable.

c) Cotización durante la situación de trabajo y jubilación

En este caso, durante el tiempo que dure el contrato a tiempo parcial, **se cotizará aplicando las mismas reglas que para cualquier otro trabajador**.

d) Efectos sobre la futura pensión

Las cotizaciones efectuadas en las actividades realizadas durante la suspensión parcial del percibo de la pensión de jubilación surtirán **efectos para la mejora de la pensión, una vez producido el cese en el trabajo**.

A estos efectos, una vez comunicado el cese en la realización de las actividades a la entidad gestora, se restablecerá el percibo íntegro de la pensión de jubilación, previo recálculo de su cuantía conforme a las reglas siguientes.

1. **Se procederá a calcular de nuevo la base reguladora**, mediante el cómputo de las nuevas cotizaciones y aplicando las reglas vigentes en el momento del cese en la actividad, salvo que la aplicación de lo establecido en esta regla diese como resultado una reducción del importe de la base reguladora anterior, en cuyo caso, se mantendrá esta última, si bien aplicando a la cuantía de la pensión las revalorizaciones habidas desde la fecha de determinación de la base reguladora hasta la del cese en el trabajo.

2. **Las cotizaciones efectuadas, tras la minoración del importe de la pensión de jubilación**: darán lugar a la modificación del porcentaje aplicable a la base reguladora, en función del nuevo período de cotización acreditado.

Surtirán efectos para disminuir o, en su caso, suprimir el coeficiente reductor que se hubiese aplicado, en el momento de causar el derecho a la pensión de jubilación anticipada por tener o no la condición de mutualista.

2. Jubilación activa

Compatibilizar el disfrute de la prestación contributiva de jubilación con la realización de cualquier trabajo tanto por cuenta propia como por cuenta ajena y bien sea a tiempo completo o a tiempo parcial.

a) Situación

Siempre que en la fecha de cumplimiento de la edad de jubilación ordinaria en cada caso se hubiera reunido el periodo mínimo de cotización establecido, y entre dicha fecha y la del hecho causante de la pensión de jubilación haya transcurrido al menos un año, la percepción de la pensión de jubilación, en su modalidad contributiva, será compatible con la realización de cualquier trabajo por cuenta ajena, a tiempo completo o a tiempo parcial, o por cuenta propia del pensionista.

b) Trabajos a realizar compatibles e incompatibles

El disfrute de la pensión de jubilación, en su modalidad contributiva, será compatible con la realización de cualquier trabajo por cuenta ajena o por cuenta propia del pensionista, en los términos establecidos por el art. 214 de la LGSS con efectos de 01/04/2025.

Tras las modificaciones operadas por el Real Decreto-ley 11/2024, de 23 de diciembre, los apdos. 2 y 3 diferencian los requisitos y situaciones de la cuantía de la pensión de jubilación compatible con el trabajo según se trate de un trabajador por cuenta ajena o por cuenta propia.

c) Cotización durante la situación de trabajo y jubilación

En este supuesto, durante la realización de un trabajo por cuenta ajena compatible con la pensión de jubilación, en los términos establecidos en el art. 214 de la LGSS, los empresarios y los trabajadores **cotizarán al Régimen General** únicamente **por incapacidad temporal y por contingencias profesionales**, según la normativa reguladora de dicho Régimen, si bien quedarán sujetos a una cotización especial de solidaridad del 9 por ciento sobre la base de cotización por contingencias comunes, no computable a efectos de prestaciones, que se distribuirá entre ellos, corriendo a cargo del empresario el 7 por ciento y del trabajador el 2 por ciento (art. 153 de la LGSS) .

d) Efectos sobre la futura pensión

En este caso no se dará lugar a ningún incremento del porcentaje aplicable a la base reguladora de la pensión que se tenga reconocida, ni tampoco incrementará el complemento económico de demora que hubiera correspondido. Es decir, cuando se extinga la actividad laboral, el trabajador/jubilado percibirá la pensión de jubilación que viniese percibiendo con anterioridad a su compatibilidad con el trabajo.

La pensión se revalorizará en su integridad en los términos establecidos para las pensiones del sistema de la Seguridad Social. No obstante, en tanto se mantenga el trabajo compatible, al importe de la pensión más las revalorizaciones acumuladas se le aplicará el porcentaje que corresponda conforme a lo dispuesto en el art. 214 de la LGSS.

Caso práctico | Extinción de contratos por jubilación de empresario individual tras un periodo de jubilación activa

PLANTEAMIENTO

El empresario que ha permanecido un tiempo en jubilación activa, ¿cómo extingue e indemniza los contratos de los trabajadores asalariados a cargo cuando decide pasar a jubilación plena?

RESPUESTA

La **extinción del contrato de trabajo por jubilación del empresario individual** se producirá siempre y cuando nadie continúe desarrollando la actividad empresarial. Los trabajadores afectados por esta extinción tendrán derecho a la prestación por desempleo y a una indemnización por importe de un mes de salario [apdo. 1. g) del art. 49 del Estatuto de los Trabajadores].

Los casos en los que el empresario individual acceda a la jubilación activa y posteriormente pase a la jubilación plena (ni los supuestos de extinción del contrato por jubilación anticipada) no son tratados en el art. 49.1.g) del ET. El texto estatutario se limita a indicar:

> «1. El contrato de trabajo se extinguirá: (...)
>
> g) Por muerte, jubilación en los casos previstos en el régimen correspondiente de la Seguridad Social, o incapacidad del empresario, sin perjuicio de lo dispuesto en el artículo 44, o por extinción de la personalidad jurídica del contratante.
>
> En los casos de muerte, jubilación o incapacidad del empresario, el trabajador tendrá derecho al abono de una cantidad equivalente a un mes de salario.
>
> En los casos de extinción de la personalidad jurídica del contratante deberán seguirse los trámites del artículo 51».

Los tribunales se han pronunciado sobre dos aspectos:

No es necesaria la simultaneidad entre jubilación, cese de actividad y extinción, concediéndose un «plazo prudencial» dependiendo de las circunstancias concurrentes en cada caso, no pudiéndose fijar reglas generales aplicables a todos los supuestos (STS, rec. 2906/1998, de 25 de abril de 2000, ECLI:ES:TS:2000:3460, y STS, rec. 978/2015, de 20 de octubre de 2016, ECLI:ES:TS:2016:5062). La finalidad de este plazo en los supuestos de jubilación es, fundamentalmente, el facilitar la liquidación y cierre del negocio o incluso su posible transmisión.

En el caso concreto analizado, vemos distintos criterios:

– **STSJ de Castilla y la Mancha n.º 771/2021, de 13 de mayo de 2021, ECLI:ES:TSJCLM:2021:1366.** Pasar de una jubilación activa a una plena no permite la extinción del contrato sujeta a un mes de indemnización al amparo del art. 49.1.g) del ET. La jubilación plena es una variante de la situación de jubilación que ya le había sido legalmente reconocida. La posibilidad de pasar de una jubilación activa a una plena no permite la extinción del contrato ni en el precepto estatutario, ni en la normativa de seguridad social, ni además, parece razonable que esa extinción contractual, tan favorable para la empleadora como desfavorable para la persona trabajadora, quede al arbitrio de la primera en cuanto al momento de ejercitar tal posibilidad.

– STSJ de Asturias n.º 408/2015, de 27 de febrero de 2015, ECLI:ES:TSJAS:2015:524. Se entiende que no existe despido, sino extinción del contrato de trabajo por jubilación del empresario prevista en el art. 49.1 g) del Estatuto de los Trabajadores, al pasar de jubilación activa a una plena:

«La razón esencial de esta extinción de las relaciones laborales no se centra tanto en la concurrencia de la jubilación del empresario individual (o su muerte o incapacidad), como en el hecho de que éstas hayan determinado la desaparición o cese de la actividad empresarial. Se produce así un doble encadenamiento causal; la jubilación (o la muerte o incapacidad) del empresario ocasiona el cierre de la explotación, y este cierre, provocado por aquella causa, justifica la extinción de los contratos de trabajo.

Es cierto que no es absolutamente necesario que el momento de la jubilación y el cierre de la empresa, con las subsiguientes extinciones de las relaciones de trabajo, sean totalmente coincidentes, puesto que entre uno y otros puede mediar un plazo prudencial. La finalidad de este plazo en los supuestos de jubilación es, fundamentalmente, el facilitar la liquidación y cierre del negocio o incluso su posible transmisión; y la duración de tal plazo dependerá de las circunstancias concurrentes en cada caso, no pudiéndose fijar reglas generales aplicables a todos los supuestos».

Caso práctico | Exigencia de que el trabajador relevista ocupe el mismo o similar puesto de trabajo del que accede a la jubilación parcial

PLANTEAMIENTO

Un trabajador con la categoría profesional de gestor de ventas-supervisor, en el grupo profesional de ventas ha solicitado la jubilación parcial de un 50 %. La empresa procedió a contratar un trabajador relevista, para posibilitar la jubilación solicitada.

El trabajador contratado se encontraba en situación legal de desempleo. Estaba registrado como demandante de empleo en el SPEE y fue contratado bajo la modalidad de contrato de relevo a tiempo completo, con la categoría profesional de vendedor-autoventa.

Teniendo en cuenta que el art. 10.b) del RD 1131/2002, de 31 de octubre, establece que la empresa deberá concertar simultáneamente un contrato de relevo con un trabajador en situación de desempleo o que tenga concertado con la empresa un contrato de duración determinada, con objeto de sustituir la jornada de trabajo dejada vacante por el trabajador que se jubila parcialmente:

¿Es posible que no se cumplan los requisitos en la contratación de relevo al tratarse de categorías profesionales distintas?

RESPUESTA

Tras las últimas modificaciones con efectos de 01/04/2025 para que el trabajador pueda acceder a la jubilación parcial antes de alcanzar la edad ordinaria de jubilación deben cumplirse los requisitos establecidos para el contrato de relevo simultáneo por el **apdo. 6 del art. 12 del ET**, donde se establece lo siguiente:

«6. Para que el trabajador pueda acceder a la jubilación parcial antes de alcanzar la edad ordinaria de jubilación, en los términos establecidos en el texto refundido de la Ley General de la Seguridad Social y demás disposiciones concordantes, la empresa deberá concertar simultáneamente un contrato de relevo indefinido y a tiempo completo.

El contrato de relevo deberá mantenerse vigente desde la fecha de efectos de la jubilación parcial hasta, al menos, los dos años posteriores a la extinción de la jubilación parcial. En el supuesto de que el contrato se extinga antes de dicho plazo, el empresario estará obligado a celebrar un nuevo contrato de relevo en los mismos términos del extinguido. En caso de incumplimiento por parte del empresario de la presente obligación será responsable del reintegro de la pensión que haya percibido el pensionista a tiempo parcial.

El contrato de relevo se celebrará con un trabajador en situación de desempleo o que tuviese concertado con la empresa un contrato de duración determinada. También podrá celebrarse un contrato fijo-discontinuo en los términos que se establezca reglamentariamente.

El puesto de trabajo del trabajador relevista podrá ser el mismo o diferente al del trabajador sustituido. En todo caso, deberá existir una correspondencia entre las bases de cotización de ambos, en los términos previstos en el texto refundido de la Ley General de la Seguridad Social.

La compatibilidad efectiva entre trabajo y pensión permitirá la acumulación del tiempo de trabajo en periodos de días en la semana, semanas en el mes, meses en el año u otros periodos de tiempo, de conformidad con lo dispuesto en pacto individual o, en su caso, en la negociación colectiva, en todas sus expresiones, incluido el acuerdo de centro de trabajo, sin que en ningún ámbito se pueda limitar o impedir su uso».

El art. 10.b) del Real Decreto 1131/2002, de 31 de octubre, por su parte, dispone que para poder reconocer la pensión de jubilación parcial, **la empresa deberá concertar simultáneamente un contrato de relevo con un trabajador en situación de desempleo o que tenga concertado con la empresa un contrato de duración determinada, con objeto de sustituir la jornada de trabajo dejada vacante por el trabajador que se jubila parcialmente.** No se hace alusión en la norma reglamentaria al requisito establecido en el 12.6 del Estatuto de los Trabajadores respecto a que el puesto de trabajo ha de ser el mismo o uno similar, pero es obvio que, tratándose de una norma de naturaleza reglamentaria, ésta no puede derogar la norma con rango de Ley que desarrolla, por lo que dicho requisito ha de reputarse plenamente vigente y aplicable al supuesto que analizamos. (STS, rec. 2860/2008, de 20 de mayo de 2009, ECLI:ES:TS:2009:4390).

La exigencia establecida actualmente por el ET es clara: «el *puesto de trabajo del trabajador relevista podrá ser el mismo o diferente al del trabajador sustituido»*, mientras exista una correspondencia entre las bases de cotización de ambos, en los términos previstos en el texto refundido de la Ley General de la Seguridad Social. (STS, rec. 3032/2008, de 9 de julio de 2009, ECLI:ES:TS:2009:5482, STS, rec. 3719/2007, de 16 de septiembre de 2008, ECLI:ES:TS:2008:6304 y STS, rec. 3804/2007, de 19 de septiembre de 2008, ECLI:ES:TS:2008:5136).

Caso práctico | Cotización a varios regímenes de la Seguridad Social. Reconocimiento de la pensión de jubilación

PLANTEAMIENTO

Una trabajadora ha cotizado a lo largo de su vida laboral a distintos regímenes de la Seguridad Social.

¿En cuál de ellos se le reconocerá la pensión de jubilación? ¿Puede la trabajadora percibir dos pensiones?

RESPUESTA

El artículo 49 de la LGSS regula los efectos de las cotizaciones superpuestas en varios regímenes en orden a las pensiones de la Seguridad Social.

La Entidad Gestora actuará **en primer lugar reconociendo la pensión de jubilación en el régimen en el que el interesado/a esté en alta en el momento del hecho causante o el** último en que se produjo tal circunstancia.

Es posible percibir dos pensiones siempre que se cumplan los requisitos establecidos.

A efectos de determinar el período de cotización computable para acceder a la jubilación, se tienen en cuenta todos los períodos cotizados en los diferentes regímenes, **siempre que no se hayan producido de forma superpuesta.** La Entidad Gestora actuará en primer lugar reconociendo la pensión de jubilación en el régimen en el que el interesado/a esté en alta en el momento del hecho causante o el último en que se produjo tal circunstancia, siempre que cumpla todos los requisitos legalmente establecidos. En caso de no corresponder el derecho, se aplicará la misma fórmula en los regímenes anteriores.

Si en ninguno de ellos se acreditan los requisitos necesarios, la Seguridad Social totalizará todas las cotizaciones efectuadas por el beneficiario, concediendo la prestación en el régimen en que el interesado acredite mayor número de cotizaciones. Es decir, si, como se nos plantea en el supuesto, las cotizaciones se han producido de forma superpuesta, aquéllas que se hayan producido en el régimen en el que no se cause derecho a la pensión de jubilación podrán acumularse a las del régimen en el que se acceda a la jubilación. Eso sí, dicha acumulación sólo servirá a efectos de calcular la base reguladora de la pensión, sin que el importe obtenido pueda superar la base máxima de cotización en cada momento.

Si el trabajador no acredita el **requisito de la edad exigido** en el régimen en que acredite el mayor número de cotizaciones, podrá reconocerse la pensión por dicho régimen siempre que cumpla el requisito de edad en alguno de los demás regímenes que se hayan tenido en cuenta para la totalización de periodos de cotización, además del resto de requisitos exigibles para ello.

El supuesto planteado **cobrar dos jubilaciones** es posible siempre que se cumplan los siguientes requisitos:

- El afectado debe estar en situación de alta (o asimilada) en cada régimen en el momento de acceder a la jubilación, debiendo cumplir con los requisitos establecidos en cada régimen para poder jubilarse.

- Si no está en situación de alta en todos los regímenes en los que se quiere jubilar, debe poder acreditar como mínimo que ha cotizado de forma superpuesta en esos regímenes un mínimo de 15 años.

Caso Práctico | Jubilación comunitaria.
Pensión *prorrata-temporis*

PLANTEAMIENTO

Una persona con cotizaciones en Irlanda durante 30 años fija su residencia en España y, posteriormente, cotiza al Régimen Especial de Autónomos por un periodo de 10 años. En Irlanda le corresponde una pensión de jubilación por sus cotizaciones de 2.000 euros, ¿le correspondería algún tipo de prestación por jubilación en España al no reunir el mínimo de 15 años?

RESPUESTA

Cada país calculará su pensión atendiendo únicamente a las cotizaciones efectuadas en ese país y aplicando exclusivamente la legislación nacional en materia de Seguridad Social. Una vez realizado este cómputo se aplicará la denominada «pensión prorrata-temporis» —cada país calculará la pensión tomando como años cotizados la totalidad de años cotizados por el trabajador en todos los países de la Unión Europea (Espacio Económico Europeo o Suiza), y determinará la pensión que le correspondería si todos estos años hubiesen sido cotizados en el país que hace el cálculo. De esta cantidad, el país paga la parte proporcional de los años realmente cotizados por el trabajador en cada país—.

En el caso planteado, el trabajador ha prestado servicios en nuestro país 10 años y le correspondiese una prestación de 2.000 euros por sus cotizaciones en Irlanda. Sería necesario aplicar una regla de tres en función del tiempo trabajado en cada país de forma que España abonaría 500 euros (2000 x 10/40) e Irlanda 1.500 euros.

En el caso de Irlanda la embajada de España en el Reino Unido explica todo el proceso claramente tomando como base el Reglamento n.º 883/2004 de 29 de abril (coordinación de los Sistemas de Seguridad Social) y el Reglamento (CE) n.º 987/2009 del Parlamento Europeo y del Consejo, de 16 de septiembre de 2009, por el que se adoptan las normas de aplicación del Reglamento (CE) n.º 883/2004, sobre la coordinación de los sistemas de seguridad social.

Este supuesto se desarrolla de forma muy simple ya que en la práctica para el cálculo de la base reguladora de la prestación también se computan cotizaciones ficticias o bonificaciones de edad. (STS, rec. 3219/2018, de 13 de Julio de 2021, ECLI:ES:TS:2021:2929 y STS n.º 991/2021, de 6 de octubre de 2021, ECLI:ES:TS:2021:3791).

Caso práctico | Fraude por cotizaciones superiores en los años previos a la jubilación

PLANTEAMIENTO

Una trabajadora vino prestando servicios para su empresa con la categoría profesional de auxiliar administrativa durante el período de cotización correspondiente a 8-2015 a 7-2023. Siéndole reconocida por parte del INSS una pensión de jubilación con base reguladora mensual de 1.200 euros y un porcentaje pensión del 80 por 100.

La trabajadora considera que debido a los incrementos de las bases de cotización en el período 2020 a 2023, en más de 1.000 euros al mes, le correspondería una base reguladora mensual de 1.500 euros.

La Inspección de Trabajo y Seguridad Social considera no justificados los incrementos de las bases de cotización en el período 2020 a 2023 al no haber podido probarse las superiores funciones sobre las que empresa y trabajadora dicen proceder este más que notable incremento salarial.

¿Cabe considerar fraude por cotizaciones superiores en los casos en que éstas se produzcan en el plazo de dos años previos a la fecha del hecho causante de la jubilación? ¿Y si los incrementos superiores a los establecidos en convenio se realizan en plazos anteriores?

¿Cómo se detecta la conducta fraudulenta relativa a la acreditación de las circunstancias que deben concurrir para el acceso a una prestación de seguridad social?

RESPUESTA

La existencia de incrementos salariales injustificados producidos en los últimos años de la vida laboral de un trabajador puede ser considerada como cotización fraudulenta y no ser computados para la jubilación. El art. 209.2 de la LGSS establece que:

> «2. Sin perjuicio de lo establecido en el artículo 161.2, para la determinación de la base reguladora de la pensión de jubilación no se podrán computar los incrementos de las bases de cotización producidos en los dos últimos años, que sean consecuencia de aumentos salariales superiores al incremento medio interanual experimentado en el convenio colectivo aplicable o, en su defecto, en el correspondiente sector.
> 3. Se exceptúan de la norma general establecida en el apartado anterior los incrementos salariales que sean consecuencia de la aplicación estricta de las normas contenidas en disposiciones legales y convenios colectivos sobre antigüedad y ascensos reglamentarios de categoría profesional.
> Quedarán asimismo exceptuados, en los términos contenidos en el párrafo anterior, aquellos incrementos salariales que deriven de cualquier otro concepto retributivo establecido con carácter general y regulado en las citadas disposiciones legales o convenios colectivos.

No obstante, la referida norma general será de aplicación cuando los incrementos salariales a que se refiere este apartado se produzcan exclusivamente por decisión unilateral de la empresa en virtud de sus facultades organizativas.

4. No obstante lo dispuesto en el apartado anterior, en ningún caso se computarán aquellos incrementos salariales que excedan del límite establecido en el apartado 2 y que hayan sido pactados exclusiva o fundamentalmente en función del cumplimiento de una determinada edad próxima a la jubilación».

Si bien es cierto, que se han de distinguirse los casos en que el incremento en cotizaciones se produce en los dos años anteriores a la jubilación y los periodos en que el incremento se haya hecho antes, sobre esta cuestión hay que hacer las siguientes precisiones:

El legislador ha previsto frente a determinados incrementos de base de cotización efectuados en los dos últimos años —en concreto los que sean consecuencia de aumentos salariales superiores al incremento medio interanual experimentado en la norma convencional de aplicación, o en su defecto, en el sector laboral (art. 209.2 de la LGSS); los que no deriven de la estricta aplicación de las normas contenidas en el convenio sobre antigüedad y ascensos reglamentarios; los que sean fruto de la decisión unilateral del empresario, o cualquier otro aumento establecido con carácter general que no venga avalado por norma legal o convencional (art. 209.3 de la LGSS) —, **que se excluyan del cómputo de cálculo de la base reguladora de la pensión de jubilación de manera automática**, quedando al margen la concurrencia o no de una voluntad defraudadora. Regla que evidentemente fue impuesta para tratar de proteger el interés del INSS y que limita su alcance a ese período de tiempo, ya que es el más proclive a esa práctica fraudulenta.

Con respecto al resto del período de cálculo de la base reguladora (art. 209.4 de la LGSS), **la exclusión de cómputo se contrae** únicamente **a los incrementos de bases que obedezcan exclusiva o fundamentalmente a incrementos salariales pactados en función del cumplimiento de una edad próxima a la jubilación**, en lo que no es sino una concreción del efecto previsto en nuestro ordenamiento jurídico como eficaz modo de combatir una conducta realizada en fraude de ley. (En este sentido, se manifiesta la doctrina jurisprudencial contenida, entre otras, en la STS, rec. 715/2000, de 30 de enero de 2001 y STS, rec. 2978/2005, de 23 de noviembre de 2006, ECLI:ES:TS:2006:7548).

En el práctico planteado, podemos presumir la existencia de fraude de ley, ya que el incremento que experimentaron las bases de cotización, más de 1.000 euros al mes, sobre un salario de 1.200 euros, no obedeció a factor objetivo alguno, sino a la existencia de un posible acuerdo entre ella y la administración de la empresa, cuyo objetivo final, dada la edad de la actora, era lucrar una pensión de jubilación mejor que la que ahora se le ha concedido. (STS, rec. 4343/2002, de 17 de septiembre de 2003)

Criterio que se ve reforzado por el hecho de que no se acredite la realización de funciones superiores sobre las que se sustenta el incremento salarial o que el mismo fuese justificado.

Caso práctico | Cálculo de la jubilación anticipada de una persona trabajadora con discapacidad

PLANTEAMIENTO

Una persona trabajadora de 56 años, nacido el 01/01/1969, pretende jubilarse anticipadamente el 01/01/2025 encontrándose de alta en el RGSS.

El trabajador acredita una discapacidad igual o superior al 65 % desde el 11/07/1991.

Su vida laboral comenzó en el año 1988 acreditando 13.505 días de cotización.

¿Puede jubilarse anticipadamente?

¿Qué porcentaje de prestación le corresponde?

RESPUESTA

El trabajador podrá jubilarse anticipadamente por tener un grado de minusvalía de al menos 65 % y estar de alta en el RGSS. Esta modalidad se regula por el Real Decreto 1539/2003, de 5 de diciembre.

Para el cálculo de la prestación se obtiene una nueva edad de jubilación teórica —con las mismas características que correspondería en caso de jubilación a la edad ordinaria— aplicando coeficientes especiales al tiempo efectivamente trabajado, en función del grado de minusvalía o la necesidad del apoyo de un tercero.

La modalidad de jubilación anticipada para trabajadores con discapacidad se aplica exclusivamente a trabajadores:

1. Con un grado de minusvalía de al menos 65 %.

2. Que pertenezcan a los regímenes: general, especial agrario, de y trabajadores del mar y de la minería del carbón.

3. Ser trabajadores por cuenta ajena y realizar una actividad retribuida.

4. Estar de alta o situación asimilada.

Otras características son (art. 206 bis de la LGSS y Real Decreto 1539/2003, de 5 de diciembre):

1. La aplicación de los correspondientes coeficientes reductores de la edad en ningún caso dará lugar a que el interesado pueda acceder a la pensión de jubilación con una edad inferior a la de 52 años. Esta limitación no afectará a los trabajadores de los Regímenes Especiales (Minería del Carbón y Trabajadores del Mar) que, en 01-01-08, tuviesen reconocidos coeficientes reductores de la edad de jubilación, a los que se aplicará la normativa anterior.

2. El período de tiempo en que resulte reducida la edad de jubilación del trabajador se computará como cotizado al exclusivo efecto de determinar el porcentaje aplicable para calcular el importe de la pensión de jubilación.

La edad ordinaria de 65 años, exigida para el acceso a la pensión de jubilación, se reducirá en un período equivalente al que resulte de aplicar al tiempo efectivamente trabajado los coeficientes que se indican, siempre que durante los períodos de trabajo realizado se acrediten los siguientes grados de minusvalía:

a) El coeficiente del 0,25, en los casos en que el trabajador tenga acreditado un grado de minusvalía igual o superior al 65 por ciento.

b) El coeficiente del 0,50, en los casos en que el trabajador tenga acreditado un grado de minusvalía igual o superior al 65 por ciento y acredite la necesidad del concurso de otra persona para la realización de los actos esenciales de la vida ordinaria.

> **A TENER EN CUENTA**. Según esta escala, en los casos de aplicar el coeficiente del 0,50, cada dos años cotizados se podrá adelantar la jubilación un año y en los casos de aplicar el coeficiente del 0,25 cada cuatro años cotizados se podrá adelantar la jubilación uno.

En el supuesto planteado:

1.- Calculamos los días cotizados hasta la fecha de jubilación

01/01/1988 - 15/01/2025 = 13.505 (37 años).

2.- Aplicamos el coeficiente en los casos en que el trabajador tenga acreditado un grado de discapacidad igual o superior al 65 %

13.505 x 0,25 = 3376,25 días.

3.- Calculamos los años en los que se reduce la edad de jubilación

3376,25 días / 365 años = 9,5 años.

65 años - 9,25 años = 55,75 años a los que el trabajador podría jubilarse con el 100 % de la prestación. Esta sería la **edad ficticia** tenida en cuenta a efectos de la pensión de jubilación.

4.- Porcentaje aplicable en el supuesto para un trabajador discapacitado de 56 años

El período de tiempo en que resulte reducida la edad de jubilación del trabajador se computará como cotizado al exclusivo efecto de determinar el porcentaje aplicable para calcular el importe de la pensión de jubilación.

PORCENTAJE / JUBILACIÓN / AÑOS COTIZADOS (D.T. 9.ª de la LGSS)								
PERIODO DE APLICA-CIÓN	PRIMEROS 15 AÑOS		AÑOS ADICIONALES				TOTAL	
	AÑOS	%	MESES ADICIONALES	COEFICIENTE	%	AÑOS	AÑOS	%
2013 a 2019	15	50	1 al 163	0,21 0,19	34,23	..	..	..
			83 restantes		15,77			
	15	50	Total 246 meses	..	50,00	20,5	35,5	100
2020 a 2022	15	50	1 al 106	0,21 0,19	22,26	..	..	..
			146 restantes		27,74			
	15	50	Total 252 meses	..	50,00	21	36	100

2023 a 2026	15	50	1 al 49 \\ 209 restantes	0,21 \\ 0,19	10,29 \\ 39,71	..	..	..
	15	50	Total 258 meses	..	50,00	21,5	36,5	100
A partir de 2027	15	50	1 al 248 \\ 16 restantes	0,19 \\ 0,18	47,12 \\ 2,88	..	..	..
	15	50	Total 264 meses	..	50,00	22	37	100

Fuente: Seguridad Social

Porcentaje aplicable: el porcentaje es variable en función de los años de cotización a la Seguridad Social, aplicándose la escala del recuadro.

- 15 años: 50 % BR.
- 15 años + 0,21 por cada uno de los siguientes 49 meses de cotización por encima de los 15 años cotizados.
- 15 años + 0,19 por cada mes adicional de cotización desde el 50 al 209.
- 15 años + 258 meses cotizados: 100 % de la BR.

En el supuesto el trabajador (al acreditar 37 años cotizados) se jubilaría anticipadamente con 56 años con el 100 % de la BR.

Caso práctico | ¿Me puedo jubilar tras cobrar un subsidio para mayores de 52 años?

PLANTEAMIENTO

Soy perceptor del subsidio por desempleo de mayores de 52 años y jubilación:

1. ¿Me puedo jubilar al cumplir la edad ordinaria de jubilación?

2. ¿Puedo jubilarme de manera anticipada?

RESPUESTA

1. ¿Me puedo jubilar al cumplir la edad ordinaria de jubilación?

Este subsidio, uno de los más relacionados con la jubilación, se extinguirá por las causas previstas en el art. 272 de la LGSS, donde se encuentra como motivo para su extinción el cumplimiento, por parte del titular del derecho de la edad ordinaria de jubilación.

Durante esta prestación el SPEE ha cotizado para la prestación de jubilación (por el 125 % de la base de cotización mínima vigente en cada momento) y el beneficiario se encuentra en situación de alta en la Seguridad Social, por lo que se cumplen los principales requisitos para jubilarse.

De esta forma, cuando el trabajador perciba el subsidio por desempleo de mayores de 52 años y alcance la edad ordinaria que le permita acceder a la pensión contributiva de jubilación, los efectos económicos de la citada pensión se retrotraerán a la fecha de efectos de la extinción del subsidio por alcanzar dicha edad. Para ello será necesario que la solicitud de la jubilación se produzca en el plazo de los tres meses siguientes a la resolución firme de extinción. En otro caso, tendrá una retroactividad máxima DE tres meses desde la solicitud.

> **JURISPRUDENCIA**
>
> **STS, re. 5291/2003, de 14 de diciembre de 2004, ECLI:ES:TS:2004:8075**
>
> Se analiza el criterio de proporcionalidad tanto en los supuestos de descubiertos de cotización temporales como en los que traen causa en cotización inferior a la debida para el subsidio por desempleo para mayores de 52 años.

2. ¿Puedo jubilarme de manera anticipada?

Los perceptores del subsidio por desempleo de mayores de 52 años también podrán acceder a la jubilación anticipada siempre que cumplan los requisitos necesarios para la modalidad correspondiente. A modo de resumen (Pensión de jubilación. Paso a paso. Colex. 2023):

a) Jubilación anticipada por causa no imputable al trabajador (cese no voluntario en el trabajo)

El acceso a la jubilación anticipada derivada del cese en el trabajo por causa no imputable a la libre voluntad del trabajador exigirá los siguientes requisitos (art. 207 de la LGSS):

– Tener cumplida una edad que sea inferior a cuatro años, como máximo, a la edad que en cada caso resulte de aplicación para la jubilación ordinaria [art. 205.1. a) de la LGSS] sin que a estos efectos resulten de aplicación los coeficientes reductores a que se refiere el artículo 206 y artículo 206 bis de la LGSS.

– Encontrarse inscrito en las oficinas de empleo como demandante de empleo durante un plazo de, al menos, seis meses inmediatamente anteriores a la fecha de la solicitud de la jubilación.

b) Jubilación anticipada por voluntad del interesado

El acceso a la jubilación anticipada por voluntad del interesado exigirá los siguientes requisitos:

a) Tener cumplida una edad que sea inferior en dos años, como máximo, a la edad que en cada caso resulte de aplicación [art. 205.1. a) de la LGSS], sin que, a estos efectos, resulten de aplicación los coeficientes reductores a que se refieren los artículos 206 y 206 bis de la LGSS.

b) Acreditar un período mínimo de cotización efectiva de treinta y cinco años, sin que, a tales efectos, se tenga en cuenta la parte proporcional por pagas extraordinarias. A estos exclusivos efectos, solo se computará el período de prestación del servicio militar obligatorio o de la prestación social sustitutoria, o del servicio social femenino obligatorio, con el límite máximo de un año.

c) Una vez acreditados los requisitos generales y específicos de dicha modalidad de jubilación, el importe de la pensión a percibir ha de resultar superior a la cuantía de la pensión mínima que correspondería al interesado por su situación familiar al cumplimiento de los sesenta y cinco años de edad. En caso contrario, no se podrá acceder a esta fórmula de jubilación anticipada.

En caso de acceder a este tipo de jubilación anticipada, la pensión será objeto de reducción mediante la aplicación, por cada mes o fracción de mes que, en el momento del hecho causante, le falte al trabajador para cumplir la edad legal de jubilación fijada en el artículo 205.1.a), de los coeficientes que resultan del siguiente cuadro en función del período de cotización acreditado y los meses de anticipación. (Consultar tablas en el artículo 208 de la LGSS).

> **A TENER EN CUENTA.** A los exclusivos efectos de determinar dicha edad legal de jubilación, se considerará como tal la que le hubiera correspondido al trabajador de haber seguido cotizando durante el plazo comprendido entre la fecha del hecho causante y el cumplimiento de la edad legal de jubilación que en cada caso resulte de la aplicación de lo establecido en el art. 205.1.a) de la LGSS.

Para el cómputo de los períodos de cotización se tomarán períodos completos, sin que se equipare a un período la fracción del mismo.

Caso práctico | Cálculo de la prestación por jubilación

PLANTEAMIENTO

Una trabajadora en activo en el RGSS desde el 1 de enero de 1998, cesa en su actividad laboral el 8 de abril de 2.025, al cumplir la edad ordinaria de jubilación.

¿Qué requisitos ha de cumplir para tener derecho a la pensión de jubilación?

¿A cuánto ascenderá su pensión si el sumatorio de todas las bases de cotización computables, con sus actualizaciones oportunas, asciende a 151.200 euros?

RESPUESTA

La trabajadora debe cumplir las condiciones de edad, período mínimo de cotización y hecho causante establecidos por el art. 205 de la LGSS.

> **A TENER EN CUENTA**. Respecto a la determinación de la cuantía, porcentaje aplicable y base reguladora de la pensión por jubilación se aplicará la versión vigente del art. 209.1 y DD.TT. 8.ª y 40.ª de la LGSS en cada momento.

Base reguladora

Siguiendo el art. 209 y la D.T. 8.ª de la LGSS, la base reguladora para 2025 se calculará dividiendo entre 350, las bases de cotización del interesado durante los 300 meses (25 años) inmediatamente anteriores al mes previo al del hecho causante (1):

BR = BCC/C 350 meses inmediatamente anteriores / 300
BR = 151.200/300 = 504 euros.

Porcentaje aplicable y cuantía

Desde el 1 de enero de 1.998 al 30 de abril de 2.025 acredita:

– Desde el 1 de enero de 1.998 al 1 de enero de 2.025 = 9.855 días (27 años).

– Desde el 1 de enero de 2.025 hasta el 30 de abril de 2.025 = 120 días (4 meses).

> **TOTAL DE AÑOS COTIZADOS** = (9.855 + 120) / 365 = 27,32 años, dado que las fracciones de año computan como año completo esto implica una cotización de 28 años.

Por último, debemos aplicar el porcentaje de ajuste (D.T. 9.ª de la LGSS):

- Por 15 años cotizados le corresponde un porcentaje del **50 % de la BR.**

- 15 años **+ 0,21 por cada uno de los siguientes 49 meses de cotización** por encima de los 15 años cotizados.

28 años - 15 años = 13 años.

13 años x 12 meses = 156 meses.

49 meses x 0,21 = 10,29 % adicional a la BR.

- 15 años + 0,19 por cada mes adicional de cotización desde el 50 al 209 por encima de los 15 años cotizados.

156 meses - 49 = 107 meses.

107 meses x 0,19 = 20,33 % adicional a la BR.

Por 28 años cotizados le corresponde el 80,62 % de la base reguladora [50 + 10,29 + 20,33]

504 x 80,62 % = 406,32 euros/mes [La autónoma tendrá derecho a 14 pagas (12 mensualidades más dos pagas extraordinarias)].

Como la cuantía de la pensión contributiva no llega a las cantidades mínimas establecidas para 2025, su cuantía puede verse incrementada con lo que se conoce como **complemento a mínimos,** siempre que se acrediten ciertos requisitos, hasta dicho importe mínimo (art. 59 de la LGSS y Real Decreto 1058/2022, de 27 de diciembre).

---

(1) Téngase en cuenta que la reforma de las pensiones 2023 (Real Decreto-ley 2/2023, de 16 de marzo) ha modificado la redacción del art. 209 de la LGSS con efectos de 01/01/2026. Los cálculos se realizan sobre la redacción aplicable en 2023 y vigente sin modificaciones en lo que representa este supuesto para 2025. A partir de 2026 entra en vigor un nuevo método de cálculo de la base reguladora, en el que se elegirá entre la mejor de dos opciones: a) Los últimos 25 años de cotización; b) Los últimos 29 años eliminando los 2 peores años de cotización.

ANEXO II.
FORMULARIOS

Reclamación administrativa previa por falta de cotizaciones para el reconocimiento de la pensión de jubilación

Para acceder a la pensión de jubilación en su modalidad contributiva, es necesario tener cubierto un período mínimo de cotización de quince años, de los cuales al menos dos deberán estar comprendidos dentro de los quince años inmediatamente anteriores al momento de causar el derecho. A efectos del cómputo de los años cotizados no se tendrá en cuenta la parte proporcional correspondiente a las pagas extraordinarias.

A LA DIRECCIÓN PROVINCIAL DEL INSTITUTO DE LA SEGURIDAD SOCIAL DE [PROVINCIA] (1)

D/D.ª [NOMBRE], con NIF [NIF], y domicilio en [DOMICILIO] de [LUGAR], ante la Dirección Provincial del Instituto de la Seguridad Social de [PROVINCIA] comparezco, y como mejor proceda en Derecho,

DIGO

Que por medio del presente escrito interpongo RECLAMACIÓN PREVIA a la vía judicial social, de conformidad con el artículo 71 de la Ley de la Jurisdicción Social, contra la resolución de [FECHA], notificada en [FECHA] expediente n.º [NÚMERO], denegatoria de la pensión de jubilación, de [CANTIDAD] euros, en base a las siguientes

ALEGACIONES (2)

PRIMERO.- Mi fecha de nacimiento es [FECHA] y estoy afiliado a la Seguridad social desde [AÑO], con el n.º [NUM_SEG_SOCIAL_TRABAJADOR], habiendo trabajado como [FUNCIONES_TRABAJADOR]

SEGUNDO.- En [FECHA] solicité al Instituto Nacional de la Seguridad Social pensión de jubilación y con fecha [FECHA] dictó resolución en la que me denegaba tal la pensión por no tener suficientes cotizaciones.

TERCERO.- Tras pedir informe sobre cotizaciones a la TGSS he tenido conocimiento de que en el período correspondiente a [ESPECIFICAR] en que trabajé para la empresa [NOMBRE_EMPRESA] encuadrada en el régimen de [ESPECIFICAR] no tengo cotizaciones.

CUARTO.- Puedo probar con toda certeza que durante los años [AÑO] a [AÑO] trabajé para la citada mercantil mediante testifical, documental u otros medios de prueba, y que cumplo con los requisitos establecidos en el artículo 205 de la Ley General de la Seguridad, para ser beneficiario de la pensión de jubilación en su modalidad contributiva.

Se adjuntan al presente escrito, los documentos siguientes:

- [DOCUMENTO].
- [DOCUMENTO].
- [DOCUMENTO].

Por lo expuesto,

SOLICITO que, tenga por presentado este escrito y documentos acompañantes, los admita y tenga por formulada reclamación previa a la vía judicial social y en razón a los motivos expuestos, dicte resolución por la que me reconozca el derecho a la pensión correspondiente, con una base reguladora de [ESPECIFICAR], acordando esta Dirección Provincial el pago directo de toda la prestación, sin perjuicio de la posterior subrogación.

En [LOCALIDAD], a [DÍA] de [MES] de [AÑO].

[FIRMA]

---

(1) La reclamación previa deberá interponerse ante el órgano competente que haya dictado resolución sobre la solicitud inicial del interesado, en el plazo de treinta días desde la notificación de la misma, si es expresa, o desde la fecha en que, conforme a la normativa reguladora del procedimiento de que se trate, deba entenderse producido el silencio administrativo.

(2) Vinculación respecto a la reclamación administrativa previa en materia de prestaciones de Seguridad Social o vía administrativa previa: En el proceso no podrán introducir las partes variaciones sustanciales de tiempo, cantidades o conceptos respecto de los que fueran objeto del procedimiento administrativo y de las actuaciones de los interesados o de la Administración, bien en fase de reclamación previa en materia de prestaciones de Seguridad Social o de recurso que agote la vía administrativa, salvo en cuanto a los hechos nuevos o que no hubieran podido conocerse con anterioridad (art. 72 de la LJS).

Reclamación administrativa previa por cómputo incorrecto de las cotizaciones efectuadas durante la vida laboral a efectos del reconocimiento de pensión de jubilación

El presente modelo permite la reclamación administrativa previa en reclamación de pensión de jubilación ante un cómputo incorrecto de las cotizaciones efectuadas durante la vida laboral a efectos del reconocimiento del derecho a la pensión por jubilación por parte del prestacionista.

AL INSTITUTO NACIONAL DE LA SEGURIDAD SOCIAL
DELEGACIÓN PROVINCIAL DE [PROVINCIA]

D./D.ª [NOMBRE_PERSONA_TRABAJADORA], mayor de edad, con DNI núm. [NÚMERO], afiliado/a a la Seguridad Social núm. [NUM_SEG_SOCIAL], y domiciliado/a en [DOMICILIO], ante esa DIRECCIÓN PROVINCIAL DEL INSTITUTO NACIONAL DE LA SEGURIDAD SOCIAL comparezco y

EXPONGO

Que mediante el presente escrito, interpone en tiempo y forma RECLAMACIÓN ADMINISTRATIVA PREVIA a la vía judicial social conforme a lo establecido en el artículo 71 de la Ley de Jurisdicción Social, contra la resolución de ese Instituto Nacional de la Seguridad Social de fecha [DÍA] de [MES] de [AÑO], dictada en el expediente núm. [NÚMERO], notificada a este reclamante el [DÍA] de [MES] de [AÑO], en la que se le deniega el reconocimiento al pago de la pensión de jubilación.

Que, este reclamante considera no ajustada a Derecho dicha resolución en base a los siguientes:

MOTIVOS

PRIMERO.- Estoy afiliado al sistema de la Seguridad Social desde el [DÍA] de [MES] de [AÑO], habiendo permanecido en alta y cotizando al Régimen General de la Seguridad Social durante los períodos siguientes:

- [ESPECIFICAR].
- [ESPECIFICAR].
- [ESPECIFICAR].

SEGUNDO.- Con efectos de día [DÍA] de [MES] de [AÑO], fecha en la que cumplo los [NÚMERO] años de edad **(1)**, solicito del Instituto Nacional de la Seguridad Social la correspondiente pensión de jubilación regulada en los artículos 204 y siguientes de la Ley General de la Seguridad Social, la que se me deniega por [ESPECIFICAR].

TERCERO.- Que el Instituto Nacional de la Seguridad Social no ha efectuado correctamente el cómputo de las cotizaciones efectuadas durante mi vida laboral a efectos del reconocimiento del derecho a la pensión, toda vez que [ESPECIFICAR]. **Cuarto.** Que, como consecuencia de lo anteriormente expuesto, el cómputo correcto de cotizaciones sería el siguiente: [ESPECIFICAR].

Por lo expuesto,

SUPLICO A LA DIRECCIÓN PROVINCIAL DEL INSTITUTO NACIONAL DE LA SEGURIDAD SOCIAL que teniendo por presentado este escrito con su copia y documento anexo se sirva admitirlo, tenga por interpuesta, en tiempo y forma, RECLAMACIÓN ADMINISTRATIVA PREVIA a la vía jurisdiccional social contra la resolución del INSS de fecha [DÍA] de [MES] de [AÑO] y, previos los trámites oportunos, proceda a dictar nueva resolución por la que, estimando la solicitud, se reconozca mi derecho a percibir la pensión de jubilación en el [PORCENTAJE] % de la base reguladora de [CANTIDAD] euros.

Es justicia que se pide en [PROVINCIA], a [DÍA] de [MES] de [AÑO].

[FIRMA]

---

(1) Las modificaciones realizadas en la Ley General de la Seguridad Social establecen como requisito para alcanzar el derecho a la pensión de jubilación, en su modalidad contributiva, que las personas incluidas en este Régimen General hayan cumplido 67 años de edad (de forma progresiva hasta el 2027), o 65 años cuando se acrediten 38 años y 6 meses de cotización, sin que se tenga en cuenta la parte proporcional correspondiente a las pagas extraordinarias (art. 208 de la LGSS).

Modelo de reclamación administrativa previa sobre pensión de jubilación ante no reconocimiento de incrementos en la base de cotización anteriores como válidos

Para la determinación de la base reguladora de la pensión de jubilación no se podrán computar los incrementos de las bases de cotización producidos en los dos últimos años, que sean consecuencia de aumentos salariales superiores al incremento medio interanual experimentado en el convenio colectivo aplicable o, en su defecto, en el correspondiente sector.

Se exceptúan de la norma general establecida en el apartado anterior los incrementos salariales que sean consecuencia de la aplicación estricta de las normas contenidas en disposiciones legales y convenios colectivos sobre antigüedad y ascensos reglamentarios de categoría profesional.

Quedarán asimismo exceptuados, en los términos contenidos en el párrafo anterior, aquellos incrementos salariales que deriven de cualquier otro concepto retributivo establecido con carácter general y regulado en las citadas disposiciones legales o convenios colectivos.

No obstante, la referida norma general será de aplicación cuando los incrementos salariales a que se refiere este apartado se produzcan exclusivamente por decisión unilateral de la empresa en virtud de sus facultades organizativas.

La reclamación previa deberá interponerse ante el órgano competente que haya dictado resolución sobre la solicitud inicial del interesado, en el plazo de treinta días desde la notificación de la misma, si es expresa, o desde la fecha en que, conforme a la normativa reguladora del procedimiento de que se trate, deba entenderse producido el silencio administrativo (art. 71 de la LRJS).

A LA DIRECCIÓN PROVINCIAL DEL INSTITUTO NACIONAL DE LA SEGURIDAD SOCIAL DE [PROVINCIA]

D./D.ª [NOMBRE_PERSONA_TRABAJADORA], con DNI núm. [NÚMERO], afiliado a la Seguridad Social núm. [NUM_SEGURIDAD_SOCIAL], y domiciliado en [DOMICILIO_TRABAJADOR], ante esa DIRECCIÓN PROVINCIAL DEL INSTITUTO NACIONAL DE LA SEGURIDAD SOCIAL comparezco y

DIGO

Que mediante el presente escrito, interpone en tiempo y forma RECLAMACIÓN ADMINISTRATIVA PREVIA a la vía judicial social conforme a lo establecido en el artículo 71 de la Ley de Jurisdicción Social, contra la resolución de este Instituto Nacional de la Seguridad Social de fecha [DÍA] de [MES] de [AÑO], dictada en el expediente núm. [NUM_EXPEDIENTE], notificada a este reclamante el [DÍA] de [MES] de [AÑO], en la que se le deniega el reconocimiento al pago de la pensión de jubilación en las cantidades reales sobre mi base de cotización en el momento de la jubilación.

Que, este reclamante considera no ajustada a Derecho dicha resolución en base a los siguientes:

MOTIVOS

PRIMERO.- Estoy afiliado al sistema de la Seguridad Social desde el [DÍA] de [MES] de [AÑO], habiendo permanecido en alta y cotizando al Régimen General de la Seguridad Social durante los períodos siguientes: [ESPECIFICAR].

SEGUNDO.- Con efectos de [DÍA] de [MES] de [AÑO], fecha en la que cumplo los [NÚMERO] años **(1)**, solicito del Instituto Nacional de la Seguridad Social la correspondiente pensión de jubilación, la que se me deniega por [DESCRIPCIÓN]. **(2)**

TERCERO.- El Instituto Nacional de la Seguridad Social no ha efectuado correctamente el cómputo de las cotizaciones efectuadas durante mi vida laboral a efectos del reconocimiento del derecho a la pensión, toda vez que no reconocen como válido el incremento en mis bases de cotización por el periodo [AÑO] a [AÑO] al considerar que [CONSIGNAR LAS RAZONES ALUDIDAS PARA NO RECONOCER EL INCREMENTO DE COTIZACIÓN COMO CORRECTO].

CUARTO.- Como consecuencia de lo anteriormente expuesto, para el cómputo correcto de las cotizaciones, ha de aceptarse el citado incremento de [CANTIDAD] sobre la pensión reconocida, dado que con fecha [DIA] de [MES] de [AÑO] este se produjo motivado por un real y efectivo cambio en la prestación de servicios; pasando de realizar las tareas de [DESCRIPCIÓN] a comenzar a realizar las de [DESCRIPCIÓN] correspondiéndolo por ello una subida en mis retribuciones de [CANTIDAD] euros. **(3)**

QUINTO.- Las superiores funciones sobre las que en su momento pende este incremento salarial se justifican en la necesidad de [DESCRIPCIÓN], no correspondiendo como afirma el INSS a [DESCRIPCIÓN].

Por lo expuesto,

SOLICITO A ESTA DIRECCIÓN PROVINCIAL DEL INSTITUTO NACIONAL DE LA SEGURIDAD SOCIAL:

Tenga por presentado este escrito con su copia y documento anexo, se sirva admitirlo y tenga por interpuesta, en tiempo y forma, RECLAMACIÓN ADMINISTRATIVA PREVIA a la vía jurisdiccional social contra la resolución del INSS de fecha [DÍA] de [MES] de [AÑO] y, previos los trámites de Ley, dictar nueva resolución por la que, estimando la solicitud, reconozca mi derecho a percibir la pensión de jubilación, en el porcentaje del [PORCENTAJE] por [PORCENTAJE], de la base reguladora de [CANTIDAD] euros, por ser todo ello conforme a justicia y derecho.

En [PROVINCIA], a [DÍA] de [MES] de [AÑO].

[FIRMA]

---

(1) Las modificaciones realizadas en la Ley General de la Seguridad Social establecen como requisito para alcanzar el derecho a la pensión de jubilación, en su modalidad contributiva, que las personas incluidas en este Régimen General hayan cumplido 67 años de edad (de forma progresiva hasta el 2027), o 65 años cuando se acrediten 38 años y 6 meses de cotización, sin que se tenga en cuenta la parte proporcional correspondiente a las pagas extraordinarias (art. 209 de la LGSS).

(2) En caso de no haberse denegado pero establecerse en cuantías inferiores a la cotización realizada consignar: «(...) *la que se me concede en relación a una base reguladora de* [CANTIDAD] *euros»*.

(3) Ver sobre la materia: STSJ Cataluña n.º 7832/2012, de 20 noviembre de 2012, ECLI:ES:TSJ-CAT:2012:12548, STS, rec. 4369/2001, de 24 de febrero de 2003, y STS, rec. 1207/2002, de 6 de febrero de 2003.

Reclamación administrativa previa solicitando el cómputo del período de prestación del servicio militar obligatorio como cotizado a efectos de jubilación parcial

Actualmente para el cálculo de la jubilación ordinaria, no se tiene en cuenta el periodo de servicio militar obligatorio o prestación social sustitutoria por no haberse regulado un sistema para compensar la interrupción de cotizaciones por realización del servicio militar o la prestación social sustitutoria, sólo permitiéndose el cómputo en las siguientes modalidades:

– Jubilación anticipada por causa no imputable al trabajador.

– Jubilación anticipada por voluntad del interesado.

– Jubilación parcial.

– Jubilación de funcionarios públicos.

Siempre que con carácter simultáneo se celebre un contrato de relevo en los términos previstos en el artículo 12.7 del texto refundido de la Ley del Estatuto de los Trabajadores, los trabajadores a tiempo completo podrán acceder a la jubilación parcial cuando reúnan los requisitos establecidos en el art. 215.2 de la LGSS. Para acreditar un período de cotización de treinta y tres años en la fecha del hecho causante de la jubilación parcial, a estos exclusivos efectos, sólo se computará el período de prestación del servicio militar obligatorio o de la prestación social sustitutoria, o del servicio social femenino obligatorio, con el límite máximo de un año [art. 215.2.d) de la LGSS].

A LA DIRECCIÓN PROVINCIAL DEL INSTITUTO NACIONAL DE LA SEGURIDAD SOCIAL DE [PROVINCIA]

D./D.ª [NOMBRE_PERSONA_TRABAJADORA], con DNI núm. [DNI_PERSONA_TRABAJADORA], afiliado a la Seguridad Social núm. [NUM_SEGURIDAD_SOCIAL_TRABAJADOR], y domiciliado en [DOMICILIO], ante esa DIRECCIÓN PROVINCIAL DEL INSTITUTO NACIONAL DE LA SEGURIDAD SOCIAL comparezco y

EXPONGO

Que mediante el presente escrito, interpone en tiempo y forma RECLAMACIÓN ADMINISTRATIVA PREVIA a la vía judicial social conforme a lo establecido en el artículo 71 de la Ley de Jurisdicción Social, contra la resolución de este Instituto Nacional de la Seguridad Social de fecha [DÍA] de [MES] de [AÑO], dictada en el expediente núm. [NUM_EXPEDIENTE], notificada a este reclamante el [DÍA] de [MES] de [AÑO], en la que se le deniega el reconocimiento de jubilación parcial sin tener en cuenta el cómputo del período de prestación del servicio militar (o prestación social sustitutoria) obligatorio como cotizado.

Que, este reclamante considera no ajustada a Derecho dicha resolución en base a los siguientes:

MOTIVOS

PRIMERO.- Que estoy afiliado al sistema de la Seguridad Social desde el [DÍA] de [MES] de [AÑO], habiendo permanecido en alta y cotizando al Régimen General de la Seguridad Social durante los períodos siguientes: [ESPECIFICAR]

SEGUNDO.-Que, con efectos de [DÍA] de [MES] de [AÑO], fecha en la que cumplo los [NÚMERO] años de edad **(1)**, solicito del Instituto Nacional de la Seguridad Social la correspondiente pensión de jubilación parcial, la que se me deniega por no acreditar un período de cotización de treinta y tres años en la fecha del hecho causante de la jubilación parcial, sin que a estos efectos se tenga en cuenta la parte proporcional correspondiente por pagas extraordinarias (Adjunto como doc. núms. 1 y 2, solicitud y resolución denegatoria).

TERCERO.- Que el Instituto Nacional de la Seguridad Social no ha efectuado correctamente el cómputo de las cotizaciones efectuadas durante mi vida laboral a efectos del reconocimiento del derecho a la pensión, toda vez que no reconocen como válido el incremento en mis bases de cotización por el periodo [AÑO] a [AÑO] al no contemplar el **cómputo del período de prestación del servicio militar obligatorio (o prestación social sustitutoria) de ese periodo como cotizado. (2)**

CUARTO.- Que, a los efectos de acreditar un período mínimo de cotización efectiva de 33 años necesarios para el acceso a la jubilación parcial, ha de computarse el período de prestación del servicio militar obligatorio o de la prestación social sustitutoria, **con el límite máximo de un año.**

QUINTO.- Que, como consecuencia de lo anteriormente expuesto, para el cómputo correcto de las cotizaciones, ha de incrementarse sobre el periodo de [NÚMERO] años cotizados reconocido por este organismo, el citado periodo servicio militar obligatorio (o prestación social sustitutoria), suponiendo un número de años cotizados totales de [NÚMERO] años, suficientes para el acceso a la prestación.

SEXTO.- Adjunto como doc. n.º 1 [ESPECIFICAR] **(2)** como acreditación válida a estos efectos del tiempo a computar.

Por lo expuesto,

SUPLICO a esa **DIRECCIÓN PROVINCIAL DEL INSTITUTO NACIONAL DE LA SEGURIDAD SOCIAL** que teniendo por presentado este escrito con su copia y documento anexo se sirva admitirlo, tenga por interpuesta, en tiempo y forma, RECLAMACIÓN ADMINISTRATIVA PREVIA a la vía jurisdiccional social contra la resolución del INSS de fecha [DÍA] de [MES] de [AÑO] y, previos los trámites de Ley, dictar nueva resolución por la que, estimando la solicitud:

- Reconozca mi derecho a percibir la pensión de jubilación parcial encontrarse acreditado un período de cotización de treinta y tres años en la fecha del hecho causante de la jubilación parcial. **(3)**

En [PROVINCIA], a [DÍA] de [MES] de [AÑO].

[FIRMA]

---

(1) Según art. 215.2 de la LGSS.

(2) A modo de ej.: «certificado para el cómputo recíproco de cotizaciones emitido por la Dirección General de Personal Militar (Área de Pensiones) de la Delegación del Ministerio de Defensa de la provincia de [PROVINCIA]».

(3) Con efectos de 01/04/2025, entre otros requisitos, el prestaciones debe tener cumplida en la fecha del hecho causante una edad que sea inferior en tres años, como máximo, a la edad que en cada caso resulte de aplicación según lo establecido en el artículo 205.1.a) de la LGSS, y acreditar un periodo de cotización de treinta y tres años, sin que, a tales efectos, se tengan en cuenta las bonificaciones o anticipaciones de la edad de jubilación que pudieran ser de aplicación al interesado, ni la parte proporcional correspondiente por pagas extraordinarias

Modelo de reclamación administrativa previa solicitando el complemento de pensiones contributivas para la reducción de la brecha de género

El presente modelo permite realizar reclamación previa ante el órgano competente que haya dictado resolución denegando el complemento de pensiones contributivas para la reducción de la brecha de género (aplicable a pensiones desde el 04/02/2021) en las pensiones contributivas de jubilación, viudedad e incapacidad permanente, sobre la solicitud inicial del interesado, en el plazo de treinta días desde la notificación de la misma, si es expresa, o desde la fecha en que, conforme a la normativa reguladora del procedimiento de que se trate, deba entenderse producido el silencio administrativo (art. 71 de la LRJS).

A LA DIRECCIÓN PROVINCIAL DEL INSTITUTO NACIONAL DE LA SEGURIDAD SOCIAL DE [PROVINCIA]

D./D.ª [NOMBRE], con DNI núm. [DN], afiliado a la Seguridad Social núm. [NÚM_SEGURIDAD_SOCIAL], y domiciliado en [DOMICILIO], ante esa DIRECCIÓN PROVINCIAL DEL INSTITUTO NACIONAL DE LA SEGURIDAD SOCIAL comparezco y

DIGO

Que mediante el presente escrito, interpone en tiempo y forma **RECLAMACIÓN ADMINISTRATIVA PREVIA** a la vía judicial social conforme a lo establecido en el artículo 71 de la Ley de Jurisdicción Social, contra la resolución de este Instituto Nacional de la Seguridad Social de fecha [DÍA] de [MES] de [AÑO], dictada en el expediente núm. [NÚM_EXPEDIENTE], notificada a este reclamante el [DÍA] de [MES] de [AÑO], en la que se le deniega el reconocimiento al pago del **complemento para la reducción de la brecha de género sobre mi pensión contributiva de** [JUBILACIÓN, VIUDEDAD O INCAPACIDAD PERMANENTE].

Que, este reclamante considera no ajustada a derecho dicha resolución en base a los siguientes:

MOTIVOS

PRIMERO. Estoy afiliado/a al sistema de la Seguridad Social desde el [DÍA] de [MES] de [AÑO], habiendo permanecido en alta y cotizando al Régimen General de la Seguridad Social durante los períodos siguientes: [ESPECIFICAR], como se acredita según informe de vida laboral adjunto como doc. n.º 1.

SEGUNDO. Con efectos de [DÍA] de [MES] de [AÑO], fecha en la que cumplo los [NÚMERO] años **(1)**, solicito del Instituto Nacional de la Seguridad Social la correspondiente pensión de jubilación **(2)**, la que se concede sujeta a los siguientes parámetros:

- Base reguladora: [CANTIDAD]
- Fecha de efectos: [FECHA]
- Años cotizados reconocidos en vida laboral: [ESPECIFICAR]

TERCERO. Que soy [MADRE/PADRE] de [2.3,4 o más hijos/as], como muestra el libro de familia expedido a mi nombre donde constan (doc. núm. 2):

- D./D.ª [NOMBRE_HIJO_A], nacido el [FECHA]. Tomo [NÚMERO], página [NÚMERO].

- D./D.ª [NOMBRE HIJO A], nacido el [FECHA]. Tomo [NÚMERO], página [NÚMERO].

- D./D.ª [NOMBRE_HIJO_A], nacido el [FECHA]. Tomo [NÚMERO], página [NÚMERO].

- D./D.ª [NOMBRE_HIJO_A], nacido el [FECHA]. Tomo [NÚMERO], página [NÚMERO].

- [...].

CUARTO. Tramitada, con fecha [FECHA], la solicitud de Complemento de pensiones contributivas para la reducción de la brecha de género, por resolución del Instituto Nacional de la Seguridad Social de fecha [DÍA] de [MES] de [AÑO] se acordó denegar el derecho solicitado con fundamento en [ESPECIFICAR]. (Doc. núm. 3)

La interpretación de la Entidad Gestora es errónea toda vez que: [DESCRIPCIÓN].

QUINTO. Atendiendo al art. 60 del Real Decreto Legislativo 8/2015, de 30 de octubre, por el que se aprueba el texto refundido de la Ley General de la Seguridad Social, aplicable a pensiones desde el 04/02/2021, para lucrar este complemento es necesario: **(3)**

- Las **mujeres** que hayan tenido uno o más hijos o hijas y que sean beneficiarias de una pensión contributiva de jubilación, de incapacidad permanente o de viudedad, tendrán derecho a un complemento por cada hijo o hija, debido a la incidencia que, con carácter general, tiene la brecha de género en el importe de las pensiones contributivas de la Seguridad Social de las mujeres.

El derecho al complemento por cada hijo o hija se reconocerá o mantendrá a la mujer siempre que no medie solicitud y reconocimiento del complemento en favor del otro progenitor y si este otro es también mujer, se reconocerá a aquella que sea titular de pensiones públicas cuya suma sea de menor cuantía (art. 60.1 de la LGSS).

- Los hombres tendrán derecho al reconocimiento del complemento en caso de concurrir alguno de los siguientes requisitos:

1. Tener reconocida una pensión de viudedad por el fallecimiento del otro progenitor de los hijos o hijas en común, siempre que alguno de ellos tenga derecho a percibir una pensión de orfandad.

2. Causar una pensión contributiva de jubilación o incapacidad permanente y haber interrumpido o haber visto afectada su carrera profesional con ocasión del nacimiento o adopción, con arreglo a las siguientes condiciones:

1.ª En el supuesto de hijos o hijas nacidos o adoptados hasta el 31 de diciembre de 1994, tener más de ciento veinte días sin cotización entre los nueve meses anteriores al nacimiento y los tres años posteriores a dicha fecha o, en caso de adopción, entre la fecha de la resolución judicial por la que se constituya y los tres años siguientes, siempre que la suma de las cuantías de las pensiones reconocidas sea inferior a la suma de las pensiones que le corresponda a la mujer.

2.ª En el supuesto de hijos o hijas nacidos o adoptados desde el 1 de enero de 1995, que la suma de las bases de cotización de los veinticuatro meses siguientes al del nacimiento o al de la resolución judicial por la que se constituya la adopción sea inferior, en más de un 15 por ciento, a la de los veinticuatro meses inmediatamente anteriores, siempre que la cuantía de las sumas de las pensiones reconocidas sea inferior a la suma de las pensiones que le corresponda a la mujer.

3.ª Si los dos progenitores son hombres y se dan las condiciones anteriores en ambos, se reconocerá a aquel que sea titular de pensiones públicas cuya suma sea de menor cuantía.

4.ª El requisito, para causar derecho al complemento, de que la suma de las pensiones reconocidas sea inferior a la suma de las pensiones que le corresponda al otro progenitor se exigirá en el momento en que ambos progenitores causen derecho a una prestación contributiva en los términos previstos en la norma.

SEXTO. Que, como consecuencia de lo anteriormente expuesto, me corresponde un complemento, que tendrá a todos los efectos naturaleza jurídica de pensión pública contributiva, consistente en un importe de [CANTIDAD] euros por cada hijo o hija, con el límite de cuatro veces dicho importe. En mi caso [CANTIDAD] euros mensuales.

Por lo expuesto,

SOLICITO a esa DIRECCIÓN PROVINCIAL DEL INSTITUTO NACIONAL DE LA SEGURIDAD SOCIAL que teniendo por presentado este escrito con su copia y documentos anexos se sirva admitirlo, tenga por interpuesta, en tiempo y forma, RECLAMACIÓN ADMINISTRATIVA PREVIA a la vía jurisdiccional social contra la resolución del INSS de fecha [DÍA] de [MES] de [AÑO] y, previos los trámites de Ley, dictar nueva resolución por la que, estimando la solicitud, reconozca mi derecho a percibir el complemento para la reducción de la brecha de género en las pensiones contributivas de [jubilación, viudedad e incapacidad permanente], en la cuantía de [CANTIDAD] euros, sobre la base reguladora de mi actual pensión de [CANTIDAD] euros, con efectos desde [FECHA].

En [PROVINCIA], a [DÍA] de [MES] de [AÑO].

[FIRMA]

---

(1) Las modificaciones realizadas en la Ley General de la Seguridad Social establecen como requisito para alcanzar el derecho a la pensión de jubilación, en su modalidad contributiva, que las personas incluidas en este Régimen General hayan cumplido 67 años (de forma progresiva hasta el 2027), o 65 años cuando se acrediten 38 años y 6 meses de cotización, sin que se tenga en cuenta la parte proporcional correspondiente a las pagas extraordinarias [artículo 205.1.a) de la LGSS].

(2) El complemento de pensiones contributivas para la reducción de la brecha de género se reconoce a los hombre o mujeres beneficiarios de una pensión contributiva de jubilación, de incapacidad permanente o de viudedad.

(3) Para las pensiones causadas entre el 01/01/2016 y hasta el 03/02/2021 (día anterior a la entrada en vigor de la modificación del art. 60 de la LGSS), quienes estuvieran percibiendo el complemento por maternidad por aportación demográfica, mantendrán su percibo (D.T. 33.ª de la LGSS).

Formulario de demanda ante silencio administrativo tras reclamación previa por error de cálculo en la prestación de jubilación

Será requisito necesario para formular demanda en materia de prestaciones de Seguridad Social, que los interesados interpongan reclamación previa ante la Entidad gestora de las mismas.

Formulada reclamación previa, la Entidad deberá contestar expresamente a la misma en el plazo de cuarenta y cinco días. En caso contrario se entenderá denegada la reclamación por silencio administrativo.

La demanda habrá de formularse en el plazo de treinta días, a contar desde la fecha en que se notifique la denegación de la reclamación previa o desde el día en que se entienda denegada por silencio administrativo.

AL JUZGADO DE LO SOCIAL DE [LUGAR] QUE POR TURNO DE REPARTO CORRESPONDA

D./D.ª [NOMBRE_LETRADO/GRADUADO_SOCIAL], en calidad de letrado y representante de D/Dña. [NOMBRE], representación que acredito mediante copia de escritura de apoderamiento que adjunta acompaño como **doc. núm.** [NÚMERO], y domicilio a efectos de notificaciones en [DOMICILIO_DESPACHO], ante el juzgado comparezco y, como mejor proceda en derecho, **DIGO:**

Que, por medio del presente escrito, en tiempo y forma debidos, y al amparo de lo establecido en los artículo 80 y siguientes de la Ley 36/2011, de 10 de octubre, reguladora de la jurisdicción social (en adelante, LRJS), vengo a interponer **DEMANDA POR SILENCIO ADMINISTRATIVO en materia de prestaciones de Seguridad Social, en concreto, pensión de jubilación,** frente a [ADMINISTRACIÓN PÚBLICA/ENTIDAD DE DERECHO PÚBLICO]

Se basa la demanda en los siguientes

HECHOS

PRIMERO.- Del objeto de la presente demanda.

Se interpone la presente demanda toda vez que el INSS ha calculado erróneamente la pensión de jubilación de mi mandante.

Efectivamente, con fecha [FECHA], mi mandante solicitó el reconocimiento de su pensión de jubilación del régimen [DESCRIPCIÓN].

Con fecha [FECHA] dicha pensión le fue reconocida por importe de [IMPORTE]. Pues bien, dicho importe no está bien calculado, tal y como expondremos en el hecho siguiente.

Consecuentemente, esta parte presentó la oportuna reclamación previa a fin de agotar la vía administrativa de conformidad con lo establecido en el artículo 71 de la LRJS. Adjunta se acompaña copia de la referida reclamación previa como **doc. núm.** [NÚMERO].

Al día de la fecha no se ha producido respuesta por parte de [ADMINISTRACIÓN PÚBLICA/ENTIDAD DE DERECHO PÚBLICO] lo que conlleva, a tenor de lo establecido en el apartado 5 del referido artículo 71 de la LRJS, que la misma ha de entenderse desestimada por silencio administrativo.

SEGUNDO.- De la pensión reclamada por mi mandante.

Como ya se hizo constar en la reclamación previa **(1)** [DESCRIPCIÓN].

En consecuencia, por medio del presente escrito vengo a solicitar que, con estimación de la demanda que nos ocupa, se proceda de conformidad con lo pedido, esto es, acordando que la pensión de jubilación reconocida a mi mandante habrá de ascender a [CANTIDAD] euros desde la fecha de su reconocimiento, el [FECHA].

A los anteriores hechos son de aplicación los siguientes

FUNDAMENTOS DE DERECHO

I.- Jurisdicción y competencia.

El artículo 1 de la LRJS establece que «los órganos *jurisdiccionales del orden social conocerán de las pretensiones que se promuevan dentro de la rama social del derecho incluyendo aquellas que versen sobre Seguridad Social así como de las impugnaciones de las actuaciones de las Administraciones públicas realizadas en el ejercicio de sus potestades y funciones sobre las anteriores materias»*. Asimismo, el artículo 2. o) de la misma norma dispone que los órganos jurisdiccionales del orden social conocerán de las cuestiones litigiosas que se promuevan en materia de prestaciones de Seguridad Social.

Corresponde, por tanto, el conocimiento de la presente demanda al orden jurisdiccional social.

Por otra parte, es competente el juzgado al que me dirijo de conformidad con lo establecido en los artículos 6 y 10.2.a) de la LRJS.

II.- Capacidad y legitimación.

La capacidad de mi mandante queda amparada en lo establecido en el artículo 16 de la LRJS.

Asimismo, está mi mandante legitimada de conformidad con lo establecido en el artículo 17 de la LRJS, por tratarse de la titular del derecho a la pensión de jubilación.

III.- Representación y defensa procesales.

Esta parte comparece representada por el Letrado referido en el encabezamiento de este escrito, del que se valdrá, también, en el acto del juicio, de lo que se deja constancia a los efectos de lo establecido en el artículo 21 de la LRJS.

Ha quedado adjunto, como doc. núm. [NÚMERO], el poder correspondiente.

IV.- Procedimiento y fondo del asunto.

El presente procedimiento versa sobre el importe de la pensión de jubilación solicitada por mi mandante y que, a entender de esta parte, no ha sido correctamente calculado.

En consecuencia, nos encontramos ante una cuestión en materia de prestaciones de Seguridad Social, la jubilación.

El procedimiento a seguir será el establecido en los artículos 80 y siguientes de la LRJS.

Nótese que, como ya se ha dejado indicado en el hecho primero, esta parte interpuso la correspondiente reclamación previa, si bien no se ha recibido respuesta a la misma por lo que hemos de entenderla desestimada por silencio administrativo.

En cuanto a jurisprudencia aplicable al supuesto que nos ocupa, interesa traer a colación las siguientes resoluciones:

- **Sentencia dictada por el Tribunal Superior de Justicia de Madrid, Sala de lo Social, sección 6, de 14-2-2022, 95/2022, ECLI:ES:TSJM:2022:1710:**

«En segundo lugar, hay que tener en cuanto que para la resolución del motivo debemos partir de la regulación de la reclamación previa contenida en la norma procesal laboral. El artículo 140.1 y 2 de la LRJS dispone que:

"1. En las demandas formuladas en materia de prestaciones de Seguridad Social contra organismos gestores y entidades colaboradoras en la gestión se acreditará haber agotado la vía administrativa correspondiente, incluidas aquellas en las que se haya acumulado la alegación de la lesión de un derecho fundamental o libertad pública y salvo que se opte por ejercitar exclusivamente esta última mediante la modalidad procesal de tutela. No será exigible el previo agotamiento de la vía administrativa, en los procesos de impugnación de altas médicas emitidas por los órganos competentes de las Entidades gestoras de la Seguridad Social al agotarse el plazo de duración de trescientos sesenta y cinco días de la prestación de incapacidad temporal.

2. En caso de omitirse, el secretario judicial dispondrá que se subsane el defecto en el plazo de cuatro días. Realizada la subsanación, se admitirá la demanda. En otro caso, dará cuenta al Tribunal para que por el mismo se resuelva sobre la admisión de la demanda."

En cuanto a la reclamación administrativa previa en materia de prestaciones de Seguridad, el artículo 71 de la LRJS establece que:

"1. Será requisito necesario para formular demanda en materia de prestaciones de Seguridad Social, que los interesados interpongan reclamación previa ante la Entidad gestora de las mismas. Se exceptúan los procedimientos de impugnación de las resoluciones administrativas expresas en las que se acuerda el alta médica emitidas por los órganos competentes de las Entidades gestoras de la Seguridad Social al agotarse el plazo de duración de trescientos sesenta y cinco días de la prestación de incapacidad temporal.

2. La reclamación previa deberá interponerse ante el órgano competente que haya dictado resolución sobre la solicitud inicial del interesado, en el plazo de treinta días desde la notificación de la misma, si es expresa, o desde la fecha en que, conforme a la normativa reguladora del procedimiento de que se trate, deba entenderse producido el silencio administrativo.

(...).

3. Si la resolución, expresa o presunta, hubiera sido dictada por una entidad colaboradora, la reclamación previa se interpondrá, en el mismo plazo, ante la propia entidad colaboradora si tuviera atribuida la competencia para resolver, o en otro caso ante el órgano correspondiente de la Entidad gestora u organismo público gestor de la prestación.

4. (...).

5. Formulada reclamación previa en cualquiera de los supuestos mencionados en el presente artículo, la Entidad deberá contestar expresamente a la misma en el plazo de cuarenta y cinco días. En caso contrario se entenderá denegada la reclamación por silencio administrativo.

(...).

6. La demanda habrá de formularse en el plazo de treinta días, a contar desde la fecha en que se notifique la denegación de la reclamación previa o desde el día en que se entienda denegada por silencio administrativo.

(...).

7. Las entidades u organismos gestores de la Seguridad Social expedirán recibo de presentación o sellarán debidamente, con indicación de la fecha, las copias de las reclamaciones que se dirijan en cumplimiento de lo dispuesto en la presente Ley. Este recibo o copia sellada, o el justificante de presentación por los procedimientos y registros alternativos que estén establecidos por la normativa administrativa aplicable, deberán acompañarse inexcusablemente con la demanda"».

– Sentencia dictada por el Tribunal Superior de Justicia de Cataluña, sede Barcelona, Sala de lo Social, sección 1, de 24-1-2022, 387/2022, ECLI:ES:TS-JCAT:2022:669:

«Debe tenerse en cuenta, además, que tal y como señala la sentencia de esta Sala de 28-6-2021 (Rec. 1520/2021): " La doctrina de la Sala Cuarta del Tribunal Supremo, al interpretar el precepto citado, ha concluido, de forma reiterada, tal como recordamos en nuestra sentencia de 14 de diciembre de 2.012 (recurso 4958/2012), que " la reclamación previa no es forma esencial del juicio, sino procedimiento administrativo anterior a éste, y el plazo del artículo 71.2 de la Ley de Procedimiento Laboral ni es procesal ni sustantivo (Auto del TS 21-01-2003), se trata de un requisito previo al proceso judicial, de modo que interpuesta reclamación previa y dejado transcurrir el plazo para la presentación de la demanda judicial aquella se tiene por no interpuesta quedando a salvo el derecho del interesado a interponer nueva reclamación previa si su derecho sigue vivo y, en este sentido lo entendió el Tribunal Supremo respecto a la reclamación previa regulada en el artículo 69 de la LPL al establecer: "La reclamación previa no surtirá efecto cuando el interesado no presentara demanda en los dos meses siguientes a la fecha en que le fuera notificada la respuesta denegatoria o desde el transcurso del plazo en que deba entenderse desestimada por silencio administrativo. Mas esta pérdida de efecto (...) ha de entenderse que limita su ámbito al requisito preprocesal que constituye la reclamación previa, lo cual sólo supone que la no seguida de demanda presentada en tiempo oportuno se hace inoperante para la apertura viable de un ulterior proceso, por lo que se hace necesaria la presentación de otra posterior" (STS de 26-10-1994 (RJ 1994, 9718)). Y ello es así porque la reclamación previa no es un obstáculo para acudir a la jurisdicción, sino que su finalidad es doble: "Una primera, esencial y prioritaria, la de poner en conocimiento del órgano administrativo el contenido y fundamento de la pretensión formulada y darle ocasión de resolver directamente el litigio, evitando así la necesidad de acudir a la jurisdicción. Una segunda, accesoria, subordinada y de más escaso relieve, la de dar a la Administración demandada la posibilidad de preparar adecuadamente la oposición" (STS 18-03-1997, Rec. núm. 2885/1996). De modo que la nueva reclamación previa tiene por efecto, además, de abrir la vía judicial, fijar la fecha de efectos para el caso en que el derecho sea reconocido (STS 26 de mayo de 1996). Por tanto, la ausencia de reclamación previa en el plazo fijado en el artículo 71 .2 de la LPL no impide que la resolución administrativa pueda impugnarse ante los tribunales siempre que el derecho subsista por no haber prescrito, conforme al artículo 43 de la Ley General de la Seguridad Social o, en su caso, caducado, y siempre que con carácter previo a interponer demanda judicial se interponga reclamación administrativa previa y, consecuencia, ante la eventual resolución administrativa negativa se abrirá la posibilidad de acudir a la vía judicial para obtener el correspondiente pronunciamiento".

En este mismo sentido, la STS/4ª de 6 de julio de 2017 (recurso 246/2016), ha concluido, con cita de las SSTS/4ª de 15 de junio de 2015 (rcud 2766/2014,

Pleno), 15 de junio de 2015 (rcud 2648/2014, Pleno), 15 de diciembre de 2015 (R. 288/2015), y 14 de septiembre de 2015 (rcud 3775/2014), 15 de septiembre de 2015 (R. 96/2015), y 7 de junio de 2017 (rcud. 2703/2015):

"Hemos de partir de la base de que conforme a muy pacífica -hasta la fecha- doctrina de la Sala, el defectuoso agotamiento de la vía administrativa previa en materia de prestaciones de Seguridad Social, por inobservancia del plazo de treinta días que establece el art. 71.2. 71.2 LRJS [antes, el art. 71.2 LPL], no afecta al derecho material controvertido y no supone prescripción alguna, sino que únicamente comporta la caducidad en la instancia y la correlativa pérdida del trámite, por lo que tal defecto no resulta obstáculo para el nuevo ejercicio de la acción, siempre que la misma no estuviese ya afectada por el instituto de las referidas prescripción o caducidad. Así lo viene entendiendo unánimemente la doctrina jurisprudencial desde la STS 07/10/74 ..., dictada en interés de ley, y en la que se entendió que la indicada caducidad limita sus efectos a cerrar un procedimiento individualmente considerado y no afecta a las acciones para reivindicar los derechos de Seguridad Social objeto del expediente "caducado", que pueden promoverse de nuevo en cualquier mo- mento siempre que la acción no haya decaído por el transcurso del tiempo, puesto que resulta inadmisible que el incumplimiento de un plazo preprocesal puedan comportar la pérdida de acción para hacer valer un derecho sustantivo cuya prescripción se determina por años (así, entre otras muchas anteriores, 19/10/96 -rcud 3893/95-; 21/05/97 -rcud 3614/96-; 03/03/99 -rcud 1130/98-; 25/09/03 -rcud 1445/02-; y 15/10/03 -rcud 2919/02-). Y esta doctrina -como con acierto destaca el Ministerio Fiscal en su bien argumentado informe- se ha positivizado en el art. 71.4 de la vigente LRJS, a cuyo tenor "... podrá rei- terarse la reclamación previa de haber caducado la anterior, en tanto no haya prescrito el derecho... ". Aplicando tal doctrina, expusimos en las sentencias de fecha 21 de mayo de 2002 (recurso núm. 2683/2001) y 8 de febrero de 2008 (recurso núm. 7396/2006), y 13 de julio de 2018 (recurso 3154/2018) que "ha existido también una interpretación flexible en orden a las consecuencias del incumplimiento del plazo establecido por el artículo 71 .2 de la LPL, dado que la jurisprudencia unificada interpreta que la reclamación previa no forma parte esencial del juicio, sino del procedimiento administrativo anterior a éste, por lo que ni el plazo que marca el artículo 71 .2 de la LPL, ni el incumplimiento del mismo, puede acarrear más que una pérdida del trámite, de ahí que la cumplimentación defectuosa del trámite o incluso su omisión, no ha de ser impedimento del ejercicio válido de acciones judiciales. Consecuencia de esta interpretación es la posibilidad de iniciar la vía administrativa respecto a reso- luciones o acuerdos de la Entidad Gestora que hayan adquirido firmeza, siendo suficiente la presentación de reclamación previa, aunque sea fuera del plazo previsto en el artículo 71 de la LPL, extemporaneidad que podrá tener como consecuencia una limitación de los efectos de la hipotética resolución favora- ble al interesado, pero no la pérdida del derecho, distinguiéndose así entre la caducidad en la instancia y la caducidad del derecho"».

Por lo expuesto,

SUPLICO AL JUZGADO que, teniendo por presentado este escrito junto con las copias y los documentos que lo acompañan, se sirva admitirlo, tenga por interpuesta demanda por silencio administrativo frente a [ADMINISTRACIÓN PÚBLICA/ENTIDAD DE DERECHO PÚBLICO], y, tras los trámites oportunos, acuerde estimarla, dejando sin efecto la resolución denegatoria por silencio administrativo, y declarando el dere- cho de mi mandante a percibir una pensión de jubilación por importe de [CANTIDAD] euros, condenando a la demandada a llevar a efecto los trámites que posibiliten el percibo de la referida prestación con los atrasos que correspondan desde su reconocimiento con fecha [FECHA].

Por ser Justicia que se pide en [LOCALIDAD], a [DÍA] de [MES] de [AÑO].

[FIRMAS]

PRIMER OTROSÍ DIGO: que en la celebración de la vista del juicio comparecerá el letrado que encabeza la presente demanda, en representación del demandante, designando a efecto de notificaciones el domicilio ya expresado en el encabezamiento de la presente demanda. En consecuencia,

SUPLICO AL JUZGADO, que tenga por hecha dicha manifestación a los efectos oportunos.

SEGUNDO OTROSÍ DIGO: que, sin perjuicio de la prueba que sea propuesta en el acto del juicio, interesa a esta parte que:

A) Se sirva a admitir la prueba documental aportada con el presente escrito de demanda:

[DESCRIPCIÓN]

B) Se requiera al Instituto Nacional de la Seguridad Social a fin de que aporte a los autos el expediente administrativo.

En consecuencia,

SUPLICO AL JUZGADO que, teniendo por solicitadas las pruebas propuestas, se sirva admitirlas y ordene cuanto sea necesario para llevar a efecto su práctica.

Es Justicia que reitero en el lugar y fecha *ut supra*.

---

(1) El art. 72 de la LRJS establece:

«En *el proceso no podrán introducir las partes variaciones sustanciales de tiempo, cantidades o conceptos respecto de los que fueran objeto del procedimiento administrativo y de las actuaciones de los interesados o de la Administración, bien en fase de reclamación previa en materia de prestaciones de Seguridad Social o de recurso que agote la vía administrativa, salvo en cuanto a los hechos nuevos o que no hubieran podido conocerse con anterioridad».*

Por su parte, el art. 80.1.c) de la misma Ley, dispone:

«En *ningún caso podrán alegarse hechos distintos de los aducidos en conciliación o mediación ni introducirse respecto de la vía administrativa previa variaciones sustanciales en los términos prevenidos en el artículo 72, salvo los hechos nuevos o que no hubieran podido conocerse con anterioridad».*

En consecuencia, la argumentación que se dé en la demanda habrá de ser la misma que la dada en la reclamación previa, sin perjuicio de la existencia de hechos nuevos.

Formulario de demanda genérico para la reclamación de una pensión de jubilación

Esta demanda permite al trabajador reclamar su derecho a la pensión de jubilación en caso de la denegación. El art. 205 de la Ley General de la Seguridad Social (LGSS) regula los requisitos para alcanzar el derecho a la pensión de jubilación, tales como edad y periodo mínimo de cotización. Si estos se cumplen y la entidad gestora deniega la prestación (o no contesta la reclamación previa efectuada), la demanda debe en el plazo de treinta días, a contar desde la fecha en que se notifique la denegación de la reclamación previa o desde el día en que se entienda denegada por silencio administrativo (art. 71 de la LJS).

AL JUZGADO DE LO SOCIAL NÚMERO [NUMERO] DE [PROVINCIA] (1)

D/D.ª [NOMBRE_ABOGADO_CLIENTE] **(2)**, (graduado social/abogado) en ejercicio, con tarjeta de identidad profesional [NÚMERO] y domicilio a efectos de notificaciones en [DOMICILIO_DESPACHO], actuando en nombre de D./D.ª [NOMBRE_CLIENTE], representación que acredito con copia de escritura de poder que acompaño, con el ruego de su devolución, testimoniada que lo sea, ante el juzgado comparezco y, como mejor en derecho proceda,

DIGO

Que por medio del presente escrito interpongo **DEMANDA SOBRE SEGURIDAD SOCIAL EN MATERIA DE JUBILACIÓN** contra Instituto Nacional de la Seguridad Social, Dirección provincial de [PROVINCIA], con domicilio a efecto de notificaciones en [DOMICILIO].

HECHOS

Primero. D./D.ª [NOMBRE_CLIENTE], nacido el día [DÍA] de [MES] de [AÑO], se encuentra afiliado al Sistema de la Seguridad Social con el [NUM_SEG_SOCIAL_TRABAJADOR] y en situación de [ESPECIFICAR] en su Régimen [ESPECIFICAR].

Segundo. Que mi representado tiene cubierto un período de cotización de [ESPECIFICAR], como se acredita según informe de vida laboral adjunto como doc. núm. 1.

Tercero. Que el demandante solicitó pensión contributiva de jubilación en fecha de [FECHA].

Cuarto. Tramitado expediente administrativo, por resolución del Instituto Nacional de la Seguridad Social de fecha [DÍA] de [MES] de [AÑO] se acordó denegar el derecho solicitado con fundamento en [ESPECIFICAR]. Contra dicha resolución se interpuso reclamación previa, que fue desestimada [ESPECIFICAR].

Quinto. Mi cliente acredita los requisitos para acceder a la pensión de jubilación, debiendo ser reconocida sobre una base reguladora mensual en cuantía de [CANTIDAD] euros. En efecto, [DESCRIPCIÓN: supuesto de hecho determinante del derecho].

Sexto. Frente a dicha resolución mi cliente presentó reclamación previa **(3)** que fue desestimada por Resolución de [DÍA] de [MES] de [AÑO] de la Dirección Provincial de [PROVINCIA] del Servicio Público de Empleo.

A los anteriores hechos son de aplicación los siguientes:

FUNDAMENTOS DE DERECHO

Primero. Competencia y jurisdicción

La competencia para el conocimiento de esta pretensión la ostenta el Juzgado de lo Social al que nos dirigimos, tanto por razón de la materia y territorio, así como por la condición de los litigantes, pues así lo establecen los artículos 1.2.o), 6 y 10 de la Ley 36/2011, de 10 de octubre, reguladora de la jurisdicción social, que regula el procedimiento impugnatorio de sanciones

Segundo. Capacidad y Legitimación

La legitimación la ostenta el prestacionista en base al art. 17.1 de la LRJS, donde se establece: «Los titulares de un derecho subjetivo o un interés legítimo podrán ejercitar acciones ante los órganos jurisdiccionales del orden social, en los términos establecidos en las leyes».

En cuanto a la capacidad para ser parte según lo establecido en el art. 16.1 de la LRJS.

Tercero. Procedimiento.

Por tratarse de una materia de seguridad social el procedimiento adecuado sería el establecido en los arts. 80 a 101 de la LRJS, con las particularidades establecidas en los arts. 140 y ss. del mismo texto legal.

Cuarto. Reclamación administrativa previa en materia de prestaciones de Seguridad Social.

El art. 71 de la LRJS, por cuanto establece para «Será requisito necesario para formular demanda en materia de prestaciones de Seguridad Social, que los interesados interpongan reclamación previa ante la Entidad gestora de las mismas».

Quinto. Fondo del asunto

Resultan de aplicación los artículos 204 y ss. del Texto Refundido de la Ley General de la Seguridad Social, aprobado por Real Decreto Legislativo 8/2015, de 30 de octubre.

Para el caso resultan de interés: (4)

- STS, rec. 208/2008, de 21 de enero de 2009 y STSJ de Castilla y León n.º 424/2013, de 19 de septiembre de 2013). Cotizaciones a otros regímenes de la seguridad social siempre que no se superpongan. Cuando se acrediten cotizaciones a varios regímenes y no se cause derecho a pensión en uno de ellos, las bases de cotización acreditadas en este último en régimen de pluriactividad podrán ser acumuladas a las del régimen en que se cause la pensión, exclusivamente para la determinación de la base reguladora de la misma, sin que la suma de las bases pueda exceder del límite máximo de cotización vigente en cada momento. El denominado «*cómputo recíproco de cotizaciones*» se regula mediante el art. 49 de la *LGSS, el Decreto 2957/1973, de 16 de noviembre y el Real Decreto 691/1991, de 12 de abril, donde se contemplan la posibilidad de computar períodos de permanencia en cada uno de los distintos regímenes del Sistema, «siempre que dichos periodos no se superpongan».*

- STS n.º 82/2018, de 1 de febrero de 2018, ECLI:ES:TS:2018:480 y STS n.º 731/2019, de 23 de octubre de 2019, ECLI:ES:TS:2019:3643). Cotizaciones en países de la Unión Europea con los que nuestro país ha suscrito un convenio de seguridad social. La Sala de lo Social del Tribunal Supremo se ha pronunciado en numerosas ocasiones en relación a la normativa aplicable para determinar la base reguladora de la pensión de jubilación de trabajadores que han prestado servicios en España y en países de la

Unión Europea con los que nuestro país ha suscrito un convenio de seguridad social, y ha afirmado que la regla de cálculo prevista en el Reglamento n.º 1408/71 del Consejo, de 14 de junio de 1971, debe ceder ante la establecida en el Acuerdo bilateral de que se trate si de la misma deriva un trato más favorable para el asegurado que el procurado por la normativa comunitaria, con la puntualización de que la fórmula más ventajosa ha de ser respetada incluso tras la adhesión de España a la UE.

- STS, rec. 777/2009, de 24 de noviembre de 2010, ECLI:ES:TS:2010:7534, con cita de la STS, rec. 5282/04, de 23 de diciembre de 2005, ECLI:ES:TS:2005:7976, y STS n.º 940/2018 de 30/10/2018, ECLI: ECLI:ES:TS:2018:3965, se ha extendido a diferentes situaciones:

«1) No cabe, en ningún caso, la reducción de los períodos de carencia o cotización impuestos en las normas legales y reglamentarias.

2) El listado legal de situaciones asimiladas al alta no es exhaustivo. Así es de ver en los artículos 125.2 de la LGSS - 94 [actual art. 169 de la LGSS/2015], y 36.17 del Real Decreto 84/1996 que aprobó el 'Reglamento General sobre inscripción de empresas y afiliación, altas, bajas y variaciones de datos de trabajadores en la Seguridad Social'. Y ello permite entender que, desde la aprobación de la Constitución existe una laguna legal que debe ser integrada (sentencia 23-10-99, rec. 2638/98).

3) Los tiempos excluidos del periodo computable, son en principio aquellos inmediatamente anteriores al hecho causante, en que el asegurado no pudo cotizar por circunstancias de infortunio o ajenas a su voluntad. La Sala ha considerado como tales:

A) la situación de paro involuntario no subsidiado siempre que exista una permanente inscripción como demandante de empleo (ss. de 29-5-92 (rec. 1996/91) de Sala General , 1-7-93 (rec. 1679/92), 1-10-02 (rec. 4436/99), 25-10-02 (1/02) y 12-7-04 (rec. 4636/0) entre otras) porque esta situación acredita el 'animus laborandi', o lo que es igual, como señaló la sentencia de 26-5- 03 (rec. 2334/02), 'la voluntad de no apartarse del mundo laboral';

B) la antigua situación de invalidez provisional, en la que no existía obligación de cotizar (ss. de 10-12-1993 (rec. 1091/92), 24-10-1994, (rec. 3676/93) y 7-2-00, (rec. 109/99) entre otras);

C) la percepción de una prestación no contributiva de invalidez (ss. de 28-10-98 (rec. 584/98), 9-12-99 (rec. 108/99), 2-10-01 (rec. 9/2001) y 20 de diciembre de 2005 (rec. 2398/04), en que tampoco se cotiza;

D) el periodo de internamiento en establecimiento penitenciario, con el consiguiente alejamiento del mercado laboral, cuando el recluso ha mostrado durante él, su disponibilidad para el trabajo mediante la realización de servicios personales (ss. de 12-11-96, rec. 232/96; 19-7-01, rec. 4384/00; y 26-12-01, rec. 1816/01).

E) La existencia comprobada de una grave enfermedad 'que conduce al hecho causante, por la que es fundamente explicable que se hayan descuidado los resortes legales prevenidos para continuar en alta' (ss. de 28-1-98 (rec. 1385/97) y 17-9-04 (rec. 4551/0).

4) Por igual razón, cabe también excluir del periodo computable a efectos del cumplimiento de los requisitos de alta y carencia, un 'interregno de breve duración en la situación de demandante de empleo', que no es revelador de esa 'voluntad de apartarse del mundo laboral' (Ss. de 29-5-92 (rec. 1996/91) antes citada, 12-3-98 (rec. 2307/97), 9-11-99 (rec. 4916/98), 25-7-00 (rec. 4436/99) y 18-12-01 (rec. 559/01) invocada como referencial). Por el contrario, no es posible incluir en esta excepción, los casos de voluntaria e injustificada solución de continuidad entre la baja en la Seguridad Social y la inscripción como demandante de empleo o las posteriores interrupciones de esta última situación. (s. de 19-7-01, rec. 4384/0).

5) 'La valoración de la brevedad del intervalo de ausencia del mercado de trabajo se ha de hacer en términos relativos, que tengan en cuenta el tiempo de vida activa del asegurado, su 'carrera de seguro', y también en su caso, la duración del período de reincorporación al mundo del trabajo posterior a su alejamiento temporal' (s. de 25-7-2000, rec. 2808/99); en definitiva, si su duración es poco significativa en proporción al tiempo de cotización acreditado.(s. de 18-12-01, rec. 559/01)».

La Resolución administrativa combatida es contraria por cuanto que mi poderdante reúne los requisitos generales de [ALTA/ASIMILACIÓN AL ALTA] y los específicos de edad y cotización mínima exigible. En efecto, [DESCRIPCIÓN].

En relación con el motivo de la denegación por parte del INSS de la prestación [DESCRIPCIÓN].

Por lo expuesto,

SOLICITO a ese JUZGADO DE LO SOCIAL (1) que, teniendo por presentada esta demanda con sus copias y documentos adjuntos, se sirva admitirla y, en consecuencia, tener formulada demanda en reclamación de la pensión contra el INSTITUTO NACIONAL DE LA SEGURIDAD SOCIAL y contra la TESORERÍA GENERAL DE LA SEGURIDAD SOCIAL en su representación legal, y tras los trámites de ley, señalar día y hora para celebrar el preceptivo acto de juicio oral, dictándose sentencia en la que se declare el derecho a percibir la pensión de jubilación en el porcentaje del [CANTIDAD] por 100, de una base reguladora de [CANTIDAD] euros por ser todo ello conforme a justicia y derecho.

PRIMER OTROSI DIGO: Que interesa al derecho de esta parte valerse en el Acto del Juicio, sin perjuicio de su ampliación en el momento procesal oportuno, de los siguientes medios de prueba:

DOCUMENTAL

1. Para que se tenga por aportados los documentos que se acompañan al presente escrito y los que en su día se aportarán.

2. Que se requiera al INSS para que aporte el expediente administrativo completo, con antelación suficiente al Acto del juicio.

SEGUNDO OTROSI DIGO: Que esta parte comparecerá al acto del juicio asistida bajo la defensa técnica de D/D.ª [NOMBRE_ABOGADO_CLIENTE], letrado del Ilustre Colegio de Abogado de [ESPECIFICAR] número [NÚMERO] cuyo domicilio se designa, a efectos de oír y recibir notificaciones, en [DIRECCIÓN].

En su virtud,

SOLICITO AL JUZGADO (1), que tenga por efectuadas las anteriores manifestaciones y designaciones a los efectos oportunos, así como las peticiones de prueba, admitiéndolas y acordando lo necesario para su práctica.

En [PROVINCIA] a [DÍA] de [MES] de [AÑO].

[FIRMA]

---

(1) Conforme a la disposición transitoria primera de la Ley Orgánica 1/2025, de 2 de enero, de medidas en materia de eficiencia del Servicio Público de Justicia, el 31 de diciembre de 2025, culminará el proceso de transformación de los juzgados en las respectivas secciones de los tribunales de instancia que correspondan.

(2) Las partes podrán comparecer por sí mismas o conferir su representación a abogado, procurador, graduado social colegiado o cualquier persona que se encuentre en el pleno ejercicio de sus derechos civiles. La representación podrá conferirse mediante poder otorgado por comparecencia ante el secretario judicial o por escritura pública. En el caso de otorgarse la representación a abogado deberán seguirse los trámites previstos en el art. 21.2 de la LRJS.

(3) Formulada reclamación previa la entidad deberá contestar expresamente a la misma en el plazo de 45 días. En caso contrario se entenderá denegada la reclamación por silencio administrativo. Tras la denegación, expresa o por silencio administrativo existe un plazo de 30 días para presentar la demanda ante el juzgado de lo social.

(4) Pronunciamientos judiciales citados a modo de ejemplo. Consignar según la pretensión.

Demanda solicitando el complemento de pensiones contributivas para la reducción de la brecha de género

El complemento de pensiones contributivas para la reducción de la brecha de género se otorga a los dos progenitores (incluso a varones) que más perjudicado se hayan visto en su carrera laboral. Este complemento se concederá a aquella persona que sea titular de pensiones públicas cuya suma sea de menor cuantía si los dos progenitores son del mismo sexo. El derecho a este complemento se reconocerá a las pensiones causadas a partir del 04/02/2021. En cualquiera de los dos casos, para causar derecho al complemento, deberá cumplirse el requisito de que la suma de las pensiones reconocidas sea inferior a la suma de las pensiones que le corresponda al otro progenitor.

El presente formulario permite demandar ante el juzgado de lo social competente la denegación del complemento de pensiones contributivas para la reducción de la brecha de género (aplicable a pensiones desde el 04/02/2021) en las pensiones contributivas de jubilación, viudedad e incapacidad permanente.

AL JUZGADO DE LO SOCIAL NÚMERO [NUMERO] DE [PROVINCIA]

D./D.ª [NOMBRE_ABOGADO_CLIENTE] (1), [GRADUADO SOCIAL/ABOGADO] en ejercicio, con tarjeta de identidad profesional [NÚMERO] y domicilio a efectos de notificaciones en [DOMICILIO_DESPACHO], actuando en nombre de D./D.ª [NOMBRE_CLIENTE], representación que acredito con copia de escritura de poder que acompaño, con el ruego de su devolución, testimoniada que lo sea, ante el juzgado comparezco y, como mejor en Derecho proceda,

DIGO

Que por medio del presente escrito interpongo **demanda para reconocimiento del pago del complemento de las pensiones por aportación demográfica a la Seguridad Social en las pensiones contributivas de jubilación, viudedad e incapacidad permanente**, contra Instituto Nacional de la Seguridad Social, Dirección provincial de [PROVINCIA], con domicilio a efecto de notificaciones en [DOMICILIO].

HECHOS

PRIMERO.- D./D.ª [NOMBRE_CLIENTE], nacido el día [DÍA] de [MES] de [AÑO], se encuentra afiliado al Sistema de la Seguridad Social con el [NUM_SEG_SOCIAL_TRABAJADOR] y en situación de [ESPECIFICAR] en su Régimen [ESPECIFICAR].

SEGUNDO.- Que mi representado/a tiene cubierto un período de cotización de [ESPECIFICAR], como se acredita según informe de vida laboral adjunto como doc. n.º 1 y, con efectos de [DÍA] de [MES] de [AÑO], fecha en la que cumplo los [NÚMERO] años de edad (2), solicito del Instituto Nacional de la Seguridad Social la correspondiente pensión de [ESPECIFICAR] (3), la que se concede sujeta a los siguientes parámetros:

Base reguladora: [CANTIDAD].

Fecha de efectos: [FECHA].

Años cotizados reconocidos en vida laboral: [ESPECIFICAR].

TERCERO.- Que el demandante es padre/madre de [2, 3, 4 o más hijos/as], como muestra su libro de familia **(4)** (doc. n.º 2) expedido a mi nombre donde constan:

- D./D.ª [NOMBRE_HIJO_A], nacido el [FECHA]. Tomo [NÚMERO], página [NÚMERO].

- D./D.ª [NOMBRE_HIJO_A], nacido el [FECHA]. Tomo [NÚMERO], página [NÚMERO].

- D./D.ª [NOMBRE_HIJO_A], nacido el [FECHA]. Tomo [NÚMERO], página [NÚMERO].

- D./D.ª [NOMBRE_HIJO_A], nacido el [FECHA]. Tomo [NÚMERO], página [NÚMERO].

[...].

CUARTO.- Tramitada, con fecha [FECHA], la solicitud de complemento para la reducción de la brecha de género en las pensiones contributivas de jubilación, viudedad e incapacidad permanente, por resolución del Instituto Nacional de la Seguridad Social de fecha [DÍA] de [MES] de [AÑO] se acordó denegar el derecho solicitado con fundamento en [ESPECIFICAR]. Contra dicha resolución se interpuso reclamación previa, que fue desestimada [ESPECIFICAR].

QUINTO.- Mi cliente acredita los requisitos para acceder al **complemento para la reducción de la brecha de género al amparo del art. 60.1. de la LGSS (5).** En efecto, [DESCRIPCIÓN]. **(6)**

SEXTO.- Frente a dicha resolución mi cliente presentó reclamación previa que fue desestimada por Resolución de [DÍA] de [MES] de AÑO] de la Dirección Provincial del INSS [PROVINCIA].

A los anteriores hechos son de aplicación los siguientes:

FUNDAMENTOS DE DERECHO

I.- Competencia y jurisdicción

La competencia para el conocimiento de esta pretensión la ostenta el juzgado de lo social al que nos dirigimos, tanto por razón de la materia y territorio, así como por la condición de los litigantes, pues así lo establecen los artículos 1.2 O), 6 y 10 de la Ley 36/2011, de 10 de octubre, reguladora de la jurisdicción social, que regula el procedimiento impugnatorio de sanciones

II.- Capacidad y Legitimación

La legitimación la ostenta el prestacionista en base al art. 17.1 de la LRJS, donde se establece: «Los *titulares de un derecho subjetivo o un interés legítimo podrán ejercitar acciones ante los* órganos *jurisdiccionales del orden social, en los términos establecidos en las leyes».*

En cuanto a la capacidad para ser parte, se estará a lo establecido en el art. 16.1 de la LRJS.

III.- Procedimiento.

Por tratarse de una materia de seguridad social el procedimiento adecuado sería el establecido en los arts. 80 a 101 de la LRJS, con las particularidades establecidas en los arts. 140 y ss. del mismo texto legal.

IV.- Reclamación administrativa previa en materia de prestaciones de Seguridad Social.

El art. 71 de la LRJS establece sobre el carácter previo de la reclamación administrativa en materia de Seguridad Social que: «Será *requisito necesario para formular demanda en materia de prestaciones de Seguridad Social, que los interesados interpongan reclamación previa ante la Entidad gestora de las mismas»*.

V.- Fondo del asunto

1. Directiva 79/7/CEE del Consejo, de 19 de diciembre de 1978, relativa a la aplicación progresiva del principio de igualdad de trato entre hombres y mujeres en materia de Seguridad Social

«Artículo 4

1 . El principio de igualdad de trato supondrá la ausencia de toda discriminación por razón de sexo, ya sea directa o indirectamente, en especial con relación al estado matrimonial o familiar, particularmente en lo relativo a:
- el ámbito de aplicación de los regímenes y las condiciones de acceso a los mismos,
- la obligación de contribuir y el cálculo de las contribuciones, - el cálculo de las prestaciones, incluidos los aumentos debidos por cónyuge y por persona a cargo, y las condiciones de duración y de mantenimiento del derecho a las prestaciones.

2 . El principio de igualdad de trato no se opone a las disposiciones relativas a la protección de la mujer en razón de su maternidad».

2. CARTA DE LOS DERECHOS FUNDAMENTALES DE LA UNIÓN EUROPEA

«Artículo 21. No discriminación

1. Se prohíbe toda discriminación, y en particular la ejercida por razón de sexo, raza, color, orígenes étnicos o sociales, características genéticas, lengua, religión o convicciones, opiniones políticas o de cualquier otro tipo, pertenencia a una minoría nacional, patrimonio, nacimiento, discapacidad, edad u orientación sexual».

3. Artículo 60. Real Decreto Legislativo 8/2015, de 30 de octubre, por el que se aprueba el texto refundido de la Ley General de la Seguridad Social.

Por el que se regula el complemento reclamado por maternidad en las pensiones contributivas del sistema de la Seguridad Social:

«Artículo 60. Complemento de pensiones contributivas para la reducción de la brecha de género.

1. Las mujeres que hayan tenido uno o más hijos o hijas y que sean beneficiarias de una pensión contributiva de jubilación, de incapacidad permanente o de viudedad, tendrán derecho a un complemento por cada hijo o hija, debido a la incidencia que, con carácter general, tiene la brecha de género en el importe de las pensiones contributivas de la Seguridad Social de las mujeres. El derecho al complemento por cada hijo o hija se reconocerá o mantendrá a la mujer siempre que no medie solicitud y reconocimiento del complemento en favor del otro progenitor y si este otro es también mujer, se reconocerá a aquella que sea titular de pensiones públicas cuya suma sea de menor cuantía.

Para que los hombres puedan tener derecho al reconocimiento del complemento deberá concurrir alguno de los siguientes requisitos:

a) Tener reconocida una pensión de viudedad por el fallecimiento del otro progenitor de los hijos o hijas en común, siempre que alguno de ellos tenga derecho a percibir una pensión de orfandad.

b) Causar una pensión contributiva de jubilación o incapacidad permanente y haber interrumpido o haber visto afectada su carrera profesional con ocasión del nacimiento o adopción, con arreglo a las siguientes condiciones:

1.ª En el supuesto de hijos o hijas nacidos o adoptados hasta el 31 de diciembre de 1994, tener más de ciento veinte días sin cotización entre los nueve meses anteriores al nacimiento y los tres años posteriores a dicha fecha o, en caso de adopción, entre la fecha de la resolución judicial por la que se constituya y los tres años siguientes, siempre que la suma de las cuantías de las pensiones reconocidas sea inferior a la suma de las pensiones que le corresponda a la mujer.

2.ª En el supuesto de hijos o hijas nacidos o adoptados desde el 1 de enero de 1995, que la suma de las bases de cotización de los veinticuatro meses siguientes al del nacimiento o al de la resolución judicial por la que se constituya la adopción sea inferior, en más de un 15 por ciento, a la de los veinticuatro meses inmediatamente anteriores, siempre que la cuantía de las sumas de las pensiones reconocidas sea inferior a la suma de las pensiones que le corresponda a la mujer.

3.ª En cualquiera de los supuestos a que se refieren las condiciones 1.ª y 2.ª para el cálculo de períodos cotizados y de bases de cotización no se tendrán en cuenta los beneficios en la cotización establecidos en el artículo 237.

4.ª Si los dos progenitores son hombres y se dan las condiciones anteriores en ambos, se reconocerá a aquel que sea titular de pensiones públicas cuya suma sea de menor cuantía.

5.ª El requisito, para causar derecho al complemento, de que la suma de las pensiones reconocidas sea inferior a la suma de las pensiones que le corresponda al otro progenitor se exigirá en el momento en que ambos progenitores causen derecho a una prestación contributiva en los términos previstos en la norma.

2. El reconocimiento del complemento al segundo progenitor supondrá la extinción del complemento ya reconocido al primer progenitor y producirá efectos económicos el primer día del mes siguiente al de la resolución, siempre que la misma se dicte dentro de los seis meses siguientes a la solicitud o, en su caso, al reconocimiento de la pensión que la cause; pasado este plazo, los efectos se producirán desde el primer día del séptimo mes.

Antes de dictar la resolución reconociendo el derecho al segundo progenitor se dará audiencia al que viniera percibiendo el complemento.

3. Este complemento tendrá a todos los efectos naturaleza jurídica de pensión pública contributiva.

El importe del complemento por hijo o hija se fijará en la correspondiente Ley de Presupuestos Generales del Estado. La cuantía a percibir estará limitada a cuatro veces el importe mensual fijado por hijo o hija y será incrementada al comienzo de cada año en el mismo porcentaje previsto en la correspondiente Ley de Presupuestos Generales del Estado para las pensiones contributivas.

La percepción del complemento estará sujeta además a las siguientes reglas:

a) Cada hijo o hija dará derecho únicamente al reconocimiento de un complemento.

A efectos de determinar el derecho al complemento, así como su cuantía, únicamente se computarán los hijos o hijas que con anterioridad al hecho causante de la pensión correspondiente hubieran nacido con vida o hubieran sido adoptados.

b) No se reconocerá el derecho al complemento al padre o a la madre que haya sido privado de la patria potestad por sentencia fundada en el incumplimiento de los deberes inherentes a la misma o dictada en causa criminal o matrimonial.

Tampoco se reconocerá el derecho al complemento al padre que haya sido condenado por violencia contra la mujer, en los términos que se defina por la ley o por los instrumentos internacionales ratificados por España, ejercida sobre la madre, ni al padre o a la madre que haya sido condenado o condenada por ejercer violencia contra los hijos o hijas.

c) El complemento será satisfecho en catorce pagas, junto con la pensión que determine el derecho al mismo.

d) El importe del complemento no será tenido en cuenta en la aplicación del límite máximo de pensiones previsto en los artículos 57 y 58.7.

e) El importe de este complemento no tendrá la consideración de ingreso o rendimiento de trabajo en orden a determinar si concurren los requisitos para tener derecho al complemento por mínimos previsto en el artículo 59. Cuando concurran dichos requisitos, se reconocerá la cuantía mínima de pensión según establezca anualmente la correspondiente Ley de Presupuestos Generales del Estado. A este importe se sumará el complemento para la reducción de la brecha de género.

f) Cuando la pensión contributiva que determina el derecho al complemento se cause por totalización de períodos de seguro a prorrata temporis en aplicación de normativa internacional, el importe real del complemento será el resultado de aplicar a la cuantía a la que se refiere el apartado anterior, que será considerada importe teórico, la prorrata aplicada a la pensión a la que acompaña.

4. No se tendrá derecho a este complemento en los casos de jubilación parcial, a la que se refiere el artículo 215 y el apartado sexto de la disposición transitoria cuarta.

No obstante, se reconocerá el complemento que proceda cuando desde la jubilación parcial se acceda a la jubilación plena, una vez cumplida la edad que en cada caso corresponda.

5. Sin perjuicio de lo dispuesto en el apartado 2, el complemento se abonará en tanto la persona beneficiaria perciba una de las pensiones citadas en el apartado 1. En consecuencia, su nacimiento, suspensión y extinción coincidirá con el de la pensión que haya determinado su reconocimiento. No obstante, cuando en el momento de la suspensión o extinción de dicha pensión la persona beneficiaria tuviera derecho a percibir otra distinta, de entre las previstas en el apartado 1, el abono del complemento se mantendrá, quedando vinculado al de esta última.

6. Los complementos que pudieran ser reconocidos en cualquiera de los regímenes de Seguridad Social serán incompatibles entre sí, siendo abonado en el régimen en el que el causante de la pensión tenga más periodos de alta.

7. Para determinar qué pensiones o suma de pensiones de los progenitores tiene menor cuantía se computarán dichas pensiones teniendo en cuenta su importe inicial, una vez revalorizadas, sin computar los complementos que pudieran corresponder.

Cuando ambos progenitores sean del mismo sexo y coincida el importe de las pensiones computables de cada uno de ellos, el complemento se reconocerá a aquél que haya solicitado en primer lugar la pensión con derecho a complemento».

4. [SEGÚN PROCEDA EN CASO DE TRATARSE DE JUBILACIÓN, VIUDEDAD O INCAPACIDAD PERMANENTE]

El artículo 195 del TRLGSS, donde se establece respecto a los requisitos de cotización de las prestaciones de **incapacidad permanente**: «[CONSIGNAR_ARTÍCULO]».

Los artículos 205 y ss. del TRLGSS, donde se establece respecto a los requisitos de cotización de la **prestación por jubilación**: «[[CONSIGNAR_ARTÍCULO]]».

Los artículos 219 y ss. del TRLGSS, donde se establece respecto a los requisitos de cotización de la **prestación por viudedad**: «[[CONSIGNAR_ARTÍCULO]]».

Por lo expuesto,

SOLICITO a ese **JUZGADO DE LO SOCIAL**:

Que, teniendo por presentada esta demanda con sus copias y documentos adjuntos, se sirva admitirla y, en consecuencia, tener formulada demanda en reclamación de complemento para la reducción de la brecha de género en las pensiones contributivas de [JUBILACIÓN, VIUDEDAD E INCAPACIDAD PERMANENTE] contra el INSTITUTO NACIONAL DE LA SEGURIDAD SOCIAL y contra la TESORERÍA GENERAL DE LA SEGURIDAD SOCIAL en su representación legal, y tras los trámites de ley, señalar día y hora para celebrar el preceptivo acto de juicio oral, dictándose sentencia en la que se declare el derecho a percibir el complemento a la pensión de [JUBILACIÓN, VIUDEDAD O INCAPACIDAD PERMANENTE] en cantidad de euros con efectos de [FECHA].

En [PROVINCIA] a [DÍA] de [MES] de [AÑO].

[FIRMA]

PRIMER OTROSI DIGO: en la celebración de la vista del juicio, comparecerá el Letrado que encabeza la presente demanda, en representación del demandante, designando a efecto de notificaciones el domicilio ya expresado en el encabezamiento de la presente demanda.

SUPLICO AL JUZGADO DE LO SOCIAL:

Que tenga por hecha dicha manifestación, siendo justicia que reitero.

SEGUNDO OTROSI DIGO: sin perjuicio de la prueba que sea propuesta en el acto del juicio, interesa a esta parte que:

A) Se sirva a admitir la prueba documental aportada en el escrito de demanda:

Doc. 1: informe de vida laboral.

Doc. 2: libro de familia **(3)**.

B) Se requiera al Instituto Nacional de la Seguridad Social, a fin de que aporte a los autos, el expediente administrativo original o copia del mismo, en el plazo de diez días.

SUPLICO AL JUZGADO DE LO SOCIAL:

Que teniendo por solicitadas las pruebas propuestas, se sirva admitirlas y ordene cuanto sea necesario para llevar a efecto su práctica siendo justicia que reitero.

---

(1) Las partes podrán comparecer por sí mismas o conferir su representación a abogado, procurador, graduado social colegiado o cualquier persona que se encuentre en el pleno ejercicio de sus derechos civiles. La representación podrá conferirse mediante poder otorgado por comparecencia ante el secretario judicial o por escritura pública. En el caso de otorgarse la representación a abogado deberán seguirse los trámites previstos en el art. 21.2 de la LRJS.

(2) Las modificaciones realizadas en la Ley General de la Seguridad Social establecen como requisito para alcanzar el derecho a la pensión de jubilación, en su modalidad contributiva, que las personas incluidas en este Régimen General hayan cumplido 67 años de edad (de forma progresiva hasta el 2027), o 65 años cuando se acrediten 38 años y 6 meses de cotización, sin que se tenga en cuenta la parte proporcional correspondiente a las pagas extraordinarias [art. 205.1.a) de la LGSS].

(3) El complemento de pensiones contributivas para la reducción de la brecha de género se reconoce a los hombre o mujeres beneficiarios de una pensión contributiva de jubilación, de incapacidad permanente o de viudedad.

(4) Teniendo en cuenta la Ley 6/2021, de 28 de abril, por la que se modifica la Ley 20/2011, de 21 de julio del Registro Civil.

(5) El actual art. 60 del TRLGSS regula este complemento para pensiones desde el 04/02/2021. Para las pensiones causadas entre el 01/01/2016 y hasta el 03/02/2021 (día anterior a la entrada en vigor de la modificación del art. 60 de la LGSS), quienes estuvieran percibiendo el complemento por maternidad por aportación demográfica, mantendrán su percibo (D.T. 33.ª de la LGSS).

(6) Especificar el supuesto de hecho determinante del derecho.